西部非物质文化遗产
对·外·交·流·研·究

李 锐 等著

中国社会科学出版社

图书在版编目（CIP）数据

西部非物质文化遗产对外交流研究 / 李锐等著. —北京：中国社会科学
出版社，2016.6

ISBN 978 - 7 - 5161 - 7774 - 7

Ⅰ. ①西… Ⅱ. ①李… Ⅲ. ①文化遗产—文化交流—研究—中国
Ⅳ. ①K203②G127

中国版本图书馆 CIP 数据核字（2016）第 051456 号

出 版 人	赵剑英	
责任编辑	张 红	
责任校对	周 昊	
责任印制	戴 宽	

出 版	中国社会科学出版社	
社 址	北京鼓楼西大街甲 158 号	
邮 编	100720	
网 址	http://www.csspw.cn	
发 行 部	010 - 84083685	
门 市 部	010 - 84029450	
经 销	新华书店及其他书店	

印 刷	北京君升印刷有限公司
装 订	廊坊市广阳区广增装订厂
版 次	2016 年 6 月第 1 版
印 次	2016 年 6 月第 1 次印刷

开 本	710×1000 1/16
印 张	16
插 页	2
字 数	273 千字
定 价	60.00 元

作者名单

撰稿人（以课题工作贡献排序）：

李锐（陕西理工学院文学院教授）

李康燕（陕西师范大学音乐学院讲师）

师国华（汉中市群众艺术馆艺术一科科长）

王琼波（汉中市文化广电新闻出版局文化艺术科科长）

周晓蕾（陕西理工学院文学院 2011 级研究生）

史翠仙（陕西理工学院文学院 2011 级研究生）

白金花（陕西理工学院文学院 2011 级研究生）

高晓静（陕西理工学院文学院 2012 级研究生）

李晨（陕西理工学院文学院 2012 级研究生）

万惠辰（陕西理工学院文学院 2012 级研究生）

李特（陕西师范大学音乐学院 2012 级研究生）

顾问：

王汉山（汉中市文化广电新闻出版局局长）

目　　录

第三部分　访谈案例

导　论

"西部非物质文化遗产对外交流研究"是一个由文化部外联局立项的社会学研究选题，其立意在于将非物质文化遗产对外交流作为一种社会文化现象，置于全球化背景下进行实证性研究。

我们正处于全球化时代。全球化在文化上的进程中呈现出两个方向：一个方向是随着资本由中心地带向边缘地带的扩展，原来殖民的文化价值观念和风尚也渗透到这些经济不发达的地区；一个方向是随着资本从中心向边缘运动所造成的全球化渗透，同时也导致了边缘向中心的运动，一种文化上的本土化趋向和反殖民或非殖民趋向；因此这种运动并不是单向的，而是一种互动的双向运动。中共十七届六中全会和十八大提出的"文化自觉"、"文化自信"和"中国梦"等观念，恰是对于这种态势的反映。

西部地区是中华民族的重要发祥地，也是我国少数民族及其文化的集萃地，具有丰厚的中国传统文化历史底蕴和鲜明的民族特征。尤其是西部的非物质文化遗产，是西部各族人民千百年来开发西部地区的文明成果和智慧的结晶，是中华民族文化的有机组成部分。因此加大西部非物质文化遗产的对外交流，不仅有助于实现"文化自觉"、"文化自信"，而且能进一步提升我们国家的文化软实力，最终实现"中国梦"。

源远流长的传统中国文化，与同样源远流长的传统乡土中国，向来构成难解难分的共生体。近代以来文化中国的日渐凋零，亦与近代以来乡土中国的日趋衰败相同步，而中国文化的创造性自我转化，将不可能完全脱离乡土中国的创造性自我转化。研究西部非物质文化遗产的保护和开发，必须与乡土中国在现代化的背景下所经历的自我转化结合起来。这显然不是一个纯粹的文化理论探讨问题，而是一个现实的文化实践问题。

基于上述立场和视点，本书确定的主题是西部非物质文化遗产对外交流中的问题与对策研究，其技术路线也是从调查入手的实证性方式，亦即从西部非物质文化遗产对外交流的现实出发，通过实地调研，发现带有普遍性的问题，采用系统分析法，析出制约其对外交流的深层原因，最后在西部非物质文化遗产的保护和适应对外交流的两难之中，寻找到切实可行的对策。

下面将本书的调研方案确定和研究的基本思路予以说明。

一　研究的对象

本书研究瞄准的是"西部非物质文化遗产对外交流"活动，因此按照活动的六大要素，要弄清楚，Who——组织者，What——活动内容，When——活动时间，Where——活动地点；How——怎么样；Why——为什么？

具体对象的确定需要分为两步来走。

第一步，须以国务院公布的国家级非物质文化遗产名录为基础，在西部12省的全部非物质文化遗产项目中，采用分层抽样方式确定。具体操作如下：第一，在西部12省中按照20%的比例，随机抽取省、自治区，确定调研范围。第二，考虑到时间和经费的限制条件，在所抽取的样本省区的非物质文化遗产项目中，参照国务院发布的非物质文化遗产名录的分类，如"民间文学"、"民间音乐"、"民间舞蹈"、"传统戏剧"、"曲艺"、"杂技与竞技"、"民间美术"、"传统手工技艺"、"传统医药"和"民俗"，按照10%的比例，随机抽取；在计算机的 Excel 软件下，其随机抽取的公式是：= INT（被调查的总数 × RAND（　）+ 1）。其中随机函数 RAND（　）给出 0 ~ 1 间的一个小数，INT（　）为取整函数。若在一次调查中被调查的总数为 n，随机抽样率为 p（%），则随机抽样数为 m = np。运行公式 INT（被调查的总数 * RAND（　））一次得到一个 0 ~ n − 1 的整数，在公式中加 1 后将结果修正为 1 ~ n 的一个整数，运行公式 m 次就会得到 m 个随机数字，对应被调查的编号，就可得到随机的样本目标。例如我国西部有 12 省，带入被调查的总数 * RAND（　）公式，此时就得到一个 0 点几到 11 点几的小数；再带入外面 INT（　）公式，这样会得到 0～11 内的一个整数。+1 后得到 1～12 内的一个数。具体抽样中，我们可以将被调查总数 12 个，按照顺序编号 1～12，随机抽样 20%，即抽样 2 个；将公式运算 2 次，就会得到 2 个数字，对应被调查的编号，就可得到随机的两个样本省区。第三，到样本所在市县的非遗保护中心后，获得相关档案资料（什么人，什么事，在哪里，有多少），并访问这些非物质文化遗产项目传承人。

第二步，根据样本所在市县非遗保护中心提供的相关资料，确定我们真正的调研对象——对外文化交流和对港澳台文化交流活动的组织者和参与者。此时要采用案例法进行详细的访谈调研。在访谈调研中，每一个案例都要经过仔细访谈调研，要么能够产生相同的结果（逐项复制），要么是由于可预知的原因产生与前一研究不同的结果（差别复制）。因为多案例研究遵循的是复制法则，而调查统计遵循的是抽样法则。

也就是说，本书研究一开始遵循的是调查统计法则，以便确定整个西部非物质文化遗产对外交流中的情况，找到我们要调研的具体对象——活动的组织者和参与者；之后则要遵循案例分析的复制法则，直面研究对象进行访谈，以便清晰而全面地了解西部非物质文化遗产对外文化交流的真实情况。

二　研究的类型

实证性研究常常有描述性和解释性两种重要的类型。

一般而言，描述性类型是按照时间顺序记录人与人之间发生的各种事件，描述一些重要的社会现象。它关注什么人、什么事、在哪里、有多少，并通过现象描述揭示一些具有普遍性的社会现象。这种研究类型对于研究当前的社会思潮和普遍性的社会现象比较适用。

解释性类型是按照时间顺序追溯相互关联的各种事件，找出事件之间的联系，做出解释。它关注"怎么样"和"为什么"，并通过解释来确定事件之间的因果关系。

本书确定的研究主题是"西部非物质文化遗产对外交流中的问题与对策"，其中关注的环节是：发现问题（怎么样）——寻找原因（为什么）——解决问题（可能性权衡），因此属于解释性类型，不属于描述性类型。

三　研究的理论假设

如前所述，全球化在文化上的进程中呈现出两个方向，一是由中心地带向边缘地带扩展，二是导致了边缘向中心的运动；这种运动并不是单向的，而是一种互动的双向运动。

本书的理论假设是：西部非物质文化遗产（以下简称非遗项目）对外交流尽管是一种边缘到中心的文化活动，但随着国力强盛和国家的"走出去"文化战略实施，应当能够顺利展开；若不能顺利进行或交流受限，必定存在制约要素和缘由。找出这些制约要素和缘由，提出对策建议，是本课题研究的目的。

其中的观测点有两个向度：（一）西部非物质文化遗产通过跨文化交流，展现东方智慧、东方魅力，获得西方人的认同，作为逆向度。（二）西部非物质文化遗产没有展开跨文化交流，依旧被西方文化所遮蔽，无法展现东方智慧、东方魅力，作为顺向度。

两个向度可以相互补充，从而支撑本项研究的理论假设。

四　研究的分析单位

研究的分析单位与研究对象紧密联系。在典型的个案研究中，分析单位常常是单独的人。在面对事件的案例研究中，分析单位也可以是参与事件的多个人。

作为西部非物质文化遗产对外文化交流活动，其活动的组织者和参与者就是本书研究的分析单位。正是他们的活动，构成了对外交流活动的事件，也只有把他们分析清楚，才能真正了解西部非物质文化遗产的对外交流实际情况。

西部非物质文化遗产对外文化交流活动的组织者，在我国既有政府机构，也有非政府的民间社会团体，但不论何种情况，都会有一个执行小组，总之要寻访到机构的领导者和执行小组的领导者，方能全面地了解真实而具体的情况。

　　西部非物质文化遗产对外文化交流活动的参与者，在目前的背景下，主要是传承人。寻访到传承人，我们才能发现对外交流中的深层次的"文化自信"问题。

　　随着分析单位的确定，本书特别重视第一手资料的搜集。到样本所在地后，搜集到了已经参与了对外交流的非物质文化遗产项目的全部历史资料，对参加过对外文化交流活动组织者和非物质文化遗产项目传承人进行访谈。这些访谈经过整理，以"访谈纪要"的实录方式，作为本书的第三章内容。

五　案例分析与研究的逻辑关联

　　调研结束后，每个案例均需要分析，以便于形成总的研究报告。

　　在调研材料分析中，本书采用了多案例分析法，并借鉴了美国学者罗伯特·K. 殷的"复制法则"。罗伯特·K. 殷认为："多案例研究所遵从的复制法则，与多元实验（multiple experiments）中的复制法则相类似（Hersen & Barlow，1976）。例如，通过某次实验取得某项重大发现后，学者将会重复进行第二次、第三次甚至更多次相同的实验对之进行验证、检验。有些重复实验可能要一模一样地复制前次实验的所有条件，而另一些重复实验可能会有意改变某些非关键条件，来考察是否能够得到同样的实验结果。只有通过了这种复制性实验（检验），原有的实验结果才能被认为是真实的、有说服力的，因而才有继续进行研究和解释的价值。"[1]

　　通过"要么能够产生相同的结果（逐项复制），要么是由于可预知的原因产生与前一研究不同的结果（差别复制）"[2]，我们就可以将调研案例与前文所述的理论假设进行逻辑联系，比较准确地发现是哪些要素决定了非物质文化遗产对外交流的顺利开展，开展的数量和质量？这些要素属于内在机制还是外部条件？理论表述就是：西部非物质文化遗产对外交流活

---

　　① 〔美〕罗伯特·K. 殷：《案例研究：设计与方法》（第 3 版），周海涛主译，重庆大学出版社 2004 年版，第 52 页。

　　② 同上。

动与"推动中华文化走向世界"的对外文化交流战略相比，还比较弱，对外交流中非遗项目类型还比较少，广泛参与世界文明对话尚未实现，这其中或是缺少自生性的内在交流机制抑或是缺少支撑性外部条件导致了交流不畅。

这样一来，就可以根据个案访谈中发现的西部非物质文化遗产对外交流活动中的各种关联和要素，采用案例复制的方法，确定西部非物质文化遗产对外交流中存在的普遍性问题，进而析出这些普遍性问题形成的原因，最后提出解决问题的对策建议，形成本书的研究结果。

六　研究结果的展示和本书的结构

本书分为两个章节进行研究结果展示。

第一部分"西部非物质文化遗产对外交流问题与对策总体研究"是本书的总体性研究结果。为了便于阅读，其文本按照"现状——问题——原因——对策"的解释性研究思路，遵循"凡果必有因"的逻辑，来安排文本架构，展开分析论证。

第二部分"专题研究"是本书的专题性研究探讨。该章分为九章，分别从"西部非物质文化遗产对外交流的特点"、"西部非遗项目对外交流经费支持的路径扩展"、"西部非遗项目对外交流中的运行机制问题研究"、"西部生产性非遗项目对外交流中的合理利用问题研究"、"西部传统医药类非遗项目对外交流中的路径问题研究"、"西部传统舞蹈类非遗项目对外交流中的路径研究"、"西部民俗类非遗项目对外交流中的路径问题研究"、"银川回族器乐对外交流中的艺术形式合理利用问题"和"可持续：'滚山珠'和侗族大歌对外交流的经验"这九个方面对西部非物质文化遗产对外交流中的问题，进行专题性的研究。为了便于阅读，其每一章的结构安排与研究思路相一致，亦即按照"发现问题——分析问题——解决问题"的逻辑，展开分析论证。

不同于前两部分的研究，第三部分"访谈案例"是本课题研究工作过程中采撷口述史料所形成的文献汇集。将这些口述史料作为本书的一个重要组成部分，有两个方面的考虑：一是它体现着本书案例研究的特点，可供社会学界对于本书的研究成果进行检视，以求得更接近西部非物质文化遗产对外交流的真相，更深入地探讨学理。二是西部非物质文化遗产对外交流活动的组织者皆因职业角色而介入，他们也会随着职业的变动而离开，而那些非遗项目的传承人皆年事已高，对外交流就像他们掌握的"非遗绝活"一样，可能会因为他们的离世而消失。留下他们为西部非物质文化遗产项目对外文化交流所作出的努力，记录下他们对于西部非物质文化遗产项目对外文化交流所作出的理解和看法，可以为后来的非遗项目对外交流提供有益的借鉴。

上述三个部分的内容，使得本书的整体结构呈现出"金字塔"式样态。第一部分"总体研究"属于"塔尖"，它较为系统地展示了西部非物质文化遗产对外交流的基本情况、存在的主要问题和解决问题的宏观措施。第二部分"专题研究"属于"塔身"，它较为细致地揭示了西部非物质文化遗产对外交流存在的专题性问题和具体对策措施。第三部分"访谈案例"属于"塔座"，以采集素材的方式记载了西部非物质文化遗产对外交流的鲜活样态，并支撑着前两部分的研究。

（李锐）

第一部分

西部非物质文化遗产对外交流
问题与对策的总体研究

第一章　西部非物质文化遗产对外交流的基本情况

一　引言

对外文化交流实质是一种活动，因此它的构成离不开六大要素，亦即什么人、什么事、在哪里、在何时、怎么样和为什么。作为西部非物质文化遗产对外交流中的问题与对策研究，本课题瞄准的对象是：在2010—2013年间，西部非物质文化遗产项目在政府部门、社会团体或文化经营企业的组织下，走出去到国外或境外（港、澳、台）从事文化交流活动；其关注的焦点是：这种活动做得怎么样和为什么会这样，以便从中发现西部非物质文化遗产对外交流活动中存在的问题。前者属于描述性研究，后者属于解释性研究。

我们处于全球化时期。全球化在文化上的进程中呈现出两个方向，一是由中心地带向边缘地带的扩展，原来殖民的文化价值观念和风尚也渗透到这些经济不发达的地区；二是也导致了边缘向中心的运动，原来殖民地的文化价值和风尚也影响到西方社会，因此这种运动并不是单向的，而是一种互动的双向运动。

面对这种态势，中共中央在十八届三中全会上通过了《关于全面深化改革若干重大问题的决定》。该决定强调要"提高文化开发水平"，提出"坚持政府主导、企业主体、市场运作、社会参与，扩大对外文化交流，加强国际传播能力和对外话语体系建设，推动中华文化走向世界"的对外文化交流战略，并由此来实现"文化自觉"和"民族自信"。

依据全球化背景下我国经济社会文化发展进程的态势和建设社会主义文化强国的国家战略来审视西部非物质文化遗产对外交流活动，本研究的理论假设是：西部非物质文化遗产（以下简称非遗项目）对外交流尽管是一种边缘到中心的文化活动，但随着国力强盛和国家的"走出去"文化战略实施，应当能够顺利展开；若不能顺利进行或交流受限，必定存在制约要素和缘由。找出这些制约要素和缘由，提出对策建议，是本课题研究的目的。

二　西部究竟有多少个国家级非物质文化遗产项目？

按照国务院关于公布国家级非物质文化遗产名录的三个通知，我国共有非物质文化遗产项目数为1219项。按照文化部《2013文化发展统计分析报告》，其分省统计的项目数则远远大于1219项。其中原因是，国务院《关于公布国家级非物质文化遗产名录的通知》是在全国范围内按照非遗项目的十大表现形态来归类的，而各地则要按照地理的处所来管理。这样一来，有的项目分布在不同省份的不同处所，虽然只有一个项目编号，但各省都按照项目所在处所，计入本省的项目数；有的项目名下有许多扩展子项目，此时的项目编号虽然只有一个，但它是作为一个项目类型出现的，各省也会按照具体的子项目所在处所计入本省的项目数。鉴于本项研究以西部作为研究的地理界域，必须确定非遗项目的地域性分布，这就使得我们不得不按照"处所"来计算项目数。所以，本报告所使用的项目数实际上是"处所项目数"。

依据上述两个官方文件，课题组对我国国家级非物质文化遗产项目在东中西部的分布进行了仔细整理，结果如下：

表1—1　　我国东部地区国家级非物质文化遗产项目分布数量

地区	数量	地区	数量	地区	数量	地区	数量
北京	108	天津	22	河北	132	辽宁	59
上海	54	江苏	127	浙江	187	福建	232
山东	153	广东	103	海南	34		
						合计	1211

注：表中天津、广东和辽宁项目数由课题组依据国务院公布的名录统计而成，其余省份项目数来自文化部《2013文化发展统计分析报告》（中国统计出版社，2013年版）

表1—2　　　我国中部地区国家级非物质文化遗产项目分布数量

地区	数量	地区	数量	地区	数量	地区	数量
山西	105	吉林	38	黑龙江	27	安徽	61
江西	45	河南	95	湖北	106	湖南	85
						合计	562

注：表中山西、河南和湖北项目数来自文化部《2013文化发展统计分析报告》，其余省份项目数由课题组依据国务院公布的名录统计而成。

表1—3　　　我国西部地区国家级非物质文化遗产项目分布数量

地区	数量	地区	数量	地区	数量	地区	数量
重庆	39	四川	120	贵州	125	云南	91
西藏	76	陕西	62	甘肃	61	青海	64
宁夏	10	新疆	83	内蒙古	63	广西	38
						合计	832

注：表中重庆、贵州、云南、陕西、宁夏和新疆项目数由课题组依据国务院公布的名录统计而成，其余省份项目数来自文化部《2013文化发展统计分析报告》。

在全部2605个处所项目中，东部1211项所占比例为46%，中部562项所占比例为22%，西部832项所占比例为32%，如图1—1所示：

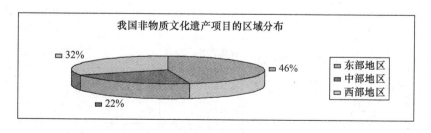

图1—1　我国非物质文化遗产项目的区域分布

西部国家级非物质文化遗产处所项目数次于东部而高于中部的状态，表明西部在我国历史发展过程中文化积淀深厚，文化资源丰富，既可以通过非物质文化遗产的保护与利用，调整经济结构，提升生态旅游和文化旅游的水平，从而获得经济社会文化的跨越式发展；又可以通过非物质文化遗产"走出去"参与对外文化交流的活动，扩大中华文化影响力，提升民族自信心，增强我国文化软实力。

三 西部非物质文化遗产对外交流情况如何？

鉴于时间和经费所限，课题组按照20%的比例，采用随机抽样方法，在我国西部12个省、市、自治区中，抽取了贵州省和宁夏回族自治区，来观测2010—2013年西部非物质文化遗产的对外交流情况。

表1—4 2010—2013年贵州省非物质文化遗产对外交流情况统计表

序号	项目名称	级别	交流时间	组织方式	交流地	交流方式
1	银饰锻制	国家级	2010/01	中国香港知专设计学院邀请	中国香港	传统手工技艺展演
2	雷山苗绣	国家级	2010/02	文化部：欢乐春节系列活动	法国巴黎	民间美术、传统手工技艺展演
3	苗族蜡染	国家级	同上	同上	同上	同上
4	银饰锻制	国家级	同上	同上	同上	同上
5	傩面具雕刻	省级	同上	同上	同上	同上
6	侗族大歌	国家级	2010/06	黔东南州政府：维也纳春季世界音乐会	奥地利维也纳	民间音乐
7	苗族飞歌	国家级	2010/08	中国民族博物馆：对法文化交流活动	法国巴黎	民间音乐、民间舞蹈、传统手工技艺展演
8	马尾绣	国家级	2011/05	省文化厅：台北市山痴画会邀请	中国台湾	民间美术、传统手工技艺展演
9	苗族蜡染	国家级	同上	同上	同上	同上
10	银饰锻制	国家级	同上	同上	同上	同上
11	银饰锻制	国家级	2011/06 至 2011/07	文化部：巴黎中国文化中心活动	法国、意大利	苗族服饰、传统手工技艺展览
12	苗族蜡染	国家级	同上	同上	同上	同上
13	贵州竹雕		2011/08	省文化厅：中国台湾周凯剧场基金会	中国台湾	传统手工技艺展演

续表

序号	项目名称	级别	交流时间	组织方式	交流地	交流方式
14	银饰锻制	国家级	2011/10	中国艺术研究院：根与魂·中国非物质文化遗产展演	中国香港	传统手工技艺展演
15	侗族大歌	国家级	2011/10	侗族文学会：日本东京国学院邀请	日本东京	民间音乐表演
16	雷山苗绣	国家级	2011/11	贵州旅游局：第六届海峡两岸台北旅展	中国台湾	民间美术、民间舞蹈、传统手工技艺展演
17	苗族蜡染	国家级	同上	同上	同上	同上
18	苗族芦笙舞	国家级	同上	同上	同上	同上
19	侗族大歌	国家级	2011/11	国家民委："2011多彩中华"中国民族服饰展演	美国弗吉尼亚州、华盛顿特区、马里兰州、宾夕法尼亚州和纽约	民间音乐表演
20	银饰锻制	国家级	2012/03 至 2012/12	贵州省文化厅与中国澳门文化局合作	中国澳门世界文化遗产"卢家大屋"	民间美术、传统手工技艺展演
21	苗绣	国家级	同上	同上	同上	同上
22	马尾绣	国家级	同上	同上	同上	同上
23	黄平泥哨	国家级	同上	同上	同上	同上
24	大方漆器	国家级	同上	同上	同上	同上
25	芦笙制作	国家级	同上	同上	同上	同上
26	丹寨蜡染	国家级	同上	同上	同上	同上
27	锡绣（苗绣）	国家级	同上	同上	同上	同上
28	苗族剪纸	国家级	同上	同上	同上	同上
29	枫香印染	国家级	同上	同上	同上	同上
30	安顺木雕	省级	同上	同上	同上	同上
31	思州石砚	省级	同上	同上	同上	同上
32	三穗竹编	省级	同上	同上	同上	同上
33	苗族蜡染	国家级	2012/03	花旗银行邀请传承人王光华	泰国	传统手工技艺交流

续表

序号	项目名称	级别	交流时间	组织方式	交流地	交流方式
34	侗族大歌	国家级	2012/04	文化部：2012年汉诺威工业博览会中国之夜贵宾招待会	德国汉诺威市	民间音乐表演
35	苗族飞歌	国家级	2012/07	文化部委派和法国蒙图瓦尔国际艺术节组委会邀请	法国巴黎等7个城市	民间音乐、民间舞蹈表演
36	侗族大歌	国家级	同上	同上	同上	同上
37	侗族琵琶歌	国家级	同上	同上	同上	同上
38	芦笙音乐	国家级	同上	同上	同上	同上
39	反排苗族木鼓舞	国家级	同上	同上	同上	同上
40	侗族大歌	国家级	2012/07	省文联：第五届"彩虹杯·歌韵东方"国际合唱比赛	韩国首尔江东艺术中心	民间音乐表演
41	侗族大歌	国家级	2012/09至2012/12	从江县政府："养心圣地·神秘从江"大型音画巡演	美国	民间音乐表演
42	苗族锦鸡舞	国家级	2013/02/11至2013/02/17	文化部欢乐春节系列活动：2013年第三届海峡两岸春节民俗庙会	中国台湾	民间音乐、舞蹈、民间美术类非遗表演、手工技艺类非遗表演展销
43	侗族大歌	国家级	同上	同上	同上	同上
44	苗族飞歌	国家级	同上	同上	同上	同上
45	傩戏	国家级	同上	同上	同上	同上
46	滚山珠	国家级	同上	同上	同上	同上
47	丹寨皮纸制作技艺	国家级	同上	同上	同上	同上
48	苗绣	国家级	同上	同上	同上	同上
49	苗族银饰	国家级	同上	同上	同上	同上
50	水族剪纸	国家级	同上	同上	同上	同上
51	苗族泥哨	国家级	同上	同上	同上	同上
52	苗族蜡染	国家级	同上	同上	同上	同上

续表

序号	项目名称	级别	交流时间	组织方式	交流地	交流方式
53	芦笙制作	国家级	同上	同上	同上	同上
54	玉屏箫笛	国家级	同上	同上	同上	同上
55	水族马尾绣	国家级	同上	同上	同上	同上
56	石阡民歌	省级	同上	同上	同上	同上
57	安顺木雕	省级	同上	同上	同上	同上
58	苗族鼓藏节	国家级	2013/01	贵州苗协会：台湾"中华民族三祖祭奠大胜"	中国台湾	展览、讲座
59	刺绣、银饰、蜡染等40余种手工技艺类项目，侗族大歌、苗族飞歌、仡佬情歌、木偶戏、安顺地戏、锦鸡舞等6项现场表演	国家级 省级	2013/05/29 至 2013/06/18	中国艺术研究院：根与魂·中国非物质文化遗产展演	中国香港	分批次举办民间音乐、民间舞蹈、民间美术、传统手工技艺非遗项目汇演、展览、讲座

注：本表中，文化部、文化厅和中国艺术研究院组织的对外交流数据由贵州省文化厅提供，国家民委、贵州旅游局、贵州文联、侗族文学会组织的对外交流数据来自主流媒体，从江县政府组织的对外交流数据来自从江县非遗办，花旗银行、贵州苗协会组织的对外交流数据来自课题组访谈传承人。为便于查看，表中使用仿宋字体且用"同上"标识的为同一批次的交流项目。

表1—5　　2010—2013年宁夏回族自治区非物质文化遗产对外交流情况统计表

序号	项目名称	级别	交流时间	组织方式	交流地	交流方式
1	回族民间器乐	国家级	2011/02	文化部：欢乐春节系列活动：走进迪拜	阿联酋迪拜	民间音乐、民间美术、传统手工技艺展演
2	泥塑	国家级	同上	同上	同上	同上
3	回族刺绣	省级	同上	同上	同上	同上
4	回族剪纸	省级	同上	同上	同上	同上
5	回族山花儿	国家级	2011/09/26 至 2011/10/16	文化部：2011庆州世界文化博览会	韩国庆州	以非遗项目民间歌舞为素材的歌舞表演

续表

序号	项目名称	级别	交流时间	组织方式	交流地	交流方式
6	回族婚俗	国家级	2012/04/	宁夏文化厅：中国阿联酋文化交流	阿联酋迪拜	以非遗项目民俗为素材的歌舞表演
7	回族婚俗	国家级	2012/04/	沙特阿拉伯百氏特集团公司	沙特阿拉伯	以非遗项目民俗为素材的歌舞表演
8	回族刺绣	省级	2012/04/24 至 2012/05/15	文化部：毛里求斯中国文化中心	毛里求斯	民间美术刺绣培训
9	回族婚俗	国家级	2012/04/	文化部：毛里求斯中国文化中心	沙特阿拉伯	以非遗项目民俗为素材的歌舞表演
10	回族民间器乐、宁夏非物质文化遗产图片展	省级 国家级	2012/11/07— 2012/11/23	文化部：毛里求斯中国文化中心	毛里求斯	民间音乐展示，图片展览
11	回族剪纸	省级	2012/11/21— 2012/12/01	文化部：毛里求斯中国文化中心	塞舌尔	民间美术展演培训
12	回族民间器乐	国家级	2013/12/25— 2013/12/27	文化部：东京中国文化中心	日本东京	民间音乐表演、展览、讲座
13	回族剪纸	省级	同上	同上	同上	民间美术展演培训

注：本表中数据来自宁夏非遗保护中心和主流媒体。其中2012年宁夏歌舞团参加"欢乐春节系列活动"赴塞舌尔和毛里求斯的2次表演，因其属于创作歌舞，未列入此表。为便于查看，表中使用仿宋字体且用"同上"标识的为同一批次的交流项目。

贵州和宁夏两个样本省区的调查结果显示：

第一，非物质文化遗产对外交流活动势头强劲。贵州省非遗项目在2010年有7项次、2011年有12项次"走出去"对外交流，到了2012年则有22项次、2013年有63项次"走出去"对外交流，2013年是2010年的近10倍。宁夏回族自治区进入国家级非物质文化遗产名录的项目只有10项，2010年开始以吸收回族民间音乐要素创作舞剧的方式探索起步，2011年原生态型的非遗项目有5项次，2012年有6项次，2013年有2项次"走出去"对外交流，其中2012年达到高峰。

第二，对外交流的组织者虽然主要是国家文化部、国家民委、省文化厅、省旅游局和县政府，但企业和社会团体也开始组织非遗项目"走出去"对外交流。2010—2013年贵州省和宁夏回族自治区的对外交流项目主要是以文化部"欢乐春节系列活动"、"海外中国文化中心活动"和文化部与国外艺术合作的"法国蒙图瓦尔国际艺术节"的表演项目为内容的。2011年宁夏文化厅参与的韩国庆州世界文化博览会的民间音乐舞蹈表演，2012年贵州省文化厅与澳门联合举办的传统手工技艺展演，表明了各省区对于"走出去"进行文化交流的重视。尤其值得注意的是，非政府机构也开始作为组织者参与非物质文化遗产的对外交流活动。如中国艺术研究院组织了"根与魂·中国非物质文化遗产展演"，邀请贵州省非遗项目传承人赴香港展演技艺；贵州省文联组织侗族大歌，参加在韩国举办的第五届"彩虹杯·歌韵东方"国际合唱比赛；沙特阿拉伯的百氏特集团公司在参加"2011宁洽会暨第二届中阿经贸论坛"后，即决定邀请宁夏中卫歌舞团去沙特、阿联酋和毛里求斯表演歌舞剧《回乡婚礼》，以展现回族婚俗；台北市山痴画会邀请贵州手工技艺传承人赴台湾参加"2011文化民俗观光博览会"，（中国）台湾周凯剧场基金会邀请贵州竹雕艺人参加"2011艺术家来台阿里山跨部落驻点交流计划"的交流活动。

第三，项目类型交相辉映成为趋势。西部非遗项目类型在对外交流中，主要集中在非物质文化遗产名录中的民间音乐、民间舞蹈、民间美术和传统手工技艺四个类型上。贵州省在2010—2011年间，走出国门的都是民间美术和传统手工技艺类非遗项目，到2012年有了较为集中但又相对独立的民间音乐、民间舞蹈、民间美术和手工技艺的对外交流，2013年民间音乐、民间舞蹈、民间美术和手工技艺的对外交流被放在一个平台上，相互支撑，对外交流。宁夏在2011—2013年之间，也具有大致相同的趋势。

第四，非物质文化遗产的民间音乐舞蹈形式和传统手工技艺在对外交流中得到了传承与发展，为保护与利用积累了经验，探索了路径。宁夏回族民间器乐传承人为了在对外交流中增强泥哇呜的表现力，将泥哇呜由原始的三个音孔，增加到十个以上音孔，能演奏十二平均律中的任何一个调式。贵州苗族芦笙舞"滚山珠"的传承人在政府和各界支持下，成立了纳雍县"滚山珠表演艺术团"，实现了以"滚山珠"为核心的纳雍文化品牌构建，为未来纳雍文化旅游产业升级打下坚实基础。

西部非物质文化遗产对外交流活动的上述几个特点与《中共中央关于深化文化体制改革推动社会主义文化大发展大繁荣若干重大问题的决定》有着正相关关系，显示了文化部、国家民委、各省文化厅、省旅游局、地方政府、社会团体和企业界对于中共中央决定"开展多渠道多形式多层次对外文化交流，广泛参与世界文明对话，促进文化相互借鉴，增强中华文化在世界上的感召力和影响力，共同维护文化多样性"的认同和支持，也调动了西部非物质文化遗产传承人和工作者的创造积极性。

但是，我们也应当看到，上述西部非物质文化遗产项目对外交流数据中，也隐含了西部非物质文化遗产项目在对外交流中的问题。

表1—6　2010—2013年贵州非物质文化遗产项目对外交流频次统计表

序号	项目名称	项目类型	次数	频率（次/年）
1	侗族大歌	民间音乐	9	2.25
2	苗族蜡染技艺	传统手工技艺	8	2.00
3	银饰锻制	传统手工技艺	8	2.00
4	苗绣	民间美术	5	1.25
5	水族马尾绣	民间美术	4	1.00
6	苗族飞歌	民间音乐	3	0.75
7	安顺木雕	传统手工技艺	3	0.75
8	苗族泥哨	民间美术	3	0.75
9	大方漆器	传统手工技艺	2	0.50
10	枫香印染	传统手工技艺	2	0.50
11	芦笙制作	传统手工技艺	2	0.50
12	水族剪纸	民间美术	2	0.50
13	芦笙表演	民间音乐	2	0.50
14	苗族剪纸	民间美术	2	0.50
15	苗族锦鸡舞	民间舞蹈	2	0.50
16	傩戏	传统戏剧	1	0.25
17	反排木鼓舞	民间舞蹈	1	0.25

注：其余的侗族琵琶歌，滚山珠，玉屏箫笛，安顺地戏，鼓藏节，丹寨皮纸，石阡民歌，傩面雕刻，思州石砚，三穗竹编等10项，对外交流各1次，频次为0.25次/年。

表1—7　2010—2013年宁夏非物质文化遗产项目对外交流频次统计表

序号	项目名称	项目类型	次数	频率（次/年）
1	回族民间器乐	民间音乐	3	0.75
2	回族婚俗	以非遗项目为素材的歌舞表演	3	0.75
3	回族剪纸（省级）	民间美术	3	0.75
4	回族刺绣（省级）	民间美术	2	0.50
5	泥　塑	民间美术	1	0.25
6	回族山花儿	以非遗项目为素材的歌舞表演	1	0.25
7	宁夏非遗项目图片展	以非遗项目为素材的图片展览	1	0.25

　　作为西部非物质文化遗产项目的大省，贵州在2010—2013年期间有106项次进行了对外交流，去掉次数和省级项目，实际上对外交流的国家级项目是22项，占贵州省国家级非物质文化遗产125个处所项目的17.6%。宁夏在2010—2013年期间有11项次对外交流，但如果去掉次数、省级项目和以项目为资源的改编性艺术表演，实际对外交流的国家级项目是回族器乐和泥塑2项，占宁夏回族自治区国家级非物质文化遗产10个处所项目的20%，与贵州省大致持平。

　　具体地说，对外交流中非遗项目类型还比较少，广泛参与世界文明对话尚未实现；对外交流中非遗项目传承与发展问题尚未根本解决；生产性非遗项目海外市场开拓尚不充分；信息传递不畅，以"政府主导、企业主体、市场运作、社会参与"的良性交流机制尚未建立。

　　这显然与我国已经成为世界上仅次于美国的第二大经济体的态势不相称，也与中共中央提出的文化"大发展大繁荣"的要求有一定距离。随着改革开放的进一步发展，民族之间的各方面互相往来和各方面互相依赖还会加深，这就需要我们找出西部非物质文化遗产对外交流中存在的各种问题，以促进我国文化的对外交流。

第二章 西部非物质文化遗产对外
交流存在的问题

为了深入地发现西部非物质文化遗产对外交流中存在的问题，课题组采用随机抽样的方法，按照10%的比例，在贵州和宁夏2个样本省区的非遗项目中，抽取了下述样本，并分成四个小组到项目所在的市县，寻访非遗保护中心的工作人员和项目传承人，开展案例研究。

表2—1　贵州省非物质文化遗产项目对外交流活动案例调查样本表

抽样号	贵州非遗项目序号	国务院立项编号	名称	处所
18	18	375 Ⅷ—25	苗族蜡染技艺	贵州省丹寨县
41	41	666 Ⅲ—69	彝族铃铛舞	贵州省赫章县
35	35	608 Ⅱ—109	苗族飞歌	贵州省雷山县
48	48	974 Ⅸ—14	瑶族医药（药浴疗法）	贵州省从江县
50	50	976 Ⅸ—16	侗医药	贵州黔东南苗族侗族自治州
9	9	227 Ⅳ—83	侗戏	贵州省黎平县
19	19	381 Ⅷ—31	苗寨吊脚楼营造技艺	贵州省雷山县
14	14	236 Ⅳ—92	木偶戏	贵州省石阡县
25	25	467 Ⅸ—19	苗族鼓藏节	贵州省雷山县
26	26	468 Ⅸ—20	水族端节	贵州省三都水族自治县
2	2	5 Ⅰ—5	刻道	贵州省施秉县
37	37	628 Ⅱ—129	侗族芦笙、苗族芒筒芦笙	贵州省丹寨县

表2—2　宁夏回族自治区非物质文化遗产项目对外交流活动案例调查样本表

抽样号	宁夏非遗项目序号	国务院立项编号	名称	处所
2	2	94II—63	回族民间器乐	宁夏银川市
		省级（参照）	宁夏皮影	宁夏贺兰县、盐池县

注：由于案例研究强调差别复制原则，而宁夏的10项国家级非物质文化遗产，只能随机抽取1项，但考虑到案例研究的需要，课题组增加了"宁夏皮影"这个应当有可能参与对外交流活动而实际没有参与的省级项目作为参照。

需要说明的是，随机抽样注重选择样本的公正，强调数量上的概率，以发现普遍性的问题；案例研究注重样本的重复验证，强调同项复制或差别复制，从而发现普遍性的问题并做原因解释。本项研究在随机抽样确定样本后，重点是采用差别复制原则来发现普遍性的问题，并解释其中的原因。

通过对非遗保护工作者、传承人的访谈和案例研究，我们概括出了影响西部非物质文化遗产项目对外交流活动进一步扩大的五个问题。

一　非遗项目对外展演中的艺术形式传承与发展问题

民间音乐和民间舞蹈是西部非物质文化遗产对外交流最主要的项目类型。依据随机抽样确定的贵州宁夏非物质文化遗产项目调研名单，民间音乐和民间舞蹈类非遗项目在贵州省需要寻访的主要有苗族飞歌、侗族芦笙、苗族芒筒芦笙和彝族铃铛舞，在宁夏回族自治区需要寻访的主要是回族民间器乐。民间文学类需要寻访的是刻道①。

在贵州省雷山县，我们寻访了文化馆馆长、原县文工团团长和苗族飞歌演员。他们曾组团于1991年、1992年和2010年三次参加了苗族飞歌的对外交流活动。在他们看来，苗族飞歌很受外国人的欢迎，因为飞歌本

① 刻道在国务院公布的非物质文化遗产名录中列入民间文学类型，它实际的状态正像贵州省施秉县文管所吴所长所描述的："一是要带上大的歌棒去展示，二是要用苗语现场演唱。"这与诗歌最早的"歌舞乐"三位一体的形态相吻合。鉴于刻道的实际歌唱性样态，本研究将它放在民间音乐、民间舞蹈中一起讨论。

身具有神秘色彩而外国人接触得少，有好奇心。存在的问题是，苗族飞歌的原生态唱法单调，应当在唱法上有所发展。居住在丹寨县的芦笙传承人多次出国表演，近 4 年来参加过文化部组织的对外交流活动，去过中国香港和台湾地区，其表演受到同胞们的欢迎，还获得了组织者颁发的"最佳表演奖"。在对外交流中他的强烈感受是，别国的民族艺术表演现场伴奏做得好，而我们的芦笙表演现场气氛不是太好，显得单调。施秉县在"刻道"这个非遗项目的保护上尽了全力，建有"刻道"歌队，也上过中央电视台"民歌中国"节目，也许是考虑对外交流的效果或其他可能性原因，目前尚未参加过对外交流。

与苗族飞歌、芦笙表演和刻道这三项非遗项目重视原生态传承不同的是，赫章县的非遗项目铃铛舞比较重视发展。铃铛舞来源于祭祀活动。在古代祭祀英雄，在近现代祭祀亡灵，其基本精神是追溯亡灵生前的业绩，并通过特殊的舞蹈动作再现出来。赫章县夜郎文化演艺发展有限公司试图将铃铛舞的神韵与现代元素结合起来，以提升表现力，但人们感觉其变味了。铃铛舞在 2010 年去中国香港做过一次民间商业演出①，也有经济收益，但嗣后就再没有应邀参加过对外交流活动了。

按照逐项复制原则，在宁夏回族自治区，我们寻访了回族民间器乐泥哇呜和回族口弦的传承人。回族民间器乐曾于 2011 年、2012 年和 2013 年参加了文化部组织的对外交流活动，先后在迪拜、毛里求斯和日本展演。回族民间器乐泥哇呜的原生状态是三孔，传承人细细地琢磨乐器构成，从形状、发声原理和音色入手，自己动手制作，来体会泥哇呜的特性。有了这样的领会，又赴山东艺术学院拜访古乐器埙的演奏专家，逐步熟悉了民族管子乐器的演奏技巧，发现了泥哇呜与埙、笛、箫演奏上的相同之处，于是按照十二平均律设计出了十个以上孔的泥哇呜，并借鉴埙、笛、箫的演奏法提升泥哇呜的演奏技巧，从而提升了泥哇呜对外交流的水平。口弦的传承与泥哇呜传承路数大致相同，也是从琢磨口弦开始，接着自己动手研制，在体会到口弦演奏特性的基础上，发展演奏技巧。可以这

---

① 铃铛舞去中国香港地区的民间商业演出，省文化厅不掌握情况，主流媒体也没有报道，因此也没有进入前边的非遗项目对外交流统计数据。课题组在深入调研时，了解到了他们的对外交流情况。

样概括，宁夏回族器乐是通过发掘口弦和泥哇呜自身内在规律来谋求其艺术表现形式上发展的。它与现代器乐同步，但又保留着原生的传统。

按上述方法，课题组在贵州省纳雍县又专门寻访了对外交流历史最悠久，现在依旧具有活力的苗族芦笙舞"滚山珠"。在县非遗保护中心的帮助下，我们获取了大量音像资料和文字材料，也发现了"滚山珠"在舞蹈形式上的传承与发展路径：在保持"地龙滚荆"用身躯滚倒荆棘和用身躯搭建人桥等表演动作基础上，恪守"一边吹奏，一边翻滚，笙不离口、曲音不断"的核心要素，加入双飞雁、朝天蹬等高难度的杂技动作。这在对外交流中得到高度评价，也传播了民族迁徙过程中的不畏艰险、前赴后继、一往无前的民族精神。

案例调研显示，在对外交流展演中，苗族飞歌、芦笙表演和刻道等非遗项目恪守传统重视继承，彝族铃铛舞追求艺术表现而另辟蹊径，苗族芦笙舞"滚山珠"和回族民间器乐则小心翼翼地依循传统本身来发展其原来的不足。

案例调研表明，西部非物质文化遗产在对外交流中，民间音乐、民间舞蹈、民间文学类项目的艺术形式传承与发展的实践，存在着路径不一的问题。在对外交流中，这三种类型项目的艺术形式究竟该如何继承与发展以更好地弘扬中华文化，的确是一个值得深入思考的带有普遍性的大问题。

二　民俗类非遗项目对外交流中的问题

按照国务院公布的非物质文化遗产项目名录，我国非物质文化遗产有10个类型，它们分别是：民间文学、民间音乐、民间舞蹈、传统戏剧、曲艺、杂技与竞技、民间美术、传统手工技艺、传统医药和民俗，但并非所有的项目类型适合对外交流。在表1—4和表1—5的第7列"交流方式"中，我们可以清楚地看到，2010—2013年西部非物质文化遗产对外交流的项目主要是民间音乐、民间舞蹈、民间美术和传统手工技艺这四种类型。

为何集中于这四种类型？除了它们能直接诉诸人们的感觉，对外交流不存在语言障碍的原因外，最根本的原因是作为对外文化交流的组织

者——中央和省级政府文化部门，基于目的国国情、经费、时间、效果等
诸多因素进行了考量和选择。

　　问题在于，为了落实党的十八届三中全会提出的"扩大对外文化交
流"的任务，多渠道多形式多层次地开展对外文化交流，西部非物质文
化遗产仅仅停留在民间音乐、民间舞蹈、民间美术和传统手工技艺四种类
型上是不够的，还需要挖掘其他类型潜质，扩大对外交流的领域。文化部
外联局对此也在进行探索。例如2010年恰逢中瑞建交60周年，作为庆祝
两国建交60周年的重要文化交流活动，由中华人民共和国文化部和瑞士
"文化风景线"艺术节基金会联合举办了"瑞士文化风景线艺术节—中国
主宾国"活动。活动期间，文化部安排了音乐、戏剧、舞蹈、展览、文
学、电影等领域的62个项目集中展示中国传统文化和当代艺术。在非物
质文化遗产项目方面，也安排有民间音乐、民间舞蹈、民间文学、传统戏
剧等类型的项目。

　　由于本课题在抽样中包含了两个民俗类非遗项目，因此这里重点讨论
包含了传统节日与传统仪式的民俗类非物质文化遗产项目有无对外文化交
流可能？

　　依据随机抽样确定的贵州宁夏非物质文化遗产项目调研名单，民俗类
的水族端节和苗族鼓藏节在列。经访谈贵州省黔南州三都县非遗保护中心
工作人员，了解到水族端节没有参与过对外交流。可能是考虑到信息传播
不畅的缘由，县里面组织开过一个记者招待会，展示了一些图片，以改变
这种状况。

　　课题组在寻访贵州省雷山县西江千户苗寨的鼓藏头唐守成先生时，了
解到非遗项目鼓藏节参与了对外交流。据唐先生讲，他是贵州苗协会理
事，2013年1月作为苗族鼓藏头，去中国台湾参加"中华民族三祖祭奠
大胜"。在祭奠仪式上，他讲解了蚩尤的地位，介绍了苗族祭祖的内容，
互赠了纪念品。

　　按照案例差别复制原则，当我们把目光转移到宁夏的时候，发现了一
种新的做法。宁夏中卫市歌舞团编排了回族花儿歌舞剧《回乡婚礼》，艺
术地再现了回族的传统婚俗，并高频次地出访阿拉伯国家，如沙特阿拉
伯、阿联酋迪拜和毛里求斯等国，带去了中国人民的和平意愿，获得阿拉
伯国家的文化认同和好评。

案例调研显示，包含了传统节日与传统仪式的民俗类非遗项目在"走出去"参加对外交流活动中，受到了很大的限制。水族端节采取的国内图片展示方式放弃了对外交流，苗族鼓藏节采取参加中国台湾的祭祖仪式方式展开的是狭小范围的对外交流，宁夏中卫市歌舞团采取艺术再现的方式展开的是有限范围的对外交流。

交流实践中这三种不同的选择，涉及传统节日与传统仪式的民俗类项目能否"走出去"参加对外交流的问题。这是一个值得我们认真研究的问题，因为民俗体现的是民族整体的生存方式，能充分显示文化的软实力。

三　生产性保护非遗项目海外市场开拓问题

非物质文化遗产生产性保护概念的核心所指是一种保护方式。这一提法强调"通过生产、流通、销售等方式，将非物质文化遗产及其资源转化为生产力和产品，产生经济效益，并促进相关产业的发展，使非物质文化遗产在生产实践中得到积极保护，实现非物质文化遗产保护与经济社会协调发展的良性互动。生产性方式保护是我们在非物质文化遗产传统技艺保护实践中探索出的非物质文化遗产保护新途径和新理念，其宗旨是以保护带动发展，以发展促进保护"[1]。虽有专家提出包括音乐、舞蹈、戏剧等类别的表演类非物质文化遗产也符合生产性的属性，但这些遗产本身不具有生产性。"目前，这一保护方式主要是在传统技艺、传统美术和传统医药药物炮制类非物质文化遗产领域实施。"[2]

依据随机抽样确定的贵州宁夏非物质文化遗产项目调研名单，苗族蜡染技艺、苗寨吊脚楼营造技艺、侗医药和瑶族医药（药浴疗法）在列。

按照逐项复制原则，课题组在对苗族蜡染技艺案例调研时，将苗族银

---

① 汪欣：《生产性方式保护大家谈》（专家学者篇）[N]《人民日报》（海外版），2009 年 4 月 7 日，第 7 版。

② 文化部：《关于加强非物质文化遗产生产性保护的指导意见》[EB/OL]，2012 年 2 月 2 日。

饰锻制技艺和水族马尾绣①也列入调研范围。如表1—6所示，苗族蜡染技艺、苗族银饰锻制技艺和水族马尾绣都属于对外交流频次很高的非遗项目。2010年，苗族蜡染技艺和银饰锻制技艺参与了由文化部组织贵州手工艺人小组赴法国的"走进中心过大年"活动。2011年，苗族银饰锻制手工艺人杨光宾参与了由贵州省文化厅非遗处组织的赴香港地区"根与魂·中国非物质文化遗产展演"活动。在2012年3月至2013年1月期间，贵州省文化厅组织了包括苗族银饰锻制技艺、大方彝族漆器髹饰技艺、水族马尾绣、丹寨蜡染技艺在内的传统技艺类项目，分批次赴澳门展示。2013年，苗族蜡染技艺、苗族银饰锻制技艺和水族马尾绣参与了由文化部和中国友协共同组织的"欢乐春节·醉美多彩贵州——2013年第三届海峡两岸春节民俗庙会"的活动。

在丹寨县我们寻访了县非遗中心主任和苗族蜡染技艺的传承人。在传承人看来，苗族蜡染技艺在对外交流中主要是现场展演，引起国外诸多领域的专业人士及其他人士的关注，当然也会接几个国外的订单，但不是主要的。她说2012年曾去过泰国展演②。在三都县我们寻访了县非遗中心主任和水族马尾绣传承人。马尾绣传承人也认为，参与对外交流活动目前仍处于宣传阶段，经济效益很有限。展台有限，成品有限，时间有限，只能是在有限的时空范围内，达到一个宣传推介的目的，为打开国外市场做铺垫。在雷山县我们寻访了县非遗中心主任和苗族银饰锻制技艺传承人。与前两项技艺传承人态度不同的是，银饰锻制技艺传承人在对外交流中，更看重的是锻制技艺的宣传，并因对方说话听不懂而苦恼。

经深度访谈和现场考察，课题组发现他们的看法有其内在的因由。苗族蜡染传承人杨芳于2004年成立了"丹寨县扬武农民民间蜡染协会"，自任会长并担任技术主管，面向社会传授蜡染技艺，同时她还创办了蜡染专业合作社，采用按订单生产的方式，建立"市场＋合作社＋会员"的经营管理体系，300余人参与，覆盖6个自然村寨，培养出具有高、中、初级职称的民间工艺大师和传承人30余人，开发产品畅销国内外，社会

---

① 水族马尾绣在国务院非物质文化遗产名录中属于民间美术类，但一般认为它是工艺美术，具有生产性，也被作为生产性保护项目。

② 据她本人讲，2012年去泰国展演是由花旗银行组织的，到一个大学做给学生们看。文化厅没有记载，主流媒体没有报道。

效益和经济效益初见成效。杨芳的徒弟王光花，是苗族蜡染传承人。她于2013年7月成立了"丹寨县八寨蓝花文化艺术专业合作社"和"丹寨县八寨蓝花苗族蜡染艺术制作中心"。王光花对自己的手艺很自信同时也想对自己的作品有一些创新，有迫切希望打开国外市场的需求。她说去泰国展演的遗憾就是没有学到当地蜡染技艺的精华，也没时间对当地市场进行考察和了解。三都水族马尾绣传承人韦桃花在2005年成立了以自己名字命名的"马尾绣展示中心"，展览自己的作品和一些学徒的作品，用来销售。这与文化部《关于加强非物质文化遗产生产性保护的指导意见》要求"对有市场潜力的代表性项目，鼓励采取'项目＋传承人＋基地'、'传承人＋协会'、'公司＋农户'等模式，结合发展文化旅游、民俗节庆活动等开展生产性保护，促进其良性发展"的导向一致，是生产性非遗项目保护的健康之路。而苗族银饰锻制技艺的传承人很看重对外交流中的展示与宣传，则可能是担忧工业文明时代的机械制造和市场的牟利行为对手工技艺的冲击。他发现有的人为了谋取更大的利润空间，以假乱真地用锌白铜镀银作为"银饰"投入市场，同时还采用模具冲床机械化批量生产，使苗族银饰失去了手工艺术的天然质朴之美。

苗寨吊脚楼营造技艺属于进入课题组抽样名单的生产性非遗项目。在雷山县我们访谈了当地最有名的吊脚楼营造师傅蒋先生。他有着近40年的从业经历，也带了五六个徒弟，这些徒弟现分别在各地从事吊脚楼的建造。可能出于国外没有建造吊脚楼需求的原因，也可能是交流路径无法确定的原因，该项目没有参与过对外交流活动。但传承人非常希望参加政府组织的对外交流活动，并建议通过吊脚楼"模型展示＋语言解说"的方式来与国外行内行外人士交流沟通，各取所长。

进入抽样调查名单的传统医药类非物质文化遗产项目是侗医药（过路黄药制作工艺）和瑶族医药（药浴疗法）。

过路黄是黔东南侗族普遍应用的天然药用植物，全草供药用，配合不同的药材，形成各自不同的药方，治疗不同的病症。在凯里市我们寻访了黔东南州非遗保护中心主任和黔东南州民族医药研究院研究员袁先生。在袁先生看来，黔东南州民族医药研究院在侗医药的传承保护方面做了大量的工作，如开展调查研究，收集整理侗医药资料，编撰侗医药专著，培训民间侗医师，建立侗医药标本馆和药用植物凭证标本室，还成立了一所公益性的附属苗医医院，将苗侗医药纳入临床实践中，与市场接轨，迈出了苗侗医药生产性保护的第一步，初显了传统医药非物质文化遗产名录项目的社会经济效益。在对外交流方面，来参观考察的外国友人不少。民族医药研究院先后多次接待美国、加拿大、瑞典、德国、越南等国外友人前来参观考察，但"走出去"参与对外交流的机会却很少。到目前为止，只参加了2013年由贵州省文化厅非遗保护中心组团的"根与魂·中国非物质文化遗产展演"活动，主要通过药材标本、文字和图片等方式展示推介侗医药。至于企业和民间个体都还没有组织过对外交流。

侗医药无法在对外交流中全面展开的原因在于受到国内外法规的限制，属于刚性约束。在国内，很多侗医师无法考取行医资格证，部分侗药不被国家药典承认，侗医药药物制剂使用受国家医药法规的限制，一些民族疗法在法理上不能突破等等；在国外，侗医药类的对外交流活动还仅限于印度、泰国、巴基斯坦等东南亚国家。如果去英、美等一些发达国家，则会因没有行医许可证而触犯法律。

相较于侗医药，瑶族医药（药浴疗法）则显得发展空间广阔，对海外市场开拓愿望更强。"瑶族药浴疗法"是瑶族人在长期游耕、狩猎生活中形成的一种古老而神奇的洗浴方式，其配方由瑶族祖先独创，族内独有，主要以家庭形式来传承。它的独特之处在于改善"亚健康状态"，帮助人们恢复身体活力。

课题组在从江县寻访了非遗保护中心主任和瑶族医药（药浴疗法）传承人。在他们看来，县里面瑶族医药（药浴疗法）在生产性保护方面做得好，一是拨专项资金建立了两个"瑶族药浴疗法"体验中心，把"瑶族药浴疗法"作为旅游产品推向市场；二是支持两个药浴传承人在所居住的高华村建立"瑶族药浴村"，开办农家自助洗浴；三是支持从江县的神瑶保健品有限公司专门从事瑶族药浴研究，推荐该公司申报省级非物质文化遗产生产性保护示范基地。

由于瑶族医药（药浴疗法）市场前景广阔，公司自筹资金建设瑶族药浴药材基地1200亩，并长年聘请"瑶族药浴疗法"省级传承人赵进堂、州级传承人赵有辉2人作为公司的顾问，指导产品研发和生产。现已注册了"从瑶"、"神瑶"和"存希园"三个商标，2013年申报的"从江瑶族"地理商标正在受理中。公司产品不但推向全国各地，并在贵州省贸促会的支持帮助下，曾到日本、印度尼西亚、泰国、柬埔寨、中国香港、中国澳门等国家和地区展销①，深受国外消费者的喜爱。

生产性非遗项目有"以保护带动发展，以发展促进保护"的政策优势，对于"走出去"参加对外交流活动愿望强烈。对已经开展的对外文化交流活动，这些传承人觉得时空有限，不能达到他们的预期目标。他们不仅希望通过展演让外国人了解，还希望能够拓展海外市场，获得更大的发展空间。

上述案例调研显示，生产性非遗项目在对外交流活动中存在的普遍问题就是在"走出去"对外展演的基础上如何拓展海外市场的问题。

四　西部非物质文化遗产项目对外交流中的信息传递问题

依据随机抽样确定的贵州宁夏非物质文化遗产项目调研名单，传统戏剧类的侗戏、石阡木偶戏在列，宁夏皮影戏作为辅助案例在列。

经寻访当地非遗保护中心主任和传承人，我们了解到石阡木偶戏在2013年参加了"根与魂·中国非物质文化遗产展演"活动，黎平的侗戏在2011年参加了文化部"瑞士文化风景线艺术节·中国主宾国"活动，而宁夏的皮影戏则因为贺兰县和盐池县两个重要传承人去世，当务之急是传承和保护，尚没有条件参加对外交流活动，这里不加讨论。

石阡县主管非遗的文化局副局长率队去香港地区参加了对外交流活动。在他看来，石阡木偶戏很独特，也很有吸引力，在香港地区尤其是老人和小孩子最喜欢。影响石阡木偶戏对外交流的原因主要是信息不流畅，石阡没有高速公路影响了民间的对外文化交流，没有对接的民间对外交流团体来进行联络。黎平县侗戏传承人去瑞士参加了对外交流活动。在他看来，演出很成功，除了表现在现场的掌声外，还表现在散场后观众纷纷与他们合影以及出席酒会时国外友人夸奖侗戏服饰有特色的评价上。但是，

---

① 瑶族药浴疗法项目的出国展销，是通过贵州省贸易促进会进行的，省文化厅不掌握具体情况，主流媒体也没有报道，因此也没有进入前边的非遗项目对外交流统计数据。课题组在深入调研时，了解到了他们的出国交流情况。

去了三天只演出了一场，且只有半小时，信息交流太少。其话语后面有淡淡的无奈。前者是组织者的感受，后者是表演者的感受。

"信息不流畅"反映了基层对外文化交流组织者希望有更多的民间交流机会，"信息少"反映了侗戏表演者希望与国外观众有更多的交流机会。这说明，西部非物质文化遗产项目对外交流中信息传递方面的两个问题：一是组织者层面的西部地区民间对外文化交流信息匮乏问题，二是传承人层面的"走出去"后与观众交流信息的机会匮乏问题。

政府组织对外文化交流的动机是打造国家形象，并依据宣传需要自上而下地组织非遗项目的对外展演，必然造成基层获取信息的渠道单一。而文化经营企业对外文化交流的动机是开拓国外市场，并依据国外观众的口味来深入谋划，获取经济效益，必然会增加展演者与观众的交流，以便使展演或相关产品更容易让国外受众接受。其中对外交流信息和展演后反馈信息缺乏也是西部非物质文化遗产对外交流中值得注意的问题。

五　西部非物质文化遗产项目对外交流中的运行机制问题

课题组在贵州和宁夏两省区的案例调研访谈提纲中，针对传承人设计有"您参加的对外交流展演的组织者是谁"的问题，而寻访时几乎所有的传承人都讲"是政府组织的"，只有个别传承人讲曾参加过非政府机构组织的对外交流活动。针对非遗中心主任同样设计有"您知道某某项目参加对外交流展演的组织者是谁"的问题，而非遗主任也都讲"是上级安排的"，可能也有其他行业组织的对外交流，但我们不掌握情况。在全部案例分析研究的基础上，我们发现西部非物质文化遗产在对外交流中的主导机制是：以各级政府的文化部门为组织者，以传承人为参与者，采用财政经费逐层分担的办法，向国外或港澳台地区展开文化交流。如图2—1所示：

在这种机制下，对外文化交流属于威权式政府行为而不是社会团体、文化企业乃至传承人的文化自主行为：

1. 传承人与各级政府形成了雇佣关系。政府在非遗项目对外展演时，需要支付排练误工费、道具添置费、宣传费和差旅费等各项费用。演出结束，雇佣关系解除，传承人回到自己的乡村或赖以谋生的行业中去。

2. 中央政府与省市县形成了分权式的层级，分担不同任务，也分担不同比例的费用。

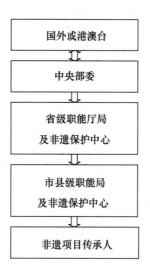

图 2—1　西部非遗项目对外交流主导机制图

3. 对外交流活动的着眼点主要是打造国家形象，较多考虑宣传效果，较少考虑经济效益。

4. 对外交流活动依赖于中央政府或省级政府，路径单一。基层文化经营单位和传承人缺少与外界直接联系的渠道。

这种机制造成了下述问题：第一，由于市场反馈被政府阻滞在外，生产性非遗项目的保护性利用功能减弱，传承人扩大海外市场愿望很难实现。第二，由于对外交流路径只有政府组织这一条路径，即便非遗项目本身已经具备对外交流的条件，但如果没有引起政府的重视，也就没有对外交流的机会。第三，由于非遗项目自身在对外交流中只能"被选择"，不利于调动与非遗项目保护相关的社会团体、文化经营单位和项目传承人主动对外交流的积极性。

当然，我们也要看到，在西部非遗项目对外文化交流中普遍存在的政府主导型机制下，也有个别的特例。例如地处纳雍县的苗族芦笙舞"滚山珠"和地处从江县的瑶族药浴疗法，在对外交流中也逐步形成了一些新的对外交流机制，这就是以文化经营企业为主体，政府引导、监控和服务的机制。如图 2—2 所示：

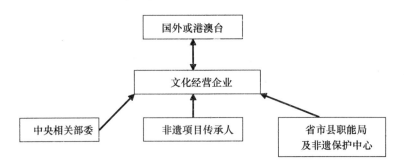

图 2—2　西部非遗项目对外交流新生机制图

这种新机制的特征在于：

1. 文化经营企业成为对外交流的主体，例如"从江神瑶保健品有限公司"2011 年到日本，2012 年到中国香港，主动"走出去"进行商品展销和交流活动。

2. 非遗项目传承人或成为文化经营企业的法人或成为文化经营企业的顾问，无论是业务还是利益，两者之间共生共荣，关系紧密。例如瑶族药浴疗法的传承人被"从江神瑶保健品有限公司"聘为顾问，而"滚山珠"项目的传承人就是纳雍县"滚山珠表演艺术团"团长。

3. 文化经营企业有一定的收入，对外交流发生的费用由文化经营企业全额承担或部分承担。

4. 省市县职能局及非遗中心是服务者和监管者，中央相关部委成为引导者和宣传者。

5. 对外交流的路径得到拓展，作为文化经营企业业务核心的非遗项目，既可以应政府之召参加对外宣传活动，亦可以应民间机构之邀，参与对外交流的商业活动。

这种新的对外交流机制符合中共中央提出的"政府主导、企业主体、市场运作、社会参与"的良性对外交流机制，但在西部贫困地区这种机制尚未形成主流。

西部贫困地区所形成的这种新的对外交流机制，既与非遗项目自身的影响力有关，也与所在县的发展战略有关。例如，贵州省从江县提出了

"旅游活县"和"重点带动、打造名牌"的旅游产业发展战略，作为生产性非遗项目的瑶族药浴疗法就顺势成为从江县旅游发展的重点品牌。县上拨专用资金建立了两个"瑶族药浴"体验中心，把"瑶族药浴"作为旅游产品推向市场。支持两个药浴传承人所在地高华村发展"瑶族药浴村"品牌，在村子里开办农家自助洗浴。允许专门从事"瑶族药浴"洗浴产品生产的从江神瑶保健品有限公司无偿使用"国家级非物质文化遗产"的品牌进行企业宣传，推荐该公司为省级非物质文化遗产生产性保护示范基地。苗族芦笙舞"滚山珠"是纪念苗族先民披荆斩棘寻找聚居地的民族舞蹈，20世纪80年代曾受邀到北欧四国专场演出，之后又去过法国、加拿大、中国（香港、台湾、澳门）等地，受到李瑞环等多位国家领导人接见。在2010—2013年的交流活动中，"滚山珠"依然是贵州对外交流的重要展演项目。当地文化界诸多人士一直将"滚山珠"视之为有价值的文化资源，思考本土文化和旅游产业的互动发展。为改变过去为演出才临时召集散居于各乡演员的状况，组建了纳雍县滚山珠文化传媒有限公司，并以此为龙头，扩大演出规模，拓宽展演市场。政府则通过县文化局和非遗保护中心实行宏观管理，每年会给予一定的补助或者购买服务，还通过县教育局帮助"滚山珠"艺术团的小演员们完成学校教育，选择学校，单独编班，集中管理，成为滚山珠项目传承发展的后备力量。

上述两种机制在西部非物质文化遗产对外交流中并存，但目前遇到的是两者之间发展不平衡的问题，亦即威权式政府行为明显占支配地位，而文化企业的自主行为尚处于萌芽状态。

第三章 西部非物质文化遗产对外交流存在问题的原因分析

一 非遗项目对外展演中艺术形式传承与发展路径不一问题的原因分析

西部非遗项目对外展演中艺术形式传承与发展路径不一问题，其根源在于社会文化的巨大转型。我国非物质文化遗产的艺术形式与我们中华民族长期的田园式或游牧式生产生活方式息息相关，也积淀着我们中华民族前行的历史。但我们又处于工业文明时代，田园式或游牧式生产生活方式下所生成的艺术形式，毕竟与今天的工业文明时代存在着"错位"。因此作为传统文化审美积淀的艺术形式，它本身也有一个与时俱进、精益求精的内在发展需要。

生活在当下工业文明时代的非遗项目传承人，很明显地对于非遗项目传统艺术形式具有双重态度：一是把它作为自己的文化之根的情感态度，坚持恪守传统，追求原生态的形式；二是自己的生产生活方式已经在工业文明时代逐步现代化，觉得应当融入一些现代的元素。受具体生活环境如城市和乡村、富裕地区和贫困地区等因素影响，这种双重态度在具体的传承人身上又会形成强弱不同的差异格局，这就造成了非遗项目对外展演中艺术形式传承与发展路径不一问题。比如，生活在乡村的传承人会在非遗项目的艺术形式上恪守传统，而生活在城市的艺术家又会在保持非遗项目艺术形式神韵的基础上融入较多的现代元素。

不论非遗项目对外展演中艺术形式传承与发展路径的探寻如何不一致，关键之处在于要紧扣非遗项目核心特征，并在保持其"真实性"基础上谋求其艺术表现形式上的发展。

二　民俗类项目能否"走出去"问题的原因分析

我国非物质文化遗产的 10 个类型中，民间文学、民间音乐、民间舞蹈、传统戏剧、曲艺、杂技与竞技、民间美术、传统手工技艺都有"走出去"对外交流的成功经验，即便是难度较大的传统医药中的一些技法，如保健性的瑶族药浴疗法，也开始"走出去"展开对外交流活动。但民俗类项目"走出去"则受到很大的限制。

民俗类非遗项目包含了传统节日与传统仪式。传统节日如春节、端午节、元宵节等，传统仪式则指对万物神灵的崇拜祭祀和人生重大事项的礼节形态，如祭山、祭水、祭祖，如婚礼、葬礼等。节日的产生和仪式的出现与远古时期人类生存状况相关联，其中包含着人类早期的认知、信仰、伦理、艺术，后来在历史过程中形成一个完整而复杂的系统，还约定俗成地成为人们生长的制度。而非遗项目对外交流基本形式是在特定时间、特定场所（大部分是在舞台上）对海外遥远的其他族群的展示或表演。因此，民俗类非遗项目本身的特点制约了它的对外交流。

这里的关键是，作为本民族约定俗成的社会文化环境的民俗与在特定时间和特定场所面对其他民族的展演，发生了"错位"。

如果用选择、概括和浓缩的写实性艺术表演的方式，来对民俗类非遗项目进行艺术加工，以适应对外交流中特定时间和特定场所的展演，民俗类非遗项目是否可以"走出去"参加对外交流？宁夏中卫市歌舞团的《回乡婚礼》进行了探索。但按照学理逻辑，歌舞剧《回乡婚礼》已经属于以民俗类非遗项目为素材的歌舞表演，而不属于原生态的非遗项目本身了。

如果我们再换一个思路来进行分析，可能会发现民俗类非遗项目对外交流的新路径。包含了传统节日与传统仪式的非遗项目虽然不适合"走出去"，但非常适合把外国人和中国港澳台同胞吸引进来，这同样破解了前文所述的作为本民族约定俗成的社会文化环境的民俗与在特定时间和特定场所面对其他民族的展演发生的"错位"问题。

在"引进来"的过程中，中央和省级政府文化部门则又需要先行进行对外宣传和对外交流：或通过各种对外宣传媒体把民俗类非遗项目广而告之，或通过在海外举办图片展览更加具体地凸显民俗类非遗项目的民族风情，吸引海外各方人士对中华文化的兴趣。

课题组认为，以"引进来"为目的，以对外媒体宣传和海外图片展览为手段，是当下民俗类非遗项目对外交流最恰当的路径选择。

三 生产性保护非遗项目海外市场开拓问题的原因分析

生产性方式保护是我们在非物质文化遗产传统技艺保护实践中探索出的非物质文化遗产保护的新途径和新理念，其宗旨是以保护带动发展，以发展促进保护。如果不能持续地进行生产，此类非遗项目就会自行消失。开拓海外市场也是生产性非遗项目内在的要求。生产性非遗项目对外交流活动中存在的普遍问题就是在"走出去"对外展演的基础上如何拓展海外市场。

生产性保护的非遗项目海外市场开拓问题产生的根源是政府主导的对外文化交流的宣传目的与生产性保护的非遗项目的内在要求发生了"错位"。前者寻求在有限的时间空间范围内，在有限的经费控制下，获取最大的宣传效果；而后者寻求能深入地倾听消费者的意见，了解市场的需求，以便调适自己的手工生产。

这种"错位"既不能要求政府改变宣传的目的来适应，也不能要求生产性保护的非遗项目放弃市场开拓来弥补。因为两者之间有一种互相依赖的关系。生产性保护的非遗项目依赖于宣传，才能开拓海外市场，而政府的国家形象的文化宣传依赖于具体的非遗项目，才能言之有物，令海外人士信服。最好的办法是改变现有的非遗项目对外交流的政府操持的单一格局，鼓励并支持文化企业和民间团体也按照自己了解市场的需求，"走出去"进行市场拓展性的对外交流。

四 对外交流信息和反馈信息缺乏问题的原因分析

如前所述，西部非物质文化遗产项目对外交流的信息传递方面有两个问题：一是组织者层面的西部地区民间对外文化交流信息匮乏问题，二是表演者层面的"走出去"后与观众交流信息的机会匮乏问题。

造成这两个问题的原因是西部非物质文化遗产在对外交流中的运作机制目前还是以政府组织为主，尚未形成以文化企业组织为主的格局。

政府组织对外文化交流的动机是打造国家形象，并依据宣传需要自上而下地组织非遗项目的对外展演，必然造成基层获取信息的渠道单一。如果是由文化企业自己主动开展对外文化交流，那么其开拓国外市场的动机就会促使它千方百计地获取民间对外文化交流的机会，并依据国外受众的口味来深入谋划，寻求经济效益，必然会增加展演者与受众的交流，以便使展演和相关产品更加适应国外受众的文化需求。

五 两种机制并存，但两者之间发展不平衡问题的原因分析

西部非物质文化遗产项目对外交流中的运行机制问题主要是政府主导型的运行机制太强而文化企业主动型的运行机制太弱。这是整个国家经济社会发展中必然会出现的地区之间发展不均衡、不协调的反映。

按照缪尔达尔的"循环积累因果原理"，任何一个国家都有发达的富裕地区，也都有不发达的贫困地区。在市场经济条件下，贫困地区的人力、财力和物产资源都会自发地流向发达的富裕地区，而发达的富裕地区利用这些人、财、物生产出商品，又销售到贫困地区。这种过程不断重复，就形成了贫的愈来愈贫、富的愈来愈富的循环格局。要改变这种格局，必须借助于政府的干预，给贫困地区更多的支持政策，通过转移支付给予贫困地区更多的财政补贴。西部非物质文化遗产对外交流中的政府主导型机制，我们的理解是，它反映了中央政府对西部贫困地区的引导、拉动和支持。

因而解决政府主导型的运行机制太强而文化企业主动型的运行机制太弱的问题，不是要改变现行的政府操持的运行机制，而是要支持西部贫困地区文化经营企业的发展，尤其是以非物质文化遗产项目为核心内容的文化经营企业的发展。只有这些文化经营企业在对外文化交流中主动作为，其运行机制发展得与政府主导的机制一样强大，才能实现对外文化交流的均衡发展，形成健康的对外文化交流格局。

第四章　对策建议

1. 鼓励民间文学、民间音乐、民间舞蹈、传统戏剧类的非遗项目传承人，把握非遗项目的核心要素，按照艺术形式内在的本性，去积极探索非遗项目在对外交流活动中的艺术表现形式问题。

在非遗项目对外展演中的艺术形式传承与发展问题上，主要是解决田园式或游牧式生产生活方式下所生成的艺术形式与今天的工业文明时代存在着"错位"的问题。解决这种"错位"的办法，除了必须坚持"传承发展"的原则，关键在于如何把"传承发展"具体化，落实到实践中。宁夏回族器乐立足口弦和泥哇呜自身内在规律谋求其艺术表现形式上的发展，贵州苗族芦笙舞"滚山珠"在保持"地龙滚荆"用身躯滚倒荆棘和用身躯搭成人桥等表演动作基础上，恪守"一边吹奏，一边翻滚，笙不离口、曲音不断"的核心要素，加入地域色彩鲜明的双飞雁、朝天蹬等高难度动作，值得借鉴。这些发展既保留着原生态的传统，又与现代器乐和舞蹈同步，是一种传统与现代融为一体的艺术形式，值得发扬光大！

2. 转变在民俗类非遗项目对外交流中的思路，以吸引外国人和中国港澳台同胞"走进来"体验为目的，利用媒体宣传和图片展览，加大西部民俗类非遗项目对外宣传力度。

具体地说，建议文化部外联局加强与国家非物质文化遗产保护中心、中宣部外宣办的合作，就如何吸引外国人和中国港澳台同胞"走进来"到西部体验民俗类非物质文化遗产项目的对外宣传事项，进行协商和规划；建议中央和西部省级文化部门在组织非物质文化遗产项目对外交流活动时，注意有意识地多安排些民俗类非遗项目的图片展览；建议西部各级非遗保护中心加强与各级摄影家协会合作，展开民俗类非物质文化遗产项目摄影比赛，收集摄影精品作品，为对外图片展览储存丰富的备选图片资料。

3. 对生产性非遗项目采取政府和文化经营企业两条腿走路的方式来进行对外文化交流。

具体地说，一方面巩固提升现有的对外文化交流平台，如"欢乐春节"、"中国文化年"、"感知中国"、中非"文化聚焦"、"根与魂·中国非物质文化遗产展演"等文化交流品牌，还有"海外中国文化中心"等文化机构，也给予西部非物质文化遗产项目更多的展示机会，让更多的外国人了来了解中国文化；另一方面，出台一些文化支持政策，鼓励以非物质文化遗产项目为核心内容构建的文化经营企业和民间团体也按照自己对市场需求的了解，"走出去"进行市场拓展性的对外交流。

4. 建立文化交流接受国或中国港澳台接受方、对外文化交流组织者、非物质文化遗产项目保护机构、非物质文化遗产项目代表性传承人之间及时、畅通的信息沟通和传递机制，使非物质文化遗产对外交流的需求和供给有效对接。

具体地说，在文化部官方网站建立对外文化交流信息专栏，及时发布对外文化交流信息和国外文化动态信息，保证对外文化交流信息以最快的速度传递到西部非遗项目保护单位、非遗项目展演机构和传承人。在全面梳理非物质文化遗产项目的基础上，组织西部 12 省区建立适于"走出去"的西部地区非物质文化遗产信息库，储存丰富、精炼的音频视频和图文资料，便于检索、查询，为适应不同时期、不同区域对外文化交流需求提供备选项目。

5. 广泛动员社会力量支持西部那些以非遗项目保护为基础的展演团体及传承人，引导他们参与对外文化交流，帮助他们解决所遇到的各种困难。

具体地说，西部 12 省政府各部门应当从政策的角度给予支持，西部的地方性大学应当在业务培训和资料检索上提供帮助，企业可从冠名的角度给予资金的支持，使得西部这些非遗项目展演团体逐步生成自造血功能，获得可持续发展。

各级政府的文化部门可会同民政部门，建立非政府文化交流基金会数据库，掌握其活动内容，有的放矢地通报西部非物质文化遗产项目对外交流的信息，鼓励、引导、支持这些文化交流基金会建立西部非遗项目对外文化交流专项基金。对于因经费匮乏而无法参加对外交流的非遗项目及其传承人，可通过专项基金的办法，给予经费补贴，支持他们"走出去"，参与对外文化交流。

（李锐）

参考文献

[1]《中共中央关于全面深化改革若干重大问题的决定》（2013 年 11 月 12 日中国共产党第十八届中央委员会第三次全体会议通过），http：//www. gov. cn/jrzg/2013—11/15/content_ 2528179. htm.

[2]《中共中央关于深化文化体制改革推动社会主义文化大发展大繁荣若干重大问题的决定》，http：//www. gov. cn/jrzg/2011—10/25/content_ 1978202. htm.

[3] 文化部：《2013 文化发展统计分析报告》，中国统计出版社 2013 年版。

[4] 文化部：《关于加强非物质文化遗产生产性保护的指导意见》，《中国文化报》2012 年 2 月 27 日。

[5]［美］罗伯特·K. 殷：《案例研究：设计与方法》第 3 版，周海涛主译，重庆大学出版社 2004 年版。

[6]［瑞典］冈纳·缪尔达尔：《世界贫困的挑战——世界反贫困大纲》，北京经济学院出版社 1991 年版。

[7] 王文章：《非物质文化遗产概论》，文化艺术出版社 2006 年版。

[8] 何积全：《社会转型期民族民间艺术演变发展调查研究——以贵州民族民间艺术为个案》，民族出版社 2012 年版。

[9] 周志忠：《"宁夏让世人刮目相看"——2011 宁洽会暨第二届中阿经贸论坛述评》，人民网—宁夏频道，2011 年 9 月 28 日。

[10] 汪欣：《非物质文化遗产保护新理念——生产性方式保护大家谈（专家学者篇)》，《人民日报》（海外版）2009 年 4 月 7 日，第 7 版。

第二部分

专题研究

第一章 西部非物质文化遗产对外交流的特点

经实地调查和访谈，从传播方（组织者、提供者）和接受方（组织者、受众）两个维度考量，我国西部非物质文化遗产对外交流活动呈现出八个特点：具有彰显中华气派的文化核质，具有独特鲜明的民族风情，具有震撼受众的绝技绝活，具有突破信息壁障的沟通能力，具有优秀精干的展演团队，具有适于"走出去"的艺术特征，具有助推"出去"的交流平台。

我国履行加入联合国教科文组织《保护非物质文化遗产公约》的义务，巩固、拓展此前的民族民间文化保护工程，从 2005 年起部署开展非物质文化遗产保护相关工作，并将非物质文化遗产定义为："各种以非物质形态存在的与群众生活密切相关、世代相承的传统文化表现形式，包括口头传统、传统表演艺术、民俗活动和礼仪与节庆、有关自然界和宇宙的民间传统知识和实践、传统手工艺技能等以及与上述传统文化表现形式相关的文化空间。"[①] 据此可知，非物质文化遗产实质就是诞生于农耕（游牧）社会、至今仍活在民众生活中的文化样态，蓬勃进展的工业化、信息化正对其生存发展带来冲击和挑战。

涵盖我国三分之一行政省区市的西部，地域横跨陕西、甘肃、青海、宁夏、新疆、内蒙古、西藏、广西、云南、贵州、四川、重庆12

---

① 参见《国务院关于加强文化遗产保护的通知》（国发〔2005〕42 号）、《关于加强我国非物质文化遗产保护工作的意见》（国办发〔2005〕18 号）、《国家级非物质文化遗产代表作申报评定暂行办法》。

个省区市，面积 540 万平方公里，人口超过 2.8 亿，分别占全国的 56% 和 23%。有人曾用"荒、远、边、穷、大、财、宝、美"来形容西部：这里交通不便，开发程度较低，经济也相对落后，人均国民生产总值只有全国平均水平的一半左右，可是这里有广袤的土地，丰富的资源，美丽的自然风光。正是由于交通落后、开发缓慢、多民族聚居，使得西部地区较多保存、延续了传统农耕文明的生产生活方式和文化样态，成为非物质文化遗产的富集区，在全部 2605 个国家级非物质文化遗产项目中，西部 832 项占 32%，在对外交流项目上有较大的优越性和选择度。

经实地调查访谈非物质文化遗产对外交流组织机构（省文化厅对外处）、非物质文化遗产保护组织机构（各级文化主管部门、非遗保护中心）、非物质文化遗产项目传承人，综合分析梳理调查中获取的各方面信息，从非物质文化遗产对外交流的传播方（组织者、提供者）、接受方（组织者、受众）两个维度考量，非物质文化遗产对外交流中有以下八个特点。

一　具有彰显中华气派的文化核质

走出国门开展文化交流的非物质文化遗产项目，在文化传播和形象展示的意义上，已超越其所在乡村、县、市，乃至省区，其所呈示和代表的就是中国的文化形象。毫无疑问，走出去弘扬文明古国悠久历史和厚重文化形象的活态文化遗产，应当具有彰显中华气派的文化核质，呈现和凝聚中华民族的杰出智慧和文化创造。以侗族大歌为例，她曾随同党和国家领导人出访，足迹遍及亚欧美数十个国家，以农民歌手的无指挥、无伴奏、多声部合唱的杰出音乐样态，震撼国内外观众，改变了西方人中国没有复调多声部音乐的看法，被国外赞为"这是一个民族的声音、这是一种人类的文化"。侗族大歌、苗族蜡染技艺、苗族银饰锻制技艺等核心技艺特征鲜明的非物质文化遗产项目，在 2010—2013 年频密的对外交流活动，较好地展示弘扬了中华文化的创造力。

二　具有独特鲜明的民族风情

根据贵州省和宁夏回族自治区提供资料，2010 年以来共有 18 次赴法国、阿联酋、土耳其、毛里求斯、日本和港澳台的非物质文化遗产交流活动，参加交流的非物质文化遗产项目有 34 项。这些项目均为体现苗族、彝族、侗族、水族、回族独特民风民俗的音乐、舞蹈等表演性非物质文化遗产和手工技艺类生产性非物质文化遗产，所到之处，以其鲜明的文化特色和浓郁的民族风情广受好评。

三　具有震撼受众的绝技、绝活

从传承人赴国外交流体会的访谈中获知，对外文化交流，受众感知的就是一种文化的差异，受众感到震撼的就是一种"不可思议"的绝技绝活。如 2012 年 7 月 6 日至 8 月 20 日，贵州省黔东南州歌舞团公司和从江县民族艺术团应邀赴法国参加蒙图瓦尔国际民间艺术节期间，所表演的木叶吹奏让法国观众由半信半疑到惊讶赞赏，彻底折服于随手摘取的一片木叶竟能吹奏出美妙的声音——乃至他们国家的歌曲和他们所熟悉的乐曲。演出结束后，观众纷纷摘来木叶，争相学习吹奏。再如回族乐器泥哇呜在赴阿联酋、毛里求斯、日本交流时，让受众震撼于一团泥巴在几分钟之内变成能吹奏的乐器。

四　具有突破信息壁障的沟通能力

对外文化交流是一种文化信息的传递与沟通，受不同民族、地域、国家等因素制约，不可避免地存在语言、习俗等文化信息传递与接受的壁障。从本次调查的 2 省区 34 个已经"走出去"的非遗项目来看，都具有最大限度地突破信息壁障的沟通能力。如苗族刺绣、服饰、蜡染、银饰、傩面具雕刻、水族马尾绣等民间美术、手工技艺类项目，侗族大歌、苗族飞歌、苗族芦笙舞滚山珠、苗族锦鸡舞等民间音乐、民间舞蹈类表演性项目，其视觉性语言、听觉性语言直观明了，便于沟通，在未进行口头或书面语言交流的情况下，都能使受众获得直观、鲜明的文化信息，形成对其所承载文化的认知和进一步了解的兴趣。

五　具有优秀精干的展演团队

非物质文化遗产是以传承人为核心的活态文化遗产，代表一省（赴中国港澳台）乃至国家（赴国外）开展文化交流活动，应当是掌握非物质文化遗产项目技能最全面、技艺水平最高的代表性传承人。从西部地区经济欠发达的实际和最佳"费效比"考虑，"走出去"交流展演的非遗项目团队都较为精简干练，从近3年贵州、宁夏18次非物质文化遗产对外交流团队规模来看，每个项目人数1—2人居多，需要人数较多的群体表演性项目最多为16人。（调查中了解到，宁夏皮影戏因为传承人消亡而使得该项目丧失核心依托，丧失开展对外交流活动的核心要素）。

六　具有适于"走出去"的艺术特征

案例一：2010年2月，应巴黎中国文化中心邀请，贵州手工艺人小组一行5人赴法国参加文化部"欢乐春节"品牌活动之一——"走进中心过大年"活动。4位传承人带去了雷山刺绣、苗族蜡染、苗族银饰锻制、傩面具雕刻4个项目的精美作品，并以所掌握的绝活现场进行技艺展示，受到主办方和法国观众的高度称赞。

由该案例可以看到，适于"走出去"的艺术特征之一是：技艺精湛，民族特色鲜明，便于携带运输，展演团队精干，能以直观视觉性语言呈现的手工技艺类生产性非物质文化遗产项目。

案例二：2012年7月6日至8月20日，受文化部委派和法国CIOFF组织蒙图瓦尔国际艺术节组委会邀请，贵州黔东南州歌舞团公司和从江县民族艺术团一行34人赴法国展演交流，历时45天，带去了苗族、侗族服饰，苗族古歌、飞歌、侗族大歌、琵琶歌、情歌，木叶、芦笙、牛腿琴、侗族琵琶演奏、反排木鼓舞等非物质文化遗产项目，参加了巴黎、敦刻尔克、布雷杜恩、蒙图瓦尔、莱梅尼特、蒙迪尼亚克、菲洛当等多个城市的7个艺术节，进行了27场专场演出、10多场广场游演和多场与其他国家代表团同台献艺。此次"走出去"总共表演 40 多场，所到之处受到观众的热烈欢迎。当地市长、组委会主席接见了传承人并赠送礼品。精美华贵的苗族银饰与服饰、高亢的苗族飞歌、遒劲有力的苗族舞蹈、天籁之音般的侗族大歌，乃至交流团成员做贵州菜与所居住的法国家庭分享都成了法国电视台、报刊争相报道的内容。法国各地艺术节组织者、媒体、观众，对中国民族艺术团持有共同的观点：苗族、侗族服饰多样，绚丽多彩；苗侗歌舞的节目无论是表演形式还是内容都非常丰富，令人陶醉。

由该案例可以看到，适于"走出去"的艺术特征之二是：形式、内容都较为丰富，彰显民族特色，能最大限度拉近与受众距离的音乐、舞蹈等表演性非物质文化遗产项目。

案例三：2013 年 11 月，宁夏回族口弦、回族泥哇呜 2 项回族民间器乐赴日本进行文化交流，现场进行泥哇呜制作演示，口弦和泥哇呜协作表演，演奏曲目除了中国的民族乐曲，还涵盖当地观众熟悉的乐曲，引发观众的惊奇和赞叹。回族泥哇呜艺人还在传承实践中，结合宁夏历史文化和公众审美趣味及消费趋势，对泥哇呜进行改良、发展，形成装饰工艺品形式的泥哇呜和演奏用泥哇呜两大系列的产品，在泥哇呜产品表面绘制展现宁夏历史文化的装饰图案，按十二平均律来改善丰富泥哇呜的音乐表现力，使其装饰性、艺术性都得到很大增强，成为融入当今时代民众生活的文化产品。贵州、宁夏 2010—2013 年 18 次对外交流中，纯粹的单个非物质文化遗产项目"走出去"，仅有贵州竹雕 1 次，宁夏回族山花儿 1 次，回族婚俗 2 次（2011 年 10 月苗族银饰去香港地区，从贵州省来看虽为 1 个项目，但参加的是中国艺术研究院组团的手工技艺展演）。这表明，除了是本身内容丰富，能够对受众形成强大吸引力、冲击力的表演性非物质文化遗产项目，将多个非物质文化遗产项目组合起来"走出去"表演、展示，能够取得一加一大于二的收效。

由该案例可以看到，适于"走出去"的艺术特征之三是：可以与别的项目组合，使表现形式更为丰富、更具魅力的非物质文化遗产项目，并结合对外交流的需要，对项目进行必要的梳理、提炼，使其民族特色更鲜明，文化魅力更集中。

案例四：从抽样选中的贵州、宁夏共 14 个样本项目近三年来对外交流情况来看，"走出去"和"未走出去"的项目各占50%，有 7 个项目开展了对外交流活动，"走出去"次数最多的项目达到8次，但也有7个项目未有1次对外交流活动。其中有多方面的制约因素，如项目本身不便于搬移到异地现场展示等，但是非物质文化遗产项目不能与交流目的地人文习俗和政策法律有抵触无疑是重要原因之一。例如，中国港台地区，欧洲、美国等国家和地区，对于医药卫生都有着严格的政策法律规定，传统医药类的非物质文化遗产项目在对外交流上就受到很大的影响和制约，同时传统医药类项目受传承人多无国家卫生部门颁发的行医资格证、不便于现场展示、难于即时取得令人信服的效果等其自身特点限制，"走出去"面临重重阻隔，样本选中的医药类项目近三年未有对外交流活动。

由该案例可以看到，适于"走出去"的艺术特征之四是：具有广泛适应性，不与交流目的地风俗习惯和政策法律产生冲突的非物质文化遗产项目。

七 具有助推"出去"的交流平台

贵州、宁夏2010年以来的13次非物质文化遗产对外交流活动，只有2次是受中国台湾民间组织邀请前往，其余11次都是受文化部委派或是由官方机构所组织，多属文化部创办的品牌活动"欢乐春节"、"感知中国"、"根与魂·中国非物质文化遗产展演"的具体实施。

中共中央办公厅、国务院办公厅印发的《国家"十二五"时期文化改革发展规划纲要》（2012年2月15日）指出，充分利用多边和双边机制，开展国家文化年、中国文化节、"感知中国"等品牌活动，推广中华春节文化，打造"欢乐春节"等文化交流新品牌。应发挥国家文化部门在非物质文化遗产对外交流中的主导作用，打造、巩固提升对外交流文化品牌，为非物质文化遗产的对外交流搭建平台。在全面梳理非物质遗产项目的基础上，组织西部12省区建立适于"走出去"的西部地区非物质文化遗产信息库，储存丰富、精炼的音视频和图文资料，方便检索、查询，为适应不同时期、不同区域对外文化交流需求提供备选项目。并且建立国（境）外文化交流接受方、对外文化交流组织者、非物质文化遗产项目保护机构、在非物质文化遗产项目代表性传承人之间进行及时、畅通的信息沟通和传递机制，使非物质文化遗产对外交流的需求和供给有效对接，扩大非物质文化遗产的传承弘扬。

八　具有提供支撑的保障机制

支撑保障机制之一：倾斜支持保护好西部地区非物质文化遗产。

西部地区因经济欠发达，对非物质文化遗产保护的投入有限。《国家"十二五"时期文化改革发展规划纲要》明确表述要加大西部地区和少数民族非物质文化遗产保护力度。故需从国家层面给予倾斜扶持，保护传承好国家级非物质文化遗产项目，守住非物质文化遗产对外交流的这条根，以不再发生像宁夏皮影戏那样因传承人去世而人亡艺绝令人扼腕的憾事。

支撑保障机制之二：从国家和地方政府两个层面，建立助推非物质文化遗产项目走出去的经费保障机制。

西部地区的非物质文化遗产项目传承人出于对所承传技艺的热爱而坚守着，现阶段绝大多数非物质文化遗产项目难于从市场上获得回报来维持自身的生存，虽有对外交流、弘扬传播民族文化精粹的美好愿望，但现实经济能力十分有限。而"走出去"的花费，也非国内、省内的展示展演活动所能比拟。从2010年以来2省区的18次非物质文化遗产对外文化交流活动来看，"出去"所需费用中国内部分多由文化部或地方政府承担，国（境）外部分多由邀请方或文化部承担。

访谈非物质文化遗产保护工作者和传承人，普遍的情况是受地方政府组织和国家委派开展对外文化交流，只有2起受境外机构邀请并由对方承担全部费用的对外交流。西部地区非物质文化遗产对外交流目前尚处在依靠政府组织、政府资金扶持的单向"输血型"阶段。显然，加大扶持引导，探索建立政府主导、企业主体、市场运作、各方受益的双向"造血型"非物质文化遗产项目对外交流保障机制，是我们当下必须重视的问题。

（王琼波）

第二章 西部非遗项目对外交流
经费支持的路径扩展

本章以贵州、宁夏为例。按照案例研究的方法，调研发现西部非遗项目对外交流活动的经费几乎都是使用政府或社会团体公共文化服务的经费，其分担只是在不同层级的政府或社会团体之间进行。其有利之处在于能够支持少量的西部非遗项目对外交流活动的开展，其弊端在于很难扩大西部非遗项目对外交流活动的数量和范围。要进一步扩展对外文化交流，最理想的格局就是中央级政府和社会团体，地方政府和社会团体，企业都参与西部非遗项目对外交流活动，都扩大投入，尤其是要释放企业的对外文化交流的活力和建立公益性的对外文化交流基金会。

我们随机抽样注重选择样本的公正，强调数量上的概率，以发现普遍性的问题；案例研究注重样本的重复验证，强调同项复制或差别复制，从而发现普遍性的问题并做原因解释。因此，在随机抽样确定样本后，重点应采用差别复制原则来发现普遍性的问题，并解释其中的原因。笔者就是基于这一方法，来探求西部非遗项目对外交流中的经费支持机制中的问题，而"对外交流"中的"外"是指直接管理范围之外的"外"，不是主权意义上的"外"，因而也包含着非遗项目对中国港澳台地区的文化交流，同时也便于与文化部外联局的管理工作接轨。

一 协商分担:基本的经费支持机制

依据随机抽样确定的贵州、宁夏两个样本省区文化厅非遗保护办提供的官方数据，经课题组查阅主流媒体的报道和课题组对传承人的访谈，可以统计出贵州省非遗项目在 2010 年有 7 项次①、2011 年有 12 项次"走出去"对外交流，到了 2012 年则有 22 项次、2013 年有 63 项次"走出去"对外交流，2013 年是 2010 年的近十倍。宁夏回族自治区进入国家级非物质文化遗产名录的项目只有 10 项，2010 年开始以吸收回族民间音乐要素创作舞剧的方式探索起步，2011 年原生态型的非遗项目有 5 项次，2012 年有 6 项次，2013 年有 2 项次"走出去"对外交流，其中 2012 年达到高峰②。

　　对外交流的组织者主要是国家文化部、国家民委、省文化厅、省旅游局和县政府。例如，2010 年—2013 年贵州省和宁夏回族自治区的对外交流项目主要是以文化部"欢乐春节系列活动"、"海外中国文化中心活动"和文化部与国外社会团体进行艺术合作的"法国蒙图瓦尔国际艺术节"的表演项目为内容。2011 年宁夏文化厅参与韩国庆州世界文化博览会的民间音乐舞蹈表演，贵州省文化厅应台北市山痴画会邀请，组织贵州手工技艺传承人赴中国台湾参加"2011 文化民俗观光博览会"，应台湾地区周凯剧场基金会邀请，贵州竹雕艺人参加了"2011 艺术家来台阿里山跨部落驻点交流计划"的交流活动；2012 年贵州省文化厅还与澳门地区联合举办传统手工技艺展演。

　　值得注意的是，社会团体和企业也开始组织非遗项目"走出去"对外交流。例如，中国艺术研究院组织了"根与魂·中国非物质文化遗产展演"，邀请贵州省非遗项目传承人赴中国香港展演技艺；贵州省文联组

---

　　①　按照国务院关于公布国家级非物质文化遗产名录的三个通知，我国共有非物质文化遗产项目数为 1219 项。按照文化部《2013 文化发展统计分析报告》，其分省统计的项目数则远远大于 1219 项。其中原因是，国务院《关于公布国家级非物质文化遗产名录的通知》是在全国范围内按照非遗项目的十大表现形态来归类的，而各地则要按照地理的处所来管理。这样一来，有的项目分布在不同省份的不同处所，虽然只有一个项目编号，但各省都按项目所在处所，计入本省的项目数；有的项目名下有许多扩展子项目，此时的项目编号虽然只有一个，但它是作为一个项目类型出现的，各省也会按照具体的子项目所在处所计入本省的项目数。鉴于本项研究以西部作为研究的地理界域，必须确定非遗项目的地域性分布，这就使得我们不得不按照"处所"来计算项目数。同时在对外文化交流中，又存在着同一项目多次"走出去"交流的普遍现象，而经费使用则是按照次数来计算的。因此，本文以项次这一术语来标识。

　　②　2012 年宁夏歌舞团参加"欢乐春节系列活动"赴塞舌尔和毛里求斯的 2 次表演，因其属于创作歌舞，未列入此项统计。

织侗族大歌参加了在韩国举办的第五届"彩虹杯·歌韵东方"国际合唱比赛；沙特阿拉伯的百氏特集团公司在参加"2011宁洽会暨第二届中阿经贸论坛"后，即决定邀请宁夏中卫歌舞团去沙特、阿联酋和毛里求斯表演歌舞剧《回乡婚礼》，以展现回族婚俗。

在具体了解这些非遗项目对外交流的经费支持情况时，交流项目的领队和传承人均表示经费由参与活动的各方分担，主要有以下类型：

其一，政府组织非遗项目对外交流活动的费用一般都由各级政府分担解决。例如，文化部组织"欢乐春节系列活动"、"海外中国文化中心活动"，进京的费用由当地文化部门分担，而国外的费用由文化部承担。国家民委组织的"2011多彩中华"中国民族服饰展演，国内部分由地方民委分担，国外费用由国家民委承担。

其二，社会团体组织非遗项目对外交流活动的费用一般都由参与各方协商分担解决。境外部分由主办方承担，但境内部分则由当地相关机构承担。例如，中国艺术研究院在中国香港组织的"根与魂·中国非物质文化遗产展演"活动，贵州参加展演项目的传承人和相关管理人员去中国香港的费用就是由当地文化馆或县非遗办承担的。

其三，应境外民间社会团体邀请而展开的非遗项目对外交流活动的费用，一般也由各方协商分担。例如，台北市山痴画会邀请贵州手工技艺传承人赴台湾参加"2011文化民俗观光博览会"，台湾省周凯剧场基金会邀请贵州竹雕艺人参加"2011艺术家来台阿里山跨部落驻点交流计划"的交流活动，在台发生的费用由邀请方承担，而由内地去台的交通费用则由传承人所能挂靠的相关事业单位承担。

其四，应境外企业邀请而展开的非遗项目对外交流活动的费用，一般都由对方全额承担。例如，沙特阿拉伯的百氏特集团公司在参加"2011宁洽会暨第二届中阿经贸论坛"后，决定邀请宁夏中卫歌舞团去沙特、阿联酋和毛里求斯表演歌舞剧《回乡婚礼》，其境外交流费用就由企业全额承担。花旗银行邀请贵州苗族蜡染传承人去东南亚参观访问，也是由花旗银行提供全部费用。

可见，目前我国西部非遗项目对外交流的经费支持机制主要为"经费分担机制"，这种机制是按照谁组织谁承担的原则，依据交流方的财务运行范围和便捷程度，来进行协商，确定分担范围。

二 分担特征:中央财政拿大头

协商分担机制是目前我国西部非遗项目对外交流活动实践中生成的基本机制,应当说,这是符合西部"非遗"项目对外交流活动实际的,也是可行的。但是,如果我们再细细分析西部非遗项目对外交流中政府、社会团体和企业所占的比例,就能看到其深层的问题(表2—1、表2—2)。

表2—1　　　　　　　2011—2013 年贵州省不同组织者类别开展

非物质文化遗产对外交流情况统计

组织者类别	2011 年 (项次)	2012 年 (项次)	2013 年 (项次)	小计 (项次)	比例(%)
各级政府	10	20	16	46	47
社会团体	2	1	47	50	52
企业	0	1	0	1	1
合计	12	22	63	97	

注:本表中,文化部、文化厅和中国艺术研究院组织的对外交流数据由贵州省文化厅提供,国家民委、贵州旅游局、贵州文联、侗族文学会组织的对外交流数据来自主流媒体,从江县政府组织的对外交流数据来自从江县非遗办,花旗银行、贵州苗协会组织的对外交流数据来自课题组访谈传承人。

表2—2　　　　　　2011—2013 年宁夏回族自治区不同组织者开展

非物质文化遗产对外交流情况

组织者类别	2011 年 (项次)	2012 年 (项次)	2013 年 (项次)	小计 (项次)	比例(%)
各级政府	5	5	2	12	92
社会团体	0	0	0	0	0
企业	0	1	0	1	8
合计	5	6	2	13	

注:本表中数据来自宁夏非遗保护中心和主流媒体。其中2012 年宁夏歌舞团参加"欢乐春节系列活动"赴塞舌尔和毛里求斯的2 次表演,因其属于创作歌舞,未列入此表。

统计数据显示,按照其组织非遗项目对外交流活动的比例排序,贵州省态势为:社会团体52%,政府47%,企业1%;宁夏回族自治区情况为:政府92%,企业8%,社会团体0。一方面显示,在西部非遗项目对外交流活动中,政府和社会团体占主导地位,企业参与率比较低;另一方面也表明,西部非遗项目对外交流活动的经费主要由各级政府和社会团体分担,具有强烈的文化宣传与展示的意味。尤其是参与这两个省区非遗项目对外交流活动的2个企业都是国外企业,例如花旗银行组织了贵州的非遗项目传承人到泰国考察交流,沙特阿拉伯的百氏特集团公司邀请宁夏中卫歌舞团去阿拉伯国家演出交流,更证实了这一突出特点。

因此,西部非遗项目对外交流活动的经费几乎都是由政府或社会团体使用公共文化服务的经费来承担,其分担只是在不同层级的政府或社会团体之间进行。

如果我们再按照中央和地方两个层级来看观测非遗项目对外交流的经费来源,又会发现新的问题(表2—3、表2—4)。

表2—3　　　　　2011—2013 年贵州省非物质文化遗产
对外交流中央与地方所占比例

组织者层级	2011 年 (项次)	2012 年 (项次)	2013 年 (项次)	小计 (项次)	比例(%)
中央政府和国家级社会团体	4	6	62	72	75
地方政府和地方社会团体	8	15	1	24	25
合计	12	21	63	96	

表2—4　　　　　2011—2013 年宁夏非物质文化遗产
对外交流中央与地方所占比例

组织者层级	2011 年 (项次)	2012 年 (项次)	2013 年 (项次)	小计 (项次)	比例(%)
中央政府和国家级社会团体	5	4	2	11	92
地方政府和地方社会团体	0	1	0	1	8
合计	5	5	2	12	

统计数据显示,中央级政府及社会团体在组织西部非遗项目参加对外

交流活动中占了大头，在贵州省的比例为75%，在宁夏回族自治区的比例为92%。贵州和宁夏地方政府及社会团体组织在组织非遗项目对外交流活动中只占到25%和8%。相较于宁夏，贵州地方政府和社会团体组织的对外交流活动也多，显示出更为主动地"走出去"交流的文化自觉。依据调研中所了解到的"谁组织谁承担"的原则，在组织西部"非遗"项目对外交流中，中央级政府及社会团体组织的活动比例大，而且主要分担较高的国外交流费用，因而承担着绝大部分交流活动费用。按照表2—3表2—4统计的比例，至少也在75%以上。地方政府和地方社会团体尽管在非遗项目"走出去"进行文化交流时，虽然可能无法获得中央级政府及社会团体经费支持，但由于组织活动的比例低，也常有邀请方分担国外经费的，因此承担的总体比例比较少，按照表2—3表2—4统计的比例，至多也不会超过25%。

这种分担机制，有利之处在于能够支持少量的西部非遗项目对外交流活动的开展。按照缪尔达尔的"循环积累因果原理"，任何一个国家都有发达的富裕地区，也都有不发达的贫困地区。在市场经济条件下，贫困地区的人力、财力和物产资源都会自发地流向发达的富裕地区，而发达的富裕地区利用这些人、财、物生产出商品，又销售到贫困地区。这种过程不断重复，就形成了贫的、来、贫、富的、来、富的循环格局。要改变这种格局，必须借助于政府的干预，给贫困地区更多的支持政策，通过转移支付给予贫困地区更多的财政补贴。对西部非物质文化遗产对外交流中的政府主导型机制和承担绝大多数经费支出的安排，我们的理解是，它反映了中央级政府和社会团体对西部的引导、拉动和支持。

其弊端在于很难扩大西部非遗项目对外交流活动的数量和范围。按照《中共中央关于深化文化体制改革推动社会主义文化大发展大繁荣若干重大问题的决定》的战略部署，要"开展多渠道多形式多层次对外文化交流，广泛参与世界文明对话，促进文化相互借鉴，增强中华文化在世界上的感召力和影响力，共同维护文化多样性"。西部非遗项目在对外交流方面虽然具有独特的资源优势，并且对外文化交流还需要进一步的扩大，但按照现在的经费支持机制看，实际情况是受限制的，因为有多少钱才能办多少事，有多少经费投入才可开展多少对外文化交流，而中央级政府和社会团体的公共文化经费也是有限的，并非取之不尽用之不竭。

三　可能与选择:拓展西部非遗对外交流
经费支持的主要路径

在现有的经费支持机制下如何扩大对外交流? 扩大西部非遗项目对外交流活动的数量和范围,形成"多渠道多形式多层次对外文化交流,广泛参与世界文明对话",关键是在既成的经费协商分担机制下如何趋利去弊。

我们可以预设以下四种可能情况:一是中央级政府和社会团体扩大投入;二是中央级政府和社会团体的投入保持不变,地方政府和社会团体加大投入;三是中央与地方的政府、社会团体的投入保持不变,企业参与西部非物质文化遗产的对外交流活动;四是开辟新的经费支持渠道。

依赖中央级政府和社会团体扩大投入支持西部非遗项目开展对外交流,实质上是维持现有机制。在这种机制下,西部非物质文化遗产"走出去"对外交流,虽然会有一定的扩展,但受制于整个国家的财政状况和全社会的经济社会发展,而且更重要的是中央级公共文化服务的经费是有限的,维持常规发展可以,超常规地发展与扩大不行。

中央级政府和社会团体的投入保持不变,地方政府和社会团体加大投入,在全国层面上看具有可行性,但受到区域经济社会发展水平差别的限制。在东部沿海发达地区似乎不存在的问题,但在西部贫困地区则成了问题。一方面,已经出现了缪尔达尔概括的"循环积累因果"现象,形成了贫的、来、贫、富的、来、富的循环格局,造成西部地方财政吃紧;另一方面在西部 13 省区市中,有众多的国家级贫困县,这些县基本上依靠中央或省级财政转移支付来维持公共事务的开支;这双重窘境造成西部地方政府和社会团体虽然有支持西部非遗项目"走出去"开展对外文化交流之心,却无经济承受之力。即便为了却心愿组织了几次活动,例如宁夏地方政府 2011—2013 年期间组织了 1 次非遗项目对外交流,贵州地方政府和社会团体 2011—2013 年组织了 24 次,平均每年 8 次,但也都是花费不多的小范围、小规模的乃至数个传承人的展演交流。

如果说前两种可能显然只是在原有的经费支持系统中进行有限的"量"的拓展,那么后两种可能则属于打破了原有经费支持系统,开辟了新的经费来源渠道的"质"的拓展。

中央与地方的政府、社会团体的投入保持不变，企业参与西部非物质文化遗产的对外交流活动，实质是增加了经费投入的主体，必定加速推动西部非遗项目"走出去"开展对外交流活动。目前，国内企业参与西部非遗项目对外交流，多扮演陪衬、配合的角色，主体意识没有显现、主观能动性不足。从贵州和宁夏调研情况看，2011—2013 年企业参与此活动的只是两个外国企业，国内企业尚为空白。如果创造宽松的政策环境，释放民间对外文化交流的能量，支持国内企业以"冠名"的方式，组织开展对外文化交流活动，支持文化产业公司组织西部非遗项目"走出去"展演，无疑会使非遗项目对外交流更具规模，更有活力，更为广泛，更有持久性。

在西部众多非遗项目中，生产性非遗项目占据了相当大的比重。目前对外交流的现实是艺术类的项目比例大、生产性项目交流比例小，原因在于生产性项目对外交流观赏性弱、部分项目不便于展示；然而，恰恰是生产性项目本身就具有经营的因素和基础。比如贵州的银器制作、蜡染等项目，就已经参与了对外交流。如果在丰富这类项目的交流形式、增加交流效益上开阔思路，鼓励并支持项目传承人与文化企业结合起来，可以以现场展销、接受订单、与国外企业合作等方式，把"展"变为"销"的基础，这样就会激活文化企业自身的主体性，主动地开展非遗项目的对外交流，并承担全部费用。国外的花旗银行邀请贵州蜡染传承人王光华到泰国进行文化交流，就给了我们以启示和借鉴。

开辟新的经费支持渠道，具体说来就是建立公益性的对外文化交流基金会，动员全社会的力量支持并参与到非遗项目的对外文化交流中去，进行社会性的融资。各级政府的文化部门可会同民政部门，建立非政府文化交流基金会数据库，掌握其活动内容，有的放矢地通报西部非物质文化遗产项目对外交流的信息，鼓励、引导、支持这些文化交流基金会建立西部非遗项目对外文化交流专项基金。对于因经费匮乏而无法参加对外交流的非遗项目及其传承人，可通过专项基金的办法，给予经费补贴，支持他们"走出去"，参与对外文化交流。

西部具有丰富而特色鲜明的非物质文化资源，具有开展对外交流的基础和优势，而经费问题一直是制约对外交流的瓶颈和短板，要实现中共中央"开展多渠道多形式多层次对外文化交流，广泛参与世界文明对话，促进文化相互借鉴，增强中华文化在世界上的感召力和影响力，共同维护文化多样性"的文化发展战略目标，对西部非物质文化遗产项目的经费支持，就应该是建立财政投入为主体的多元化的经费支持机制，各级政府、社会团体、企业都参与西部非遗项目对外交流活动，都扩大投入。其中建立西部非物质文化遗产对外交流专项基金和搞活企业参与西部非物质文化遗产对外交流的机制，应该成为完善西部非遗项目对外交流经费支持机制、拓展对外交流路径的突破口。

（李康燕   师国华）

参考文献

[1] ［美］罗伯特·K. 殷：《案例研究：设计与方法》（第 3 版），周海涛主译，重庆大学出版社 2004 年版。

[2] ［瑞典］冈纳·缪尔达尔：《世界贫困的挑战——世界反贫困大纲》，经济学院出版社 1991 年版。

[3] 中共中央：《中共中央关于深化文化体制改革推动社会主义文化大发展大繁荣若干重大问题的决定》［EB/OL］.（2014—03—27）.http：//www. gov. cn/jrzg/2011—10/25/content_ 1978202. htm.

第三章　西部非遗项目对外交流中的
运行机制问题研究

本章以贵州省毕节市为例。赫章县彝族铃铛舞与纳雍县苗族芦笙舞滚山珠作为国家级非遗项目在对外交流中呈现出不同的格局。赫章县彝族铃铛舞的对外交流，是以政府作为核心组织者来运行，传承人的影响力通过政府行为向外辐射；而纳雍县苗族芦笙舞滚山珠则是依靠传承人，勇敢面对文化市场，因势利导地建立起了传承保护、合理应用良性机制，从而有力地推动了非遗项目的对外交流。

毕节市位处贵州省西部，西临云南，北临四川，全区共有 35 个民族，少数民族文化资源丰富，拥有国家级非遗项目 6 项，省级非遗 39 项，县级非遗 286 项。国务院非物质文化遗产（以下简称非遗）名录中包括的十大类型在毕节市基本上都有分布。除了项目完整，毕节市的非遗项目在对外交流中的表现则是参差不齐，既有 20 世纪八九十年代就已经走出去，并且逐步市场化了的纳雍芦笙舞（滚山珠），也有诸多至今还未曾对外交流过，或是交流中出现了问题的项目，形成了鲜明的对照。最重要的一点就是，当地政府部门在"走出去"战略上采取一系列创新政策，有力保障了当地特色项目的对外交流质量，对于我们结论的形成具有十分理想的参考价值。基于以上三点考虑，研究毕节市的非遗项目对外交流运行机制是十分必要的。

一　两种运行机制的比较

毕节市赫章县彝族铃铛舞是我们随机抽样确定的样本之一，它是纪念古时候彝族勇士们战场上英勇杀敌的舞蹈。作为第二批国家级非遗入围项目，铃铛舞早已固化为一种本土文化，拥有广泛的民间基础。可惜的是，如此优越的群众基础并没有成为铃铛舞对外交流的强大内生力，而只是维持着铃铛舞在当地以及周边县际间的小范围交流。究竟是什么制约着赫章县的非遗对外交流？带着这个问题我们采访了当地文化局王局长。他解释说："我们最大的困难是'资金'，只要资金问题解决了，那么其他什么问题都好办了。"在进一步的访谈中，我们了解到，当地在文化建设上，对于非遗的热情不可谓不高，然而铃铛舞的舞台形式改造需要钱，对外宣传需要钱，演员演出需要钱，道具服装需要钱，营造非遗的社会环境特别是"非遗进校园"也需要钱，这些资金仅仅依靠政府的定期资助是远远不够的。于是，就陷入了这样一种尴尬的境地：一方面是国家的号召以及当地文化人满腔的豪情，另一方面是资金短缺的掣肘。随着进一步的调研，我们渐渐了解到资金问题背后隐藏着的当地非遗对外交流运行机制：铃铛舞的对外交流，以政府作为核心组织者来运行，传承人的影响力通过政府行为向外辐射。不仅铃铛舞，当地各种形式的非遗项目对外交流都遵循着这样的运行机制。

（一）赫章县非遗项目对外交流的运行机制

赫章县的文化交流属于政府行为而不是文化自主行为，所以技艺传承人在有演出需要的时候是演员，演出结束之后就是普通人。由于每次演出都是政府临时组织和排练，所以演出阵容通常是不稳定的，演员可能彼此之间不认识，这当然会对演出质量产生影响。从铃铛舞国家级传承人仍然空缺这一点可以看出：赫章县铃铛舞表演者流动性很大，他们的社会地位也没有得到当地政府应有的重视。

1. 传承人与政府的关系不够牢靠。政府在演出时需要支付排练、道具、宣传等各项费用，还要支付演员们日常所需、误工费以及演出奖励等等。传承人与政府形成了雇佣关系，一旦演出结束，传承人考虑更多的往往不是演出的质量，而是获得的经济报酬。

2. 非遗项目的市场化道路没有开拓。对于只在 2010 年参加过一次对香港地区交流的铃铛舞而言，市场主要指当地市场。由于政府的介入，传承人不用考虑非遗项目对外交流中的市场拓展问题，所有的市场反馈被政府阻滞在外，与传承人发生直接利益关系的变成了政府。

3. 非遗项目的社会影响通过政府行为完成。赫章县政府采取了一系列措施保障铃铛舞等非遗项目在当地的传承与交流，比如：在当地的民族学校开设非遗课堂，邀请传承人去讲课；将非遗展览加入相关景区内，扩大影响力；建设博物馆，展示当地非物质文化等等。传承人始终是站在政府身后的一股助力，一个工具，让他们自己考虑与社会互动的问题，对于他们而言有困难。

4. 缺少与外界直接沟通的渠道。由于历史原因的积累，赫章县包括铃铛舞在内的非遗项目在外界的影响力不够，除非政府有对外交流的任务，铃铛舞很少能获得对外交流的机会。由于赫章县缺乏民间国际交往，要实现走出去的愿望，就需要动用市里、省里、甚至是国家的力量，这直接造成了铃铛舞对外交流的困难。

赫章县的非遗项目对外交流似乎陷入了一个封闭的怪圈之中，在它的内部寻找出路是行不通的。

（二）赫章县非遗项目对外交流的运行机制

查阅毕节市的相关非遗资料，回顾与毕节市文物局郑远文局长的访谈，按照案例复制原则，我们又选择了同处毕节市的与赫章县彝族铃铛舞同属传统舞蹈类非遗项目的纳雍县苗族芦笙舞滚山珠。与前者形成鲜明对比的是，纳雍的滚山珠项目是一个对外交流成功的典型。

芦笙舞滚山珠是反映苗族人民披荆斩棘寻找聚居地的民族舞蹈，从起源上来说，和铃铛舞可谓异曲同工。从 20 世纪 80 年代开始，滚山珠项目就在对外交流中不断成长，曾受邀到北欧四国专场演出，之后又去过法国、加拿大、中国港澳台等地，受到李瑞环等多位国家领导人接见。在 2010—2013 年的交流活动中，滚山珠项目更是贵州对外定点式交流和会议式交流的重要组成部分。

同赫章县相比，纳雍县把非遗传承与对外交流的重心放到了传承人身上。所有要素都以传承人为中心展开，传承人与当地政府既有交叉，也有相对的自由；政府在与传承人既领导、又合作的关系中，找到了对外交流的最佳平衡点。

1. 建立以传承人为核心的对外交流机制。政府不再是苗族芦笙舞滚山珠对外交流的唯一纽带，而是成为一个强大的服务机构。在纳雍，技艺传承人组建起了"滚山珠艺术团"，政府每年会给予一定的补助，技艺传承人所要做的，就是完成政府下达的公共演出任务，每年汇报一下这个钱是怎么花的，有哪些成果，以便第二年政府按照实际情况酌情删减。

2. 技艺传承人自发地走非遗市场化道路，获得经济效益。除了完成政府下达的演出任务外，"滚山珠艺术团"可以通过当地演出公司接受企业和民间社会团体的商演合同，获取演出报酬。艺术团给参演人员每个月定期发放一定的演出补助。

3. 政府支持和服务主要表现在营造良好的非遗外部环境和可持续发展机制方面。除了把滚山珠作为当地的一个文化品牌广泛宣传，在城乡各选择一所学校单独建班，支持"滚山珠艺术团"的技艺传承和培训，还按照社会保障条例为滚山珠艺术团的传承人和演员办理医疗保险。这样滚山珠艺术团可以从小抓起，发现表演人才，储备优秀人才，使得该项目后继有人。传承人还会适时从学生中选拔出优秀的，作为艺术团的储备人才。

4. 为了满足日益增多的国际文化交流需要，县里已经成立了两支专业的滚山珠表演队，一支注重原生态的再现，一支结合现代演出环境而增强技艺性表演难度，来适应不同需要的演出活动。在这种运行机制的推动下，苗族芦笙舞滚山珠在传承与利用过程中，顺风顺水，良性循环。

二　彝族铃铛舞对外交流中显现的问题

由于运行机制不同，赫章县彝族铃铛舞对外交流中存在的主要问题是：

（一）艺术形式的合理利用缺乏实施条件。铃铛舞对外交流中取向是国内而不是国外，特别是集中在当地及周边小范围区域，这当然能让节目最大限度地被观众理解，但期望同样的节目、同样的形式"走出去"对外交流，就显得十分困难。对于很少对外交流的铃铛舞而言，传统性与现代性的结合、民族性与世界性的结合，是无法回避的问题。越是民族的越能成为世界的，一方面是强调民族艺术表达方式的独特，另一方面则是强调表达的知、情、意须是人类普遍的。但就目前状态来看，尚缺乏这样能结合两者进行合理利用的实施条件。例如，为解决这类问题，彝族铃铛舞曾经尝试过"在外出表演的时候，我们有时会先用投影仪等方式简要介绍一下我们彝族的文化和节目的背景，然后再开始表演"的退而求其次的办法，就充分说明了这一点。

（二）传承人未能通过国家认定，导致以传承人为核心的传承保护与合理利用无法实现。彝族铃铛舞本有着得天独厚的优势，因为掌握这门技艺的人很多，普及的程度也较高，前景一片大好。然而由于工作的失误，在传承人认定的时候，申报材料与视频中的人物不符，使得彝族铃铛舞的国家级传承人席位一直处于空缺状态，这是赫章县非遗对外交流的一大缺憾。因为少了这样一位摇大旗的领军式人物，其他铃铛舞表演者的信心就会受到影响，合理利用无法实现。

（三）地方政府既是非遗项目传承保护与合理利用的管理者、组织者，也是非遗项目对外交流的唯一纽带。项目传承人完成的只是服从命令式的演出，即便有对外交流的信息也在政府的掌控之中，无法发挥自己的能动性。这一方面当然可以完完全全地把当地非遗项目资源牢牢掌握在手中，但另一方面当政府出现财政问题的时候，非遗项目的对外传承保护合理利用就难免不受到其影响。过于死板的非遗管理制度使得非遗项目对外交流的路子越走越窄，带给非遗项目的就只能是每况愈下的政府补助。

（四）社会力量的调用存在缺陷。在赫章县调研期间，我们感受到非遗管理部门做了许多工作，效果却始终不够理想。由于管理过死，政府包揽太多，非遗项目的对外交流一直是政府包揽，单线操控，不能调动社会力量从事到非遗项目的传承保护和合理利用之中去。赫章县的资金问题，只不过是复杂的非遗对外交流运行机制当中一个小小的部分。一个县，乃至一个市所能做的毕竟是有限的，只有调动起社会各方面的无限力量，才可能实现在非遗对外交流的可持续发展。

三　纳雍苗族芦笙舞滚山珠成功背后的启示

在非遗项目传承保护、合理利用和对外交流中，政府的重要性在于它不是非遗对外交流中平行于其要要素的普通的一个点，而是各种资源实现组合共享的重要平台。纳雍苗族芦笙舞滚山珠的成功，给非遗项目对外交流活动新机制的建立，提供了有益的启示。

（一）首先，支持传承人牵头领办传统舞蹈类非遗项目"滚山珠艺术团"。传承人通常掌握着最原生态的民间技艺，可以最大限度地保证非遗事业的完成质量；其次，更加稳定的工作环境有利于树立非遗及非遗从事者的威望，以此带动传统文化的传承保护与合理利用。这种唯能人者居之的态度既能显示出政府在社会管理工作方面的独到眼光，也能保障社会基层工作顺利有序进行。

（二）支持引导"滚山珠艺术团"逐步形成良性的自我发展机制。非遗项目的根在民间，然而非遗的传承保护和合理利用却依赖政府的引导和支持。"滚山珠艺术团"虽然参与商业演出，但也享受政府的定期补助，这在根本上保障了艺术团的日常运作。在市场经济体制的大环境下，在西方功利性文化广泛传播的今天，想靠民间自发的行为来达到利用和传承非遗的目的，是不实际的。政府要走的道路，就是市场与政府调控相结合的道路，让大家看到非遗传承保护和合理利用，带来的不仅仅是文化的尊重，还有一定的经济收益，也解决了农村劳动力转移后的就业问题。

（三）以苗族芦笙舞滚山珠为文化品牌，聚集各种社会力量，提升当地的文化影响力。作为国家级非遗项目，苗族芦笙舞滚山珠具有独一无二的民族性，以此打造文化品牌和当地的文化名片，最符合管理学上的效率原则和经济学上的节约原则，最容易形成社会共识并获得社会力量的支持，也最有条件参与对外文化交流。

要之，赫章县彝族铃铛舞与纳雍县苗族芦笙舞滚山珠作为国家级非遗项目在对外交流中呈现出的不同格局，给我们的启示是多方面的。其中最重要的就是纳雍县形成的依靠传承人，勇敢面对文化市场，因势利导地建立起传承保护、合理应用良性机制，以有力地推动非遗项目的对外交流。

（万惠辰）

参考文献

[1] 贵州省赫章县地方志编纂委员会：《赫章县志》，贵州人民出版社 2001

年版。

　　[2] 纳雍县地方志编纂委员会：《纳雍县志》，贵州人民出版社1999年版。

　　[3] [美] 罗伯特·K. 殷：《案例研究：设计与方法》，重庆大学出版社2010年版。

　　[4] [英] 理查德·科克：《80、20法则》，王师译，中信出版社2009年版。

　　[5] 李夏芸：《四川羌族非遗保护中政府行为研究》，电子科技大学学报2012年版。

　　[6] 贵州省文化厅贵州省非物质文化遗产保护中心：《贵州非物质文化遗产名录图典》，贵州人民出版社2011年版。

　　[7] 黎盛翔：《传衍文脉》，重庆出版社2011年版。

第四章　西部生产性非遗项目对外交流中的合理利用问题研究

　　本章以贵州省黔东南州为例。贵州省黔东南州的苗族银饰锻制技艺、苗族蜡染和黔南州的水族马尾绣作为生产性非物质文化遗产曾多次参与对外交流，一方面为西部生产性非物质文化遗产的保护提供了在实践中可行的路径与鲜活的经验；另一方面在对外交流的活动中也存在一些问题。以此为案例，研究其现状，发现其问题，并给予合理建议，旨在为西部生产性非物质文化遗产在对外交流中保护与合理利用提供一些可靠的依据。

一　问题的提出

　　2010 年，联合国教科文组织在上海世博园联合国馆举办的第 35 届文化讲坛上，发布了教科文组织成立 65 年来第一份关于文化的世界报告——《着力文化多样性与文化间对话》。该报告指出文化保护的两层含义：一是保留独特传统、核心价值的自我指涉；二是在多种文化交流中创造、发展的自我创新。自我指涉与自我创新相辅相成，密不可分，只有传承好历史文化遗产、保留其独特的核心要素才有可能参与全球化背景下的文化交流；同时在多元文化交融中能够有所发展、创新自我，才能永葆民族文化的青春活力，更好地传承和保护历史文化遗产。这两层含义与非物质文化遗产的生产性保护有着相通的意旨，强调继承性的同时不忽视其发展性，重视内涵性的同时不忽略其经济性。

　　我国早已意识到文化发展对于一个处于全球化时代下的文化大国的重

要意义，西部地区的经济发展水平虽然不及中、东部，但其拥有丰厚的文化资源，尤其是具有民族特色的非物质文化遗产在西部文化中扮演着重要角色。西部生产性非物质文化遗产项目（以下简称为西部生产性非遗项目）参与对外交流是积极参与文化交流的有效途径，也是保护和继承传统文化的有力举措。这既彰显了我国灿烂文化的魅力，贯彻了我国文化发展方针，又顺应了世界文化发展的趋势。

在西部生产性非遗项目对外交流中，确保文化遗产的生命力永续发展是目的，对外交流是实现目的的途径，因此要处理好继承与发展，精神内涵与经济效益，传统韵味与产业经营等几个关系。正如 2012 年 2 月 2 日，文化部非物质文化遗产司发布的《文化部关于加强非物质文化遗产生产性保护的指导意见》指出：非物质文化遗产的生产性保护要以保持非物质文化遗产的真实性、整体性和传承性为核心，以有效传承非物质文化遗产技艺为前提。

那么，西部生产性非遗项目的对外交流活动进行得怎么样？是否处理好了以上几个关系？我们有必要密切关注并进行分析探究，以期为西部生产性非物质文化遗产对外交流活动的顺利开展提供一些思路。

二　西部生产性非物质文化遗产对外交流中的现状

"生产性"非物质文化遗产的提法来源于非物质文化遗产的"生产性保护"这一方式，"是指通过生产、流通、销售等方式，将非物质文化遗产及其资源转化为生产力和产品，产生经济效益，并促进相关产业的发展，使非物质文化遗产在生产实践中得到积极保护，实现非物质文化遗产保护与经济社会协调发展的良性互动。生产性方式保护是我们在非物质文化遗产传统技艺保护实践中探索出的非物质文化遗产保护新途径和新理念，其宗旨是以保护带动发展，以发展促进保护"。虽有专家提出包括音乐、舞蹈、戏剧等类别的表演类非物质文化遗产也符合生产性的属性，但这些遗产本身不具有生产性。"目前，这一保护方式主要是在传统技艺、传统美术和传统医药药物炮制类非物质文化遗产领域实施"。本次在贵州省的调研中，随机抽样的 12 个样本包含有手工技艺类的苗族蜡染。按照案例研究同类复制原则，我们又选择了手工技艺类的苗族银饰锻制技艺和传统美术类的水族马尾绣，以便于发现西部生产性非遗项目的对外交流活动的实际情况。

通过对以上三个项目所在地非遗中心主任和参与过对外交流的项目传承人的访谈，我们了解到目前贵州省生产性非遗项目对外交流有以下几个特点：

（一）以政府各部门组织为主导。首先，我们从贵州省文化厅提供的"近年来贵州省非物质文化遗产项目对外（对港澳台地区）项目统计"获悉，有四次重要的对外交流是由政府部门组织的，即 2010 年，苗族蜡染和银饰锻制参与了由文化部组织贵州手工艺人小组赴法国的"走进中心过大年"活动。2011 年，苗族银饰锻制手工艺人杨光宾参与了由中国艺术研究院主办、贵州省文化厅非遗处组织的赴香港地区"根与魂·中国非物质文化遗产展演"活动。2012 年 3 月至 2013 年 1 月期间，贵州省文化厅组织了包括苗族银饰、大方彝族漆器髹饰技艺、水族马尾绣、丹寨蜡染在内的传统技艺类和传统美术类项目分批次赴澳门特区展示。2013 年，苗族蜡染、苗族银饰和水族马尾绣参与了由文化部和中国友协共同组织的"欢乐春节·醉美多彩贵州——2013 年第三届海峡两岸春节民俗庙会"的活动。其次，经贸、旅游部门组织对外宣传推介活动，常常邀请项目传承人参加，促进了生产型非遗项目的对外交流。据三都县非遗办公室的石老师介绍，2013 年 11 月，三都县经贸局将水族马尾绣等工艺品带去马来西亚做展销。最后，企业或其他社会团体组织的生产性非遗项目对外交流活动。例如，苗族蜡染传承人王光花在 2012 年 3 月应花旗银行邀请赴泰国做民间文化交流活动。

（二）交流以综合展演为主，专题展览不多。黔东南州生产性非遗项目参与对外交流活动的内容多样化，追求现场气氛，具有直观性、活态性和综合性的特点，而这与展出时间、展出规模、出访国文化氛围等有密切关系。这种展演组合一般有三种情况：其一，与民间音乐、民间舞蹈等表演类的项目组合成团参与对外交流。其二，单以各种手工艺类的项目为组，如 2010 年 2 月，贵州手工艺人小组就去法国参加了"走进中心过大年"的活动。还有一次是为加强澳门特别行政区与贵州省的文化交流，经澳门文化局与贵州省文化厅共同合作，组织生产性非遗项目于 2012 年 3 月至 2013 年 1 月分批次赴澳门特区展示，其中就有苗族银饰、大方彝族漆器髹饰技艺、三都水族马尾绣、丹寨蜡染等这些最具贵州元素、最有贵州特色的传统技艺类和传统美术类等项目。其三，与诸如食品、服饰、饰品等百货成品组合一起进行展演。但是，像苗族蜡染、苗族银饰锻制或水族马尾绣等生产性非遗项目专场展演的情况很少。根据贵州省厅提供的资料，只有苗族服饰在 2011 年 6 月 17 日至 7 月 16 日赴法国巴黎中国文化中心举办了服饰展览，这是首个在法国举办的苗族文化专题展览，尽管特色要素还是银饰锻制和蜡染技艺，但名目则是苗族服饰。

（三）现场制作和成品展示结合，以展促销。苗族蜡染、苗族银饰、水族马尾绣参与对外交流活动时基本上都要现场制作。水族马尾绣传承人韦桃花说：外国人"要看绣，看了才会买，不然别人以为是画上去的，不是绣上去的"。80 后的苗族蜡染传承人王光花参加越南的"传统文化与物种研讨会"时，也进行了现场蜡染技艺表演。2011 年 10 月 4—22 日，苗族银饰锻制技艺传承人杨光宾赴香港地区参加"根与魂——中国非物质文化遗产展演活动"，也要现场制作。只有现场展演才会有真实性，才会让世界人民全面客观直接的认识、了解我们的民族文化特色。通过现场展演，常常引起国内外诸如媒体、企业、影视、服装、美术、动漫、游戏等诸多领域的专业人士或者非专业人士的关注，从而调动更多的社会力量来参与到西部生产性非物质文化遗产保护的行列，促成西部生产性非物资文化遗产与其他相关产业的互利共赢。他们收获的不仅仅是几个国外的订单，而是我们民族文化应该享有的知名度。

（四）外出展演基本上处于宣传阶段，经济效益不高。《文化部关于加强非物质文化遗产生产性保护的指导意见》指出："对有市场潜力的代表性项目，鼓励采取'项目 + 传承人 + 基地'、'传承人 + 协会'、'公司 + 农户'等模式，结合发展文化旅游、民俗节庆活动等开展生产性保护，促进其良性发展"，这一指导意见在贵州省各地得到了很好的落实。据丹寨县非遗办公室王主任介绍，苗族蜡染传承人杨芳于 2004 年成立了"丹寨县扬武农民民间蜡染协会"任会长并担任技术主管，面向社会传授蜡染技艺。创办蜡染专业合作社，采用订单生产，实施"市场 + 合作社 + 会员"的经营管理体系，项目覆盖 6 个自然村寨，300 余人参与。培养出具有高、中、初级职称的民间工艺大师和传承人 30 余人，涌现出一大批名匠和名创，开发产品畅销国内外，社会效益和经济效益初见成效，成为带领当地妇女共同致富的领头雁。

受此影响，苗族蜡染传承人王光花是杨芳的徒弟，她在 2013 年 7 月成立的"丹寨县八寨蓝花文化艺术专业合作社"和"丹寨县八寨蓝花苗族蜡染艺术制作中心"。王光花对自己的手艺很自信同时也想对自己的作品有一些创新，有迫切希望打开国外市场的需求。她曾说去泰国展演的遗憾就是没有学到当地蜡染技艺的精华，也没时间对当地市场进行考察和了解。三都水族马尾绣传承人韦桃花在 2005 年成立了以自己名字命名的"马尾绣展示中心"。

我们在调研时也参观了王光花的蜡染艺术制作中心和韦桃花的马尾绣展示中心。这两个中心分别展览了传承人自己的作品和一些学徒的作品，展览的同时也用来销售。苗族蜡染和马尾绣在国内有生产基础，也有一定市场基础，但是参与对外交流活动目前仍处于宣传阶段，收到的经济效益很有限。最主要的原因是参加展演的展厅是有限的空间。据韦桃花说，她曾去过意大利参加展演，但两个人只有 9 米的展台，展示的成品有限；同时还受到过境的重量限制，能带出去的成品有限，而且每次在一个地方的展演时间也有限。总之，只是在有限的时空范围内，达到一个宣传推介的目的，为打开国外市场做铺垫。

三　西部生产性非遗项目对外交流中的经验

无论是苗族蜡染、苗族银饰还是水族马尾绣在参与对外交流活动过程中都为西部生产性非遗项目的对外交流作出了有益的探索。

第一，参与对外交流的活动是宣传、推介生产性非遗项目及其产品的重要途径。韦桃花在评价自己对外展演时说："去了意大利，人家才认识我们马尾绣，不去，外国人都不知道。从国外回来，北京电视台来采访，全国各地才知道我们的马尾绣。原来有的贵州人都不知道，现在很好，大家都知道一些马尾绣。"

第二，政府为对外展演提供了很好的平台，在组织对外交流活动方面，沟通交涉接待方面，基本上没有遇到困难，充分发挥了政府的引导和服务职能。

第三，通过对外交流，了解了外国人的消费心理，即传统的、原生态的、具有民族特色的、具有文化内涵的非遗项目，受外国人欢迎。苗族银饰锻制技艺传承人杨光宾说："其实苗族的东西很好，外国人更需要传统，越老越好，创新的他们反而不喜欢。"

第四，参与对外展演，有专家的解说和评论，这样会收到比较多的订单。丹寨县艺术馆的熊老师说，"蜡染在台湾现场制作时，专家进行详细的讲解，现场就有人下订单。"

第五，以多样化的形式展现生产性非遗项目，会收到更好的宣传效果。熊老师介绍，他们将苗家姑娘制作工序中的"洗蜡染"编排成叫"蜡花幻梦"的民俗民间舞蹈，不仅丰富了他们的演出内容而且为苗族蜡染做了很好的宣传。

第六，增强了国人，尤其是项目传承人的民族自豪感与自信心，从而提高了传承人的积极性。王光花在谈到去越南展演时，那边的人称赞说"苗族的想象不同"。韦桃花去法国、意大利展演时，也不断受到外国友人的赞赏，不时向她竖起大拇指。

四　西部生产性非遗项目对外交流的问题与对策

费孝通先生曾说："一个民族要在发展中保持其民族特点，那就必须利用其民族特具的优势来发展其经济。不然的话，这个民族难免要衰亡或失去其原有特点而名存实亡。"生产性非遗项目不仅蕴含深厚的民族文化，而且具有生产性，如果加以合理利用，在社会效益与经济效益方面会有巨大潜力。生产性非遗项目的对外交流是保护和传承民族文化的有效途径，也是实现社会效益与经济效益有机统一的方式。我们从苗族蜡染、苗族银饰和水族马尾绣的对外交流活动中不仅总结了有益的经验，也看到了存在的一些问题。

第一，地方政府存在重经济轻文化的观念。尽管"不以 GDP 论英雄"的号召早已提出，非物质文化遗产的保护工作也取得显著成绩，但是地方上将经济建设放在首位，文化发展处于较边缘位置的现象仍然存在。如何平衡好经济发展和非遗项目保护两者的权重，这关系政府职能的发挥，关系能否为生产性非遗项目走出国门营造环境、创设条件、做好宣传。希望领导决策层能够掌握好、权衡好经济发展与文化建设的度。

第二，传承人观念的保守。我们的非遗项目是世世代代劳动人民在长期的农业生产生活实践中形成的，传承人成为传承非物质文化遗产的主体，因此，传承人的传承积极性、传承观念对非遗的保护工作很重要。对于生产性非遗项目，我们不仅要做好保护传承工作，而且要在此基础上创造经济效益，使传承人能够靠自己的手艺养活自己、养活家人。近年来，苗族蜡染、水族马尾绣传承人相继成立了个人工作室，但是在我们访问过程中，发现其经济效益并不乐观，其中一个原因在于观念的保守。正如黔南州非物质文化遗产管理科黄科长所说："传承人对非遗产品的创新不够，如马尾绣的包装简单，没有实现其真正的市场价值，政府已经意识到这一点，需要逐步转变传承人的思路以顺应市场经济的发展要求。"如果传承人在各方力量支持和帮助的情况下，在不破坏这些生产性非遗项目核心要素的前提下，能够以多样化的形式整体、真实地展现其项目的文化内涵，比如利用动画或动漫技术来展示手工制作过程，这样就可以大大提高展演效率，同时也可以举办专项展演，甚至创造自己的品牌。

第三，社会力量参与不足。政府在非物质文化遗产保护中主要起价值、政策和舆论方面的引导作用，关键还需要包括个人、企业和社会组织等社会力量的参与，为生产性非遗项目对外交流提供帮助。生产性非遗项目"走出去"，离不开相关专家的指导与品评，离不开企业的合作、资金投入、运营指导，也离不开社会组织提供的市场需求与社会需求。

第四，宣传力策略、方式有待改善。当今时代被誉为信息时代、网络时代和媒体时代，尽管如此，我们的苗族蜡染、苗族银饰、水族马尾绣的知名度还是有限的。生产性非遗项目的对外交流就是一个很好的宣传途径，但是宣传的地域范围、宣传的对象变化了，我们应适度调整宣传方式，讲究宣传策略。比如三都县非遗办的石老师就建议，在国内增加多个可以陈放手工艺品的旅游景点，这样国内外的游客都有机会看到；如果经过拍照发微博的话，每个游客的朋友圈都可以了解到我们的手工艺品，这样一传十、十传百，宣传效果就会好。

以上四个方面之间是相互作用、相互影响的。各个地方政府发挥好政府的职能，正确引导传承人的合理利用方向和相关产业发展方向，有效宣传生产性非遗产品，这样会有越来越多的国内外社会力量支持和关注生产性非遗保护和合理利用工作。有了广大社会力量的支持和指导，政府的负担也会减轻，传承人的传承积极性、综合素质也会大大提高，逐步使产业步入正轨，走上良性循环的道路。生产性非遗项目想更好地参与对外交流，打好国内的基础是关键。

最后，特别值得注意的一点是，必须坚持生产性非物质文化遗产的保护原则，即"坚持以人为本、活态传承原则，坚持保护传统工艺流程的整体性和核心技艺的真实性原则，坚持保护优先、开发服从保护原则，坚持把社会效益放在首位，社会效益和经济效益有机统一原则，坚持依法保护、科学保护原则。"不能因为一味地追求利益而擅自改变传统的生产方式、传统工艺流程和核心技艺。比如毕节市大方漆器，将其制作过程按现代工艺分解为42道程序，受到了相关专家的否定，因为这样就由原来的土漆变成了洋漆，破坏了其核心要素而失去了本民族的漆器制作特色，这与我们生产性非遗项目保护的出发点和落脚点相违背。

结　语

西部生产性非遗项目承载着人类社会发展的历史足迹，其突出特点是蕴含着将文化因子转化为生产力的因素。西部生产性非遗项目的对外交流不仅可以达到保护人类文化遗产弘扬中华民族的文化的目的，也可以起到促进西部文化发展、带动周边经济发展、增强国家文化软实力的作用。

以贵州省的苗族蜡染、苗族银饰锻制技艺和水族马尾绣这样代表性的生产性非遗项目的对外交流为案例进行研究，发现的问题，得出的结论，有比较广泛的意义，因为它们既与西部地区非物质文化遗产具有鲜明的民族特色相通，也与西部其他生产性的非遗项目在其产生、发展、保护、生产、利用等方面也有相通之处。由此，我们也能够了解到西部生产性非遗项目对外交流中的一些特征和问题。希望对今后西部生产性非遗项目对外交流活动的开展有一些借鉴作用。

（白金花）

参考文献

［1］文化部非物质文化遗产司：《文化部关于加强非物质文化遗产生产性保护的

指导意见》［EB/OL］，2012—02—02。

　　［2］汪欣：《生产性方式保护大家谈》（专家学者篇），《人民日报》海外版，2009 年 4 月 7 日第 7 版。

　　［3］费孝通：《人的研究在中国》，天津人民出版社 1993 年版，第 372 页。

　　［4］［美］罗伯特·K. 殷：《案例研究：设计与方法》，重庆大学出版社 2010 年版。

　　［5］费孝通：《江村经济——中国农民的生活》，商务印书馆 2002 年版。

第五章　西部传统医药类非遗项目对外交流中的路径问题研究

以贵州省黔东南州为案例。本章采用调查法、比较法和案例研究法相结合的方式，研究区域，通过深入调研，找出黔东南州传统医药类非物质文化遗产项目在保护、利用及对外交流中存在的问题，试图在西部传统医药类非遗项目的传承保护、合理利用和对外交流中，寻找一个可行的路径。

非物质文化遗产项目（以下简称非遗）对外交流是展示我国传统文化和提高文化软实力的重要途径。西部地区经济发展虽然相对落后，但文化资源很丰富，以非遗项目进行对外交流更能展现东方的智慧和魅力，更容易获得西方人的认同。由于世界范围内中医热正悄然兴起，传统医药越来越受到社会的广泛关注和重视，各国政府也在不断推进立法进程，规范以中医药为代表的传统医学，这给西部非遗传统医药类项目走向世界提供了契机。目前在这一发展态势下开展对西部非遗对外交流路径的研究，具有很强的现实意义。

经过随机抽样，在贵州省作为案例的 12 个非遗项目中涉及民族医药类的有两个，一个是侗医药（过路黄药制作工艺），一个是瑶族医药（药浴疗法）。这两个项目均在贵州省黔东南州，且该自治州素有"百节之乡"之称，拥有世界级非遗 1 项，国家级非遗 52 项，国家级民族文化生态保护实验区 1 个，国家级、省级、州级非物质文化遗产项目生产性保护示范基地多处。笔者以黔东南州侗医药和瑶族医药为例①，具体考察西部

---

① 此资料来源于《黔东南州民族文化保护与传承情况报告》，由黔东南州文化局提供。

传统医药类非遗项目对外交流的现状，分析存在的问题，并探求解决的路径。

一　西部传统医药类非遗项目对外交流的现状

（一）侗医药（过路黄药制作工艺）对外交流的现状

过路黄是黔东南侗族普遍应用的天然药用植物，全草供药用，可以配合不同的药材，形成各自不同的药方，治疗不同的病症。侗医药（过路黄药制作工艺）的申报、保护责任单位是贵州省黔东南苗族侗族自治州。通过采访黔东南州民族医药研究院医药资深研究人员袁涛忠，我们了解到侗医药在传承保护方面做了大量的工作，如开展调查研究和资料收集整理工作，编撰侗医药专著，开展民间侗医培训，建立侗族药物标本馆和药用植物凭证标本室，还成立了黔东南州民族医药研究院和一所公立的、公益性的苗医医院，将苗侗医药纳入临床实践中，迈出了苗侗医药生产性保护的第一步。

谈到侗医药的对外交流情况，袁涛忠主任表示出强烈的愿望："我们主要的任务除了对侗医药进行传承、创新以外，还要让它走向现代化，走向国际化，我们正在做这个事，包括国外像美国、加拿大、越南、日本、韩国等十多个国家和地区对这个还是比较感兴趣的，前来参观考察，特别是韩国也有个民族医药研究院，他们来我们这儿看过，就认为我们研究院比他们搞得好。我们很希望接待、接收国外的病例，很希望和国外进行交流。"正如他所说，民族医药研究院在侗医药的展示、宣传方面起到了首屈一指的作用，先后多次接待美国、加拿大、瑞典、德国、越南等国外友人前来参观考察，但侗医药真正走出去参与对外交流的机会却很少。到目前为止，由政府组织的对外交流只有一次，即由贵州省文化厅组织的"2013 根与魂·贵州省非物质文化遗产展演活动"，主要通过药材标本、文字和图片等方式对侗医药进行展示和推介。据他所说，目前企业和民间团体还没有组织过对外交流。

为什么侗医药走出去参与对外交流的机会却很少？黔东南州民族医药研究院医药资深研究人员袁涛忠认为主要原因是：

1. 行医资格、药材使用和药物制剂使用方面受国内外相关政策法规的制约和限制。在访谈中，袁涛忠表示目前在侗医药的推广和对外交流中最主要的障碍就是国家政策的限制问题，比如很多民族医生没有行医资格，部分侗药不被国家药典承认，侗医药药物制剂使用受国家医药法规的限制以及一些民族疗法在法理上不能突破等等。他强调说，侗医药的发展交流正处于一种尴尬地，很多做法严格说是不合法的。从国外来看，情况更不容乐观，目前传统医药还没有得到大多数国家尤其是一些发达国家的法律认可，不能进入主流医学范围。近年来，我国民族医药类对外交流活动还仅限于印度、泰国、巴基斯坦等东南亚国家。如果去英、美等一些发达国家，则会因没有行医许可证而触犯法律。

2. 运行机制的市场化程度偏低，生产性保护力度不够。侗医药在生产性保护方面仅有了一些尝试，还没有与市场接轨，形成医药文化、产品的现代化加工产业链。虽然国外来参观了解的很多，但真正"走出去"交流的很少。其对外交流主要靠政府组织和推进，没有充分调动市场和民间力量，形成合力。虽然成立了医药研究所和苗医医院，但主要以研究推介为主，完全是公益性、惠民性的，所以在组织对外交流活动方面就显得力不从心。

3. 没有充分发挥传承人在对外交流活动中的能动性。在调研中发现，国家每年向政府认定的传承人发放津贴，并鼓励和支持"代表性传承人"开展传习活动，但在对外交流活动中，传承人却很少参加。对于侗医药的对外交流，侗族医药传承人张有碧表达出了强烈的愿望，他表示自己没有经费和能力进行对外交流，但非常期望能参加政府组织的对外交流活动，把侗医药宣传出去。

（二）瑶族医药（药浴疗法）对外交流的现状

"瑶族药浴"是瑶族人在长期游耕、狩猎生活中形成的一种古老而神奇的洗浴方式，它是瑶族祖先独创，族内独有，传内不传外的保健良方（传承人主要以家庭形式开展传承活动）。"瑶族药浴"所在地从江县是一个非遗大县，通过对从江县非遗中心主任翟向东的访谈，我们了解到，近几年来该县积极探索非遗产业化路子，先后打造了一批包括"神奇的洗浴文化"——瑶族药浴在内的享誉海内外的非遗品牌，初步形成了以民俗文化、服饰文化、医药文化和饮食文化为主的非遗产业。

相对于侗医药而言，瑶族医药在对外交流方面做得比较成功，除参加由贵州省文化厅组织的"2013 根与魂。贵州省非物质文化遗产展演活动"以外，各企业也多次自发组织对外交流活动。

从当地非遗中心所提供的一份《省级非物质文化遗产生产性保护示范基地推荐表》中，笔者发现该县非常注重"瑶族药浴"的生产性保护，具体表现为：（1）拨专用资金建立了两个"瑶族药浴"体验中心，把"瑶族药浴"作为旅游产品推向市场。体验中心投入使用以来，月平均接待游客近百人，收入达 10 万元，促进了农民增收。两个药浴传承人所在地高华村是从江县有名的"瑶族药浴村"，村子里几乎家家都开办农家自助洗浴，"村民赵成清说，虽然村里目前交通还不够方便，但每年来泡药浴的客人却不少，他家每年都要接待 100 多人，一年有好几千块钱收入。"① （2）对专门从事"瑶族药浴"洗浴产品生产的从江神瑶保健品有限公司，给予政策支持，并允许企业无偿使用"国家级非物质文化遗产"的品牌进行企业宣传。该公司专门从事瑶族药浴研究和开发工作，现已被贵州省文化厅推荐为省级非物质文化遗产生产性保护示范基地。公司自筹资金建设瑶族药浴药材基地 1200 亩，并长年聘请"瑶族药浴"省级传承人赵进堂，州级传承人赵有辉等 2 人作为公司的顾问，指导研发和产品生产，现已注册了三个商标："从瑶"、"神瑶"和"存希园"，去年刚刚申报的"从江瑶族"地理商标正在受理中，公司产品不但推向全国各地，并在省贸促会的支持帮助下，曾到日本、印度尼西亚、泰国、柬埔寨、中国港澳等国家和地区展销，深受国外消费者的喜爱。

在访谈时，翟向东主任自信满满地说："药浴，生产性保护方面做得比较到位，县里面有三家做药浴的民营企业，其中做得好的一家一年有个 700 多万的收益，产品都销到日本、新加坡、韩国，对外宣传得比较好，博览会之类活动都积极参加，2011 年去了日本，2012 年去了中国香港，县里面的招商局、文化局和经贸局等部门也比较配合、支持他们的产品。"事实证明，瑶族药浴在走向市场化后，不但取得了巨大的社会效益和经济效益，为该县经济社会发展和瑶族同胞脱贫打开了致富之门，还促

① 龚金星：《贵州从江推动"非遗"产业化"事业""产业"齐步走》，《人民日报》2012 年 7 月 13 日。

进了传统医药类非遗项目的对外交流，让更多的人了解和认同了灿烂的瑶族文化。

较之侗医药，"瑶族药浴"外交流活动方兴未艾，但也让非遗保护中心和项目传承人开始担忧。

1. "瑶族药浴"所用药材都是从山上采摘，随着游客不断增加，再加上很多公司从事生产和加工药粉，需求量越来越大，逐步形成了供小于求的局面。近十年来过度采摘，加之缺乏循环性保护，部分资源地药材已经枯竭，个别药种已完全消失。虽然部分企业已经意识到这一点，建立了药材基地，但规模还有待扩大。

2. 非遗类文化产品不同于一般文化产品，生产性保护和利用正处于摸索阶段。有些人在利益驱使下，会借用"瑶族药浴"的牌子，过度开发，产生负面效应。在访谈"药浴"传承人赵有辉时，他就表示出了这种担忧："药浴有固定的工序，都是祖传下来的，药材也都是从当地山上采的，有适宜生长的地理维度和生长环境，有的地方以赚钱为主，他们的药材都不正宗。"当然这只是个别现象，不能因噎废食，就此否定非遗走保护性利用的路子而阻碍其对外交流的步伐，而应从积极的角度思考如何让非遗对外交流既保留本真性和完整性又获得市场的支持，既保护核心技艺又走向市场。

3. 没有充分发挥传承人在对外交流活动中的能动性。政府对传承人开展传承活动给予资金补助，相关企业也聘请传承人做技术顾问，但传承人参与对外交流的机会少。"2013 根与魂·贵州省非物质文化遗产展演活动"中，瑶族药浴是一个展演项目，但两个传承人都没有参加这一次去香港地区的对外交流。

二 西部传统医药类非遗项目对外交流可能性路径及制约

（一）可能性路径选择

侗医药（过路黄药制作工艺）和瑶族医药（药浴疗法）对外交流中成功的经验和存在的不足，给西部传统医药类非遗项目对外交流提供了一定的借鉴和指导意义。笔者认为，目前非遗对外交流有以下几种可能性路径选择：（1）政府组织，（2）中外共同组织（中方负责国内、外方负责国外），（3）企业自发组织，（4）相关研究机构、社会团体组织，（5）传承人自己走出去。

通过调研发现，侗医药对外交流目前选择的是第一条路径，即政府组织，如参加 2013 年举办的"根与魂.贵州省非物质文化遗产展演活动"。瑶族医药（药浴疗法）对外交流目前选择的是第三和第四条路径，如从江神瑶保健品有限公司 2011 年到日本，2012 年到中国香港进行商品展销和交流活动，是企业自发组织的，而参加"2013 根与魂·贵州省非物质文化遗产展演活动"是由中国艺术研究院组织的。

（二）制约西部传统医药类非遗项目对外交流的要素

通过对这两个项目的对比分析，笔者发现制约西部传统医药类非遗项目对外交流的原因既有自生性的内在交流机制方面的因素，又有支撑性的外部条件方面的因素。

1. 制约西部传统医药类非遗项目对外交流的内部运行机制

（1）西部传统医药类非遗项目对外交流是一个综合性系统工作，既要通过官方渠道，由政府部门主导进行推动，也需要通过民间渠道，由社会团体、企业组织和民间力量共同推动。但西部地区欠发达，在传统医药类非遗项目对外交流上，还是以政府组织为主，社会团体、企业组织和民间力量过度依赖政府，被动等待机会。另外，非遗的生产性保护利用和文化产业发展是相辅相成的，只有通过合理利用，产业化运作，非遗文化才能真正传承和保护下来。但现有的非遗对外交流活动往往以展示、推介为主，进入市场化的不多。

（2）非遗是一种活态流变的文化，依靠代代口口相传，传承人往往是延续、传承非遗的重要载体。传承人主观能动性不能发挥也是制约西部传统医药类非遗项目对外交流的重要因素。在我国"集权式分权"管理体制下，非遗对外交流多是自上而下组织，不仅政府各部门之间信息沟通不充分，对传承人来说，更是被排除在圈子之外，只能听从上级的指挥。我们在调研中发现，传承人基本上都是农民，分散在各个少数民族村寨里，既无话语权又无决策权，加之受到年龄、对外交流能力等方面的限制，除传统手工技艺和歌舞类非遗项目的传承人参加对外交流活动的机会较多外，传统医药类非遗项目的传承人很少有机会参加对外交流活动，这在一定程度上影响了传承人对外交流的积极性。同时，在对传统医药类非遗项目以产业化的方式来加以利用时，没有在法律体系中明确传承人权益，也使传承人的主观能动性不能发挥出来。

2. 制约西部传统医药类非遗项目对外交流的外部要素

（1）法规和标准障碍。正如上文所说，国内一些相关法规制约了传统医药的传承发展和对外交流，而国外有的国家的药品管理法规和标准也在一定程度上限制了传统医药对外交流。如传统侗医药因没有得到一些发达国家的法律认可而不能合法化，现有的一些传统医药产品尚未达到GMP标准，难以进入国际市场等等。

（2）经费问题。传统医药类非遗项目的保护利用和对外交流经费来源，主要依赖政府投入，其他资金来源非常有限。黔东南州非遗中心主任粟周榕曾说："我们有很多很宝贵的东西，很想让全世界来了解，但对外宣传不够，不够的原因有很多，但最主要的是资金问题。"袁涛忠在访谈中也多次强调了经费问题，他说："我们黔东南有资源没有钱，比如侗药的制剂，如果要想推广使用就得获得国家医药方面的批准文号，而要完成这些申报，就需要大量的前期投入和经费支持。只有获得国家药品批准文号，推广起来才会容易。再如州委、州政府都在强调产业链的建设，但说起来容易，由于需要的投资大，实际做起来有困难。"

（3）文化认同问题。传统医药往往也是一个民族文化的精华，是民族智慧的象征。课题组在采访侗医药传承人张有碧时，他一面为我们讲述侗药的起源和药理，一面还给我们展示几个祖传的治病辅助道具。他说侗药最早起源于巫医，它是有灵魂、有精神的。同样，瑶族医药也是瑶族传统文化的积淀，寓含了瑶族人民的精神、信仰、追求和价值取向。中国传统医药在几千年的临床实践中拥有系统而完善的理论体系，也沉淀了厚重的传统文化，但由于各国文化背景、语言和理论体系的不同，东西文化有很大差异，东方文化孕育下的传统医药和西方文化不可能很快相通、相融，这给外国人理解和接受传统医药带来了障碍。

表5—1可更明晰地反映出西部传统医药类非遗项目对外交流可能性路径选择及制约要素。

表5—1　　　　　侗医药（过路黄药制作工艺）对外交流

可能性路径选择及制约要素

可能性路径选择	制约要素
1. 政府组织	政策限制
2. 中外共同组织	法规限制，缺乏文化认同，宣传不够
3. 企业自发组织	运行机制，经费问题
4. 研究机构、社会团体组织（已选择路径）	
5. 传承人自己走出去	运行机制，经费问题，政策法规限制，传承人主观能动性

表6—2　瑶族医药（药浴疗法）对外交流可能性路径选择及制约要素

可能性路径选择	制约要素
1. 政府组织（已选择路径）	
2. 中外共同组织	缺乏文化认同，宣传不够
3. 企业自发组织（已选择路径）	
4. 研究机构、社会团体组织（已选择路径）	
5. 传承人自己走出去	经费问题，传承人主观能动性

三　西部传统医药类非遗项目对外交流的有效路径

推动西部传统医药类非遗项目对外交流，应重点发展和完善后四种路径即充分发挥非政府组织、民间机构在对外交流活动中的重要作用，拓宽社会和民间对外交流的路径。而这些路径的成功实施必须采取有效途径解决其制约要素：

（一）正确处理政府与市场的关系，实行"政府推动，企业运作"的对外交流模式，以解决制约非遗对外交流的内部机制问题

1. 坚持以政府为主导，企业为主体，市场为纽带，政府与市场相结合的原则。在确保文化遗产不被破坏的前提下，尽可能进入市场，通过市场运作完成对文化遗产的保护与开发，实现文化保护和经济开发的良性循环。政府发挥引导作用，采取激励机制，在政策、经费上提供支持和保障，给机构和企业提供对外交流的机会和平台；机构和企业要适应新需

求，新变化，面向市场，提升传统医药类非遗项目自身发展的内生动力，实现"输血式"到"造血式"扶持的转变；政府加强与各国（地区）政府及国际组织间的交流与合作（如举办"中国年"活动，建立友好城市等），为非遗对外交流搭建平台，传统医药类非遗项目本身也要通过对外交流扩大市场，扩大知名度，形成市场效应。

2. 加强传统医药的生产性保护，积极探索合理利用的运作方式。政府加大文化产业发展政策支持力度，鼓励社会团体、民间组织、民营企业和个人从事传统医药的生产性保护和合理利用探索，对缺乏启动资金的传承人提供贴息贷款资助，在土地征用、税收、贷款等方面给予优惠和补贴。传统医药在养生保健和亚健康诊疗方面有一定优势，可首先实现保健养生产品及服务的连锁经营，并将其推向国外市场。"瑶族药浴"由于生产性保护做得好，其产品已经远销国内外，相对而言，侗医药可借鉴这一做法，比如制作"过路黄"保健饮品，"过路黄"天然药材加工，吸引商业企业加入对外销售。把非遗对外交流与外贸、旅游等结合起来，把展演和产品销售结合起来。

（二）以加大传承人的保护力度，激发非遗传承的内在动力，实现良性循环

对传承人进行专项扶持，除了提供传习场所，资助传承设备外，还要在对传统医药类非遗项目合理利用时，以经济合同形式，明确传承人权益，使他们获得知识产权的收益和回报。

（三）进一步完善传统医药法制建设，制定保护传统医药知识的法律、法规和相关政策，按照传统医药自身发展规律实行地方自治和行业管理，创造有利于传统医药走向世界的政策环境。黔东南州的一些做法值得提倡和借鉴。比如建立资格认定考试制度，对于民族医生的行医资格进行州一级的认定，一些民间医生经过考试、考核后可以在州民族医药研究院和苗医医院上班；比如拟定了一个保护发展苗族医药侗族医药的条例，积极推进州民族医药立法进程；比如从江县制定了"瑶族医药"今后五年的保护与传承规划，明确给出出版《瑶族医药典》的时间表。从国外来看，世界各国对中医药为代表的传统医学进行规范和立法，如泰国、澳大利亚、新加坡、加拿大、越南等国家已通过立法承认中国传统医药的法律

地位，甚至一些国家开始对中医师、中药师实行注册，应抓住这一大好趋势，争取在更多的国家对我国传统医药进行立法管理和药品注册，使传统医药的对外交流、对外贸易行为获得合法化，同时国家制定落实扶持政策推进传统医药学理论研究，争取学理上有所突破。

（四）积极动员社会各方面力量共同促进发展，发挥非政府组织（如民间团体、社会力量）的作用，以解决传统医药类非遗对外交流经费不足的问题

将医疗、保健、科研、教育、企业、文化作为一个有机整体全面发展。非遗保护和传承需要政府扶持，但不能只依靠政府，要动员各方共同促进，如寻求一些有经济实力的企业进行资助；产品推介与销售结合起来，取得一定的经济回报；鼓励各级政府重视非遗对外交流，并将其纳入本级人民政府的工作目标考核；设立传统医药产业化的专门投资基金会；打造传统医药类非遗项目品牌，并采取连锁经营方式，吸引更多的社会资源投入非遗的传承和保护中来。

（五）加强对外宣传力度，以解决文化认同问题

传统医药类非遗项目要走出去，文化要先行。加强对外宣传力度，让世界了解传统医药，这是传统医药类非遗项目走向世界的前提。要让世界各国人民真正了解和接受我国的传统医药，就要积极宣传、介绍传统医药文化，扩大传统医药在国际上的影响和应用，提高传统医药在海外的认可程度。可以通过拍摄专题片，编写出版传统医药系列丛书，制作光盘，组织和开展各种学术交流，举办学术报告、讲座，积极传播传统医药文化，发挥台、港、澳地区的地理优势，大力开展和推动中医药交流，共同搞好中医药对外交流与合作。

四 结语

综上所述，在西部传统医药类非遗项目的对外交流中，既有成功与突破，也有窘境和不足。面对全球化态势，传统医药类非遗项目的对外交流要有更好的选择才有出路。传统医药类非遗项目是否能走市场化、产业化之路，我们无疑已经有了答案，但如何协调好西部传统医药类非遗项目的

保护与利用之间的关系，需要我们在追求经济效益和保护传统之间进行权衡。既保留西部非遗的传统韵味，又能作为生产性保护获得市场支持，这将是一条需要不断探索的长路。

（高晓静）

参考文献

［1］龚金星：《贵州从江推动非遗产业化"事业""产业"齐步走》［N］《人民日报》2012 年 7 月 13 日。

［2］［美］罗伯特·K. 殷：《案例研究：设计与方法》［M］重庆大学出版社2010 年版。

第六章　西部传统舞蹈类非遗项目
对外交流中的路径研究

> 本章以贵州省毕节市为例。赫章彝族铃铛舞和纳雍苗族芦笙舞滚山珠都属于传统舞蹈类的非遗项目。前者只是作为赫章县打造当地文化"夜郎魂"的一个参演项目到过中国香港，而后者则是毕节市对外文化交流的主要非遗项目。同处毕节市，都属于国家级的传统舞蹈类的非遗项目，两者在对外文化交流中的差别如此巨大。经深度访谈，我们了解到有下述两个原因：一是二者在艺术形式上存在着差异，二是在传统舞蹈类非遗项目如何保护的路径选择上存在着巨大的差异。

一　问题的提出

贵州省毕节市进入国家级非物质文化遗产项目保护名录的有威宁彝族撮泰吉（变人戏）、纳雍苗族芦笙舞滚山珠、赫章彝族铃铛舞、纳雍苗族服饰、赫章彝族火把节和大方彝族漆器髹饰技艺6项。课题组在采用随机抽样的方法确定样本中，涉及毕节市的是赫章彝族铃铛舞，同时按照解释性课题的研究需要，遵循案例研究的同项复制原则，选择了纳雍苗族芦笙舞滚山珠。

应当说，赫章彝族铃铛舞和纳雍苗族芦笙舞滚山珠都属于传统舞蹈类的非遗项目，有许多共同之处。（1）同为毕节市下设的县区，在政策引导、地理位置、气候环境、人文资源等方面的条件是一致的；（2）同为国家级非物质文化遗产项目，国家在经济扶持方面的资金和力度是不相上下的；（3）都设有非遗示范基地和教授基地，以及公认的传承人；（4）铃铛舞和滚山珠同为传统舞蹈类非遗节目，在表演形式上有类比性；（5）铃铛舞和滚山珠最初都表现为对祖先功绩的颂扬和回忆。

但经实地走访和考察，课题组了解到，赫章彝族铃铛舞只是作为赫章县打造当地文化"夜郎魂"的一个参演项目到过香港，而纳雍县的苗族芦笙舞滚山珠是毕节市对外文化交流的主要非遗项目。早在1984年，纳雍苗族芦笙舞滚山珠就作为对外文化交流的重要项目，随党和国家领导人先后出访北欧四国，担任起了国家对外交流的重任，还受到了国家领导人李瑞环的接见。1992年纳雍苗族芦笙舞滚山珠代表国家，参加了国际民间艺术博览会。在被列入了第一批国家级非物质文化遗产名录后，纳雍苗族芦笙舞滚山珠经常参加国际间的文化交流，2012年去了台湾省和香港地区、泰国等地参与对外文化交流，2013年参加了中国艺术研究院和贵州省文化厅组织的"根与魂·贵州省非物质文化遗产展演活动"。

为何同处毕节市，都属于国家级的传统舞蹈类的非遗项目，赫章彝族铃铛舞和纳雍苗族芦笙舞滚山珠在对外文化交流中的差别如此巨大？

二　原因分析

经深度访谈，我们了解到有下述两个原因：一是二者在艺术形式上存在着差异，二是在传统舞蹈类非遗项目如何保护的路径选择上存在着巨大的差异。

从艺术形式上来看，铃铛舞起源于彝族古代征战祭祀活动，通过再现死者生前的英勇以寄托哀思，而滚山珠起源于苗族的迁徙活动，展现的是先辈们披荆斩棘、开荒拓土的情境；前者情感主调较为深沉，后者情感主调较为激越。这就导致了其艺术表现形式上的差别：（1）铃铛舞的动作相对简单，难度系数相对较低；而滚山珠的动作相对复杂、多变，有些难度系数堪比杂技。（2）铃铛舞最初只由男子表演，经逐渐演化后女子也参演，参演者都为成年人；而滚山珠一开始就由男女共同表演，由于其舞蹈动作堪比杂技，需要有小孩子参加，因而演员年龄跨度较大，最小的只有六七岁。（3）铃铛舞申报项目传承人时，可能出于提升艺术表演水平的动机，申报文件中的传承人和录制影像资料中的教授者不一致，结果申报文件中确定的国家级传承人未获批准，造成传承人空缺；滚山珠项目有国家授予的国家级传承人和省级传承人各一位。这种艺术形式上的差别，导致了纳雍苗族芦笙舞滚山珠相较于赫章彝族铃铛舞更具有"看点"，更容易激发向上情感，也更容易显示出其原生态的特点，容易吸引国外的观众。

从非遗项目合理利用的路径选择上来看，赫章彝族铃铛舞走的是以"保护为主"的路径，一方面将其作为一种文化遗产，纳入文物事业管理局系统进行管理，另一方面在培训传承人员方面由文广局组织实施。查阅资料，我们发现其保护措施主要为：（1）由政府文化部门组织以村为单位的民间歌舞表演队进行编排与表演，保持原有艺术形式的民族特色；（2）整理相关古籍；（3）成立彝族铃铛舞研究会，加强民间文化的研究。但这一切都需要政府花钱来办，而赫章县属于国家级贫困县，财政非常困难，投入资金有限。按照保护计划，需要资金360万元，但县财政只能每年拨款7万元。因而，在访谈赫章县文物事业管理局和文化广电局两个局长时，他们都不约而同地提到非遗传承中因资金不到位而导致很多工作无法开展的问题。比如请专家来配乐、编舞、拍照、录像，派专人负责走访调研、资料收集等工作，都需要人力物力、技术设备等大量投入，这都需要大量资金。没有资金，很多可行性方案和美好愿景都无从着手。他们一再强调："有钱好办事，有了钱，什么问题都好解决了。"透过他们的言谈话语，我们明显感受到一种很强烈的对国家拨款的渴望和依赖性。

如果说赫章彝族铃铛舞走的是保护为主的路径，那么纳雍苗族芦笙舞滚山珠则走的是以"合理利用"为主的路径。一方面，由文物事业管理局系统进行管理和保护，另一方面则扎根民间，调动传承人的积极性，借用民间的力量，在合理利用方面走出一条全新的路子。其具体措施是：（1）培养两支表演队，一支在县里，一支在村里，两支队伍各有侧重，县里的表演队在编排中，会融合一定的现代元素，使表演更符合现代人欣赏和审美特点；而村里的表演队则更多呈现原生态特点，在对外交流中原滋原味地展现本土文化，体现苗族芦笙舞的独特魅力。（2）政府管理部门给予他们很强的独立性，支持传承人成立滚山珠艺术团，可以参加商业化演出，并获取相应的劳务报酬；商业演出所获劳务费用，政府不干涉，政府出面安排的表演，则由政府负责演出期间的食宿费用，付给他们演出劳务费。（3）把去外地打工的传承人请回来，享受传承人的待遇，每月发放生活补贴，让他们在村里教授滚山珠技艺。（4）县教育局在城里的纳雍县第二中学和昆寨乡民族中学建立了苗族芦笙舞滚山珠传承基地，学校为县里表演队的小演员单独设班，接受九年制义务教育，外出演出耽误的课程回来后由学校安排时间补上。（5）县财政为两支表演队办理了医疗保险和社会保障相关手续，生病了可以免费就医，生活困难了可以获得最低生活保障。（6）成立了"纳雍滚山珠文化传媒公司"负责表演队的外联活动，计划扶持三年，然后彻底放手，由"纳雍滚山珠文化传媒公司"托管。纳雍县这种广泛动员社会力量积极参与非物质文化遗产项目合理利用的路子，极大地调动了传承人和表演队员们的积极性，使得纳雍苗族芦笙舞滚山珠成为毕节市对外文化交流的一个品牌。

三　启示与思考

作为传统舞蹈类非遗项目的纳雍苗族芦笙舞滚山珠和赫章彝族铃铛舞，在非遗保护上的两种路径，导致了在对外交流中的两种结果，这其中包含着许多值得我们思考的问题。

首先，传统舞蹈类非遗项目保护的核心是传承人的问题。在当下由农耕文明向工业文明转型的时代，非遗项目的传承与保护方面存在的一个普遍困境，就是后继无人，各地申报的资料中都会提及这一点。原因是受市场经济冲击，年轻一代都渴望走出高原，去看看外面的世界，于是纷纷离开故土，到大城市发展，跻身于现代时尚的行列，渐渐被同化或被异化，民族文化和本土特色渐渐被淡化、被消解。稳住这批传承人，成了刻不容缓的当务之急。为了把年轻人留住，首先要让他们有收入，能解决生存问题，然后才能提到传承和发展，所以解决问题的思路自然而然演化为经济问题。地方财政有限，所以需要中央财政扶持，加大投资力度。这是常规的思维方式。而毕节市纳雍苗族芦笙舞滚山珠项目却能另辟蹊径，通过非遗项目直接和市场接轨，支持传承人组织表演队，参加公共演出和商业演出的方式，这不仅解决了传承中的财政问题，更重要的是把非遗项目变成了活态的、有生命力的民间活动，让非遗的传承和发展成为少数民族人们文化生活的一部分，而不只是书面上、文件上、保护基地上的文物。

其次，传统舞蹈类非遗项目要传承，要发展，必须扎根民间，发动民众，借用民间的智慧和力量，合理利用。一味靠政府的行政力量去实施非遗保护，即便可以推行，也不可持续，因为传承人会变老，去世，导致失传。要相信传承人在基本生存获得保证的情况下，他们会运用他们的技艺来顺应经济和社会的转型，并通过自己的原生态的艺术形式，获得经济回报，获得社会认同，获得文化自豪感，从而自觉地传承他们本民族特色文化。

再次，领导者的观念转变是关键。在全面了解了纳雍县支持苗族芦笙舞滚山珠的各项投资举措后，因其并无一言提及资金困难，笔者就特地询问了其地方财政状况。非遗工作负责人认为关键的问题不是经济状况，而是领导者的观念。非遗工作的领导者们，意识到西部现在普遍比较贫困，而独特的文化是他们的强项，非遗项目就是他们的品牌，因此他们特别重视非遗工作，要把这个品牌真正做大做好，发展起来，这样才有可能带动其他方面一起发展，同时也能保护当地的文化。这支领导队伍真正决定了传承队伍的走向和未来，这支队伍不仅要懂经营、善管理，还要了解外国文化和受众心理，有跨文化交流的知识和能力。所以，非遗工作要传承，要发展，首先要转变思路，不要一味依赖中央财政拨款，学习纳雍模式，走市场化道路，才是真正的"活路"。

第四，由于非遗项目的形式多种多样，并非都适合走市场化道路。有些非遗项目不适合表演，比如民间节日，只能靠传承，不能对外交流，也不能直接地获取市场效益，那就需要政府引导或采用政策上扶持的方式，比如把这个节日设定为某民族的传统节日，让政府和企业给这个民族的工作人员放假，专门用来参加庆祝活动，一旦形成习惯、习俗，就容易成为传统，生生不息，传延下去。有些非遗项目还和现代科技理念相抵牾，比如水书等项目，适合研究之用，挖掘其文化意义，这一类非遗项目在传承中无法产生经济效益，很大程度是需要财政投入的，而且即便有投入也未必有人愿意参与。对于这一类非遗项目，很多管理者表示无可奈何，任务艰巨。笔者认为，这种情况可以采用政策倾斜的方式，比如在高中阶段如果参与某项非遗方面的特长班、兴趣班，对某项非遗项目有特别的了解，在高考时可适当加分，如此，势必会引发重视，而且这种观念上的重视，比经济上的更具吸引力。

　　总之，传统舞蹈类非遗项目的传承与发展不能靠政府一己之力，也不能靠财政一根支柱，管理者要善于转变思路，互相学习，合理利用，多种经营，更要充分发动民间组织，发挥群众力量，创造性地开展工作，不拘一格，重在效果。这样才能把我国非遗项目的独特性充分体现出来，展演出来，在我国对外文化交流中体现独特价值。

（周晓蕾）

第七章　西部民俗类非遗项目对外交流中的路径问题研究

> 本章以贵州省黔东南州为例。民俗作为非物质文化遗产的重要组成类别，与其他类别相比，民俗类项目对外交流次数较少，规模较小，影响不大，受重视程度不够。这其中有民俗类项目自身的一些原因，也有政府意识层面和资金层面的现实制约，要解决这些问题需要政府、社会和传承人的共同努力。

一　调研基本情况

根据联合国教科文组织 2003 年 10 月通过的《保护非物质文化遗产公约》的定义，非物质文化遗产（以下简称"非遗"）是"指被各群体、团体、有时为个人视为其文化遗产的各种实践、表演、表现形式、知识和技能及其有关的工具实物、工艺品和文化场所。各个群体和团体随着其所处环境、与自然界的相互关系和历史条件的变化不断使这种代代相传的非物质文化遗产得到创新，同时使他们自己具有一种认同感和历史感，从而促进了文化多样性和人类的创造力"。非物质文化遗产具体又可以分为十大类别，民俗类是其中的一类。节日是民俗类非遗项目的重要组成部分，如列入国家级非物质文化遗产名录的汉族的春节，中秋节等，土族的纳顿节，彝族的火把节，傣族的泼水节，藏族的雪顿节，怒族的仙女节等等。依据抽样公式 a = INT（12 × RAND（ ） +1），按照 20% 比例，我们在西部十二省中抽取了贵州和宁夏作为样本省份，在这两省中又按照上述公式按照 10% 比例，抽取了国家级非遗项目作为我们具体的调研样本，其中有两个项目便是民俗类中的水族端节和苗族鼓藏节。

据贵州省黔南州都匀市三都县非遗办工作人员石金彪介绍，水族的端节没有参与过对外交流，只是由县里面组织开了一个记者招待会，展示了一些图片。据贵州省雷山县西江千户苗寨鼓藏头唐守成先生介绍，他作为鼓藏头和贵州苗协会理事仅在 2013 年 1 月去过台湾省，为期 7 天。作为抽样项目，抽样项目的情况就代表了非遗大部分项目的情况，反映的是整个民俗类项目所面临的问题，由此我们认为，相比于其他项目如传统戏剧、民间音乐和民间舞蹈等，如侗族大歌作为世界级非遗项目，经常受邀或由政府组织参与对外交流，对外交流频繁且连续，苗族的芒筒芦笙舞也受邀或是政府组织出访过美国、西班牙、港台地区等，民俗类项目整体对外交流次数少，规模小，影响不大，路径少。

二　原因分析

与其他非遗项目对外交流的红火情况相比，民俗类项目可谓是"几家欢喜几家愁"，之所以出现这种情况有其深刻的内在原因。民俗类非遗项目包括传统节日与传统仪式，传统节日如春节、端午节、元宵节等，传统仪式则指对万物神灵的崇拜祭祀，如祭山、祭水等。节日的产生和仪式的出现是对远古时期人类生存情况的反映，其中包含着人类早期对信仰、伦理、道德、音乐等方面的认知，是一个完整和复杂的系统。比如春节就历时长，礼俗多，而非遗项目对外交流基本是在特定时间，特定场所（大部分是在舞台上）对某些人群的展示或演出。民俗类项目作为一个系统显然是不适合这种交流模式的，民俗类项目本身的特点制约了它的对外交流。除此之外，影响民俗类项目对外交流效果的还有其他几方面原因。

首先，对民俗类非遗项目的认识有待深入。民族类非遗项目是民族记忆的活化石，它承载的是厚重的民族文化和民族情感，是本民族人们共同的精神财富。远去的岁月不可复制，只剩下这些留存在节日或仪式里的隐晦暗示，供我们凭吊。要是没有了这些，我们的民族就失去了独一无二的品质，失去了根，沦为其他文化的附庸和傀儡。所以，政府作为社会公共事务的主要承担者，对于民俗类非遗项目的保护及对外交流必须要引起重视。尤其是民族类非遗项目体现着中华文化的软实力和民族智慧，具有较大的受众面，能支撑文化强国梦的实现。只有提升到这个高度来认识民俗类非遗项目的对外交流，才会去开动脑筋，积极寻找民俗类非遗项目对外交流的诸多可能性路径。

其次，经费匮乏。缺钱是民俗类非遗项目对外交流面临的一大难题。我们此次调研的贵州省地处西南，经济发展缓慢，属于贫困地区，但生于此长于此的少数民族众多，有着丰厚的中国传统文化历史底蕴和鲜明的民族特征，非遗项目也就比较多。但是因为缺钱，有了对外交流的机会，也是优先选择那些花钱少、效果明显的音乐舞蹈类或手工技艺类的非遗项目，花钱多、难度大的民俗类非遗项目，也就被置于后位。即便有时候基于平衡的动机，给予一点经费支持，但无异于杯水车薪，很难展开宏大的构思，采用较大的规模来进行对外交流的运作，只能是给多少钱，办多大的事情，采用最省钱的办法来进行。

最后，民俗类非遗项目对外展示形式要因地制宜加以创新。民俗类非遗项目不同于音乐舞蹈类或手工技艺类项目，它本身是一个具有深厚民族文化底蕴的复杂系统，不可能完整地参与对外交流，也因此在对外交流展示中只能截取片段。在我们的调研中，三都县对于水族端节的展示是开了一个记者招待会，展示了一些图片，西江千户苗寨的鼓藏头唐守成先生去台湾省参与对外交流就只是带了一部分祭品和所需工具过去，受限于对外交流展示的单一形式。

三　对策研究

近年来，中国的综合国力日益提升，在世界政治舞台上发挥着越来越重要的作用，大国崛起的时代即将到来。从根本上来说一个国家的崛起，在于其综合国力的提升。综合国力一方面是指由经济、科技、军事等方面的发展所展现出来的实力，另一方面也包括以民族文化、价值观念、生活方式和意识形态等展现出来的软实力。文化软实力是国家综合国力的重要组成部分，比起硬实力具有更加持久的渗透力和影响力。为了提升文化软实力，针对民俗类非遗项目对外交流的原因分析，我们认为要解决目前存在的这些问题，可以从以下几方面着手。

首先，地方政府要积极为民俗类非遗项目对外交流搭建平台，提供信息支持。政府是社会事务的主要承担者，对于政府而言，做好公共服务是其义不容辞的责任和义务。政府是区域社会事务的裁决者，也必然成为民俗类非遗项目和走出去之间的中介，要努力为民俗类非遗项目"走出去"参与对外交流搭建平台。尤其是重要的是，与境内外一些有意向的城市建立友好城市关系，签订协议，通过在对方城市举办文化节、文化周等活动宣传自己的民俗类非遗项目。同时，政府拥有庞大的信息网络和众多的信息渠道，这是其他团体无可比拟的优势，可以发挥自己的信息传播优势，创造条件让自己的民俗文化走出去。

其次，充分发挥民间组织的作用。我们通常所说的民间组织是指由各级民政部门作为登记管理机关并纳入登记管理范围的社会团体、民办非企业单位、基金会和涉外社会组织四类社会组织。西江千户苗寨的鼓藏头唐守成先生去台湾参加"中华民族三租祭奠奠大胜"就是应当地苗族协会的邀请过去的，但是相对整体来说，通过民间组织这个渠道出去参与对外交流的较少，大部分还是通过官方途径出去的。政府的力量是有限的，对外文化交流也需要充分调动民间组织的力量，这样既能考虑到民众的意愿和喜好，又能节省政府的人力和物力，抽出身来做更多的调研和管理协调工作，这绝对是一个双赢的政策。

再次，利用教育渠道走出去也是民俗类非遗项目对外交流的可行方法。通过教育渠道进行对外文化交流古已有之。我国自唐代就开始向外派遣留学生，不断把当时先进的文明传向四方，直到近代这种方式也不曾终止。这个方法同样适用于民俗类非遗项目的对外交流。可以组织民俗类非遗项目相关的专家、学者和传承人去当地的学校课堂，给学生讲授或展示民俗知识，激发他们对民俗文化的兴趣。

最后，民俗类非遗项目自身需要做一些调整和改变，以便更好地进行对外交流。非物质文化遗产是人类历史进程的见证，是人类历史进程的反映。历史在发展，非物质文化遗产自然也不是一成不变的，它也在变化发展，但不变的是它的核心文化要素。比如中秋节，最初产生的时候只是赏月，到了宋代才开始有类似月饼的节令食品，但不管怎么改变，不变的是期盼家人团聚的心情。所以针对对外交流，我们可以对民俗类非遗项目在形式上做出适当的调整，一方面我们可以依据一定的标准进行民俗的整合，另一方面也可以对民俗类非遗项目的表现形式进行适当的创新，除了图片和文字简单的展示之外，也可以运用现代传播技术来展示，比如制作一部宣传片或是播放一段展示该项目核心要素的视频，综合运用声光电等技术，是不是会比单纯图片或文字展示好一些呢？

四　结语

中国五千年悠久的历史铸就了同样辉煌灿烂的中华文化，文化是我们的魂，我们的根，是我们民族传承发展的基础。随着中国综合国力的提升，中国文化也越来越受到世界各国的瞩目。创办孔子学院，举办"中国年"活动，文化只有走出去，才会有影响力，反过来也会推动自身的发展，只有有了影响力，才会在国际事务上具有话语权。民俗类非遗项目的对外交流也是如此，只有在政府，社会的共同努力下，民俗类非遗项目才能越走越好，越走越远。

（李晨）

参考文献

[1] 顾军、苑利：《民俗类非物质文化遗产保护三议》，《艺术评论》2013 年第 3 期。

[2] 马晓明：《文化软实力视角下的中国对外文化交流路径分析》，上海交通大学，2011。

第八章　银川回族器乐对外交流中的
艺术形式合理利用问题

> 　　宁夏回族在长期的生活实践和文化活动中，传承了西北古代乐器、边塞乐器及其音乐，并将之逐步发展为独具特色的回族民间器乐泥哇鸣和口弦。传承人在坚持传承保护乐器本身和发声原理这两项核心要素基础上，对乐器进行了改良，演奏技巧得到提高。但在对外交流演出中缺乏具有标志性和代表性的作品，了解当代国人和异国人的审美需求方面尚有局限，未能依托高校里的科研与创作实力加速新型传承人的培养，也降低了回族器乐对外交流的影响力。

　　宁夏回族在长期的生活实践和文化活动中，传承了西北古代乐器、边塞乐器及其音乐，并将之逐步发展为独具特色的回族民间器乐。这些乐器在当地被称为泥哇鸣、口弦、咪咪等。2006年宁夏回族自治区申报回族民间器乐为国家级非物质文化遗产，遗产类别为民间音乐，遗产编号是Ⅱ—63。2013年11月我们寻访了回族民间器乐泥洼鸣和回族口弦的传承人，了解了回族民间乐器作为非遗项目在对外交流中的情况。

一　宁夏回族自治区银川回族器乐现状

　　回族口弦的对外交流。回族口弦第一次被带出宁夏是在1988年受邀参加中央电视台的一个节目《西部之声 西部之舞 西部之乐》，因为宁夏的花儿和口弦具有密不可分的关系，在民间老百姓唱花儿时经常会使用口弦作为引子。1991年，回族口弦在中央电视台再次面向观众亮相，接下来又陆续在中央电视台做了一系列的节目。2006 年,回族口弦成为国家级非遗保护项目之后,出去的机会就越来越多了,曾于 2011 年、2012 年和 2013 年参加了文化部组织的对外交流活动,先后在迪拜、毛里求斯和日本展演。

回族器乐泥哇呜的对外交流。泥哇呜在回族民间器乐中常作为男性诉说载体,而口弦常作为女性的诉说载体,二者常常通过合奏来传情达意,因此对外交流中常常和口弦结合,交流活动的时间和地点基本跟口弦的对外交流情况一样。不同之处是在舞台演出之后还安排有现场制作泥哇呜乐器的技艺展演并出售。

二 回族器乐口弦和泥哇呜对外交流中艺术形式的突破

艺术内容决定艺术形式,艺术形式表现艺术内容,并随着艺术内容的发展而发展,艺术形式有助于艺术内容的完美展示。艺术形式是不断发展变化的。每个时代杰出的艺术家们总是根据艺术内容发展变化的需要,批判地继承改造旧的艺术形式,创立与新的艺术内容相适应的新形式,从而创造出具有鲜明时代精神和富于形式美的优秀艺术作品。音乐是声音的艺术。音乐作品是通过声音来塑造音乐形象,通过有组织的乐音来表达主体情感。不管是音乐人还是乐器本身以及创作潮流都会随着社会的变迁、人们的审美趣味的变迁而发生变化。通过调研和采访,笔者认为宁夏回族自治区政府文化部门以及非遗传承人都在做出巨大的努力,来让这些古老又带有文物价值的乐器在当代变得更有大的影响力,更为民众喜闻乐见!

宁夏回族口弦非遗传承人安宇歌出生于口弦世家,5 岁就跟随母亲学习口弦。她出于对口弦的热爱而对这件乐器逐渐衰落的命运感到担忧,可以说毕生都奉献在了口弦的对外传播交流上,奉献在怎样通过艺术形式的突破来更加完善口弦的音乐内容。第一,在口弦制作上做了很多创新,使得口弦这件乐器更加美观、便于演奏。第二,在口弦演奏技巧上做了更大的突破,通过演奏中口腔的变化使气流和空间改变,从而使口弦发出不同的音高,改变了口弦一直以来只能作为伴奏乐器的地位。在采访中,安宇歌女士还为我们用口弦演奏了中国民歌《茉莉花》。这首乐曲也是在出访交流演出中最能和观众共通,把现场气氛推向高潮的保留曲目。

宁夏回族乐器泥哇呜传承人杨达吾德同时也是宁夏回族乐器泥哇呜的第四代传人，出生在宁夏一个制作埙史超过 300 年的回族家庭。为了让泥哇呜更加适合演奏，杨达吾德先生在乐器的制作中做了不少大胆创新。第一，增加了泥哇呜的外部造型，目前有牛头型、扁豆型和牛角型。第二，给泥哇呜乐器身上刻上具有民族文化色彩的花纹，增加了乐器的观赏性。第三，经过他改造后加到了 10 个孔，拓宽了音域，现在能吹两个半八度；调性做了更大的拓展，现在 24 个西洋大小调都可以用泥哇呜吹奏。

宁夏回族器乐口弦和泥哇呜的传承人在乐器的改良和演奏技巧上做了很大的提高，在艺术形式上寻求了新的突破，并且核心部分艺术内容（乐器本身和发声原理）并没有改变。因此，笔者认为传承人在对外交流中为了更大限度地保存乐器和技艺，更好地发挥音乐的社会功能方面所做的改变是值得肯定的。但是传承人毕竟受个人因素制约，所做的改良有限。"非遗"回族乐器要想在交流中获得长远的发展必须要在艺术形式上做出更多的尝试。

三 回族器乐泥哇呜和口弦在对外交流的艺术形式里亟须改善的问题与对策

应当说，经过两位传承人的不懈努力，泥哇呜和口弦这两种回族器乐有了较好的符合乐器本身和发声原理的创新与突破，在对外交流"走出去"的文化战略中发挥了较好的作用。但我们也要看到，其在艺术形式创新方面存在的问题。

首先，泥哇呜和口弦这两种回族器乐在对外交流演出中缺乏具有标志性和代表性的作品。这是音乐表演中的一大忌。用口弦和泥哇呜演奏适合于别的乐器的作品或者声乐作品往往无法展示自身乐器的音色、音域特点，也未必能尽善尽美地表现所演奏的作品。如果有一批专门为口弦和泥哇呜量身定制的音乐作品可供选择，那么一定能够提高口弦与泥哇呜的音乐表现力，更加深入地传递出文化韵味，在对外交流演出中才能达到更好的效果。

其次，由于非遗传承人面临青黄不接的局面，个人因素可以说直接决定了艺术形式的创新限度。要想走出去传播自己民族的文化，还需要更多

地学习和了解外面的世界，了解当代国人和异国人们的审美需求。显而易
见，目前想达到这种境界非常勉强。所以政府文化部门在协助传承人扶持
和培养下一代传承人时，首先要多层次多方位的挑选传承人，其次需要投
入更大的物力、财力和精力，再者要明确传承人的责任与义务。

最后，宁夏回族自治区政府在非遗的发展中也做了很好的示范作用。
由政府统一采购乐器，在小学音乐课中开设口弦与泥哇呜的教学课程，为
非遗项目回族器乐的普及做了努力，在培养传承人上起到了一定的推动作
用。笔者认为如果能在高校音乐院系中开展非遗器乐教学研究活动，并且
建立宁夏回族器乐泥哇呜与口弦保护与发展中心，让当前的传承人依托高
校里的科研与创作实力加速新型传承人的培养，可能会更好地推进泥哇呜
与口弦在艺术形式上的提升，使其能更好地作为载体传播我们优秀的民族
文化，更好地落实"走出去"的文化发展战略。

（李康燕）

第九章 可持续："滚山珠"和侗族大歌对外交流的经验

> "滚山珠"是集中分布于贵州省纳雍县的国家级非物质文化遗产项目苗族芦笙舞滚山珠的简称，侗族大歌是集中分布于贵州省黔东南州黎平、从江和榕江等县的国家级非物质文化遗产项目。这两个项目对外交流次数较多，历史较长，影响较大，持续较久。传承人的执着追求、当地文化环境的普遍认同和当地政府的政策支持是这两个项目对外交流可持续发展的主要经验。

贵州省拥有分布在 125 个处所的国家级非物质文化遗产项目，是西部非物质文化遗产（以下简称为非遗）的大省、强省。"滚山珠"是集中分布于贵州省纳雍县的国家级非物质文化遗产项目苗族芦笙舞滚山珠的简称，侗族大歌是集中分布于贵州省黔东南州黎平、从江和榕江等县的国家级非物质文化遗产项目。"滚山珠"和侗族大歌之所以引起我们的关注，是因为这两个项目对外交流次数较多，历史较长，影响较大，持续较久，这一经验值得总结。

一　苗族芦笙舞滚山珠和侗族大歌对外交流情况

课题组采用随机抽样的方法，按照 10% 的比例，在贵州抽取了 12 个国家级非遗项目，它们分别是：苗族蜡染技艺、彝族铃铛舞、苗族飞歌、瑶族医药、侗医药、侗戏、苗寨吊脚楼营造技艺、石阡木偶戏、苗族鼓藏节、水族端节、刻道、苗族芦笙舞；又根据案例法增加了 6 个案例：苗族芦笙舞滚山珠、仡佬族民歌、侗族大歌、马尾绣、苗族银饰锻造、反排木鼓舞。宁夏回族自治区拥有 10 个处所的国家级非物质文化遗产项目，课题组依然采用随机抽样的方法，按照 10% 的比例，抽取了回族民间音乐，同时依据案例法，增加了宁夏皮影戏项目。

在所调研的 20 个非遗项目中，贵州省的侗族医药、苗寨吊脚楼营造技艺、水族端节和刻道项目，没有参与过对外交流活动。宁夏回族自治区的皮影戏，由于传承人去世，也没有参加过对外交流活动。其他 15 个非遗项目在政府的组织下，程度不同地参与过对外交流活动，其中交流频次最高的是苗族芦笙舞滚山珠和侗族大歌。具体对外交流情况如表 9—1：

表 9—1   苗族芦笙舞滚山珠和侗族大歌对外交流情况统计

苗族芦笙舞滚山珠			侗族大歌		
出访时间	出访地点	组织者	出访时间	出访地点	组织者
1984	出访北欧四国	文化部	1986	法国：第十五届巴黎金秋艺术节	文化部
1991	香港地区：中国少数民族艺术表演	文化部	1988	南欧：世界民间艺术节——第一届奥地利克拉根福国际民间艺术节，先后在意大利、匈牙利、奥地利、南斯拉夫演出	文化部
1991	赴加拿大演出	文化部	2007	日本：随时任总理温家宝出访	文化部
1992	荷兰：第 37 届国际民间艺术节，先后在挪威、比利时、丹麦演出	文化部	2007	日本国学院大学：东亚文化圈歌会和对唱国际学术研讨会	黎平县侗族文化旅游促进会
1992	波兰：世界民族民间艺术	文化部	2009	欧罗巴利亚·中国艺术节，先后在比利时、芬兰、卢森堡和美国演出	文化部
1993	加拿大：中国民族艺术团演出	文化部	2010	瑞士：瑞士文化风景线艺术节	文化部
2013	台湾省：欢乐春节·醉美多彩贵州	文化部	2010	奥地利：第十届维也纳国际合唱节	省文化厅
2013	香港地区：根与魂·中国非物质文化遗产展演	中国艺术研究院	2011	法国：法国巴黎国际旅游展	国家旅游局
			2012	德国：2012 汉诺威工业博览会	文化部

续表

苗族芦笙舞滚山珠			侗族大歌		
出访时间	出访地点	组织者	出访时间	出访地点	组织者
			2012	韩国：第五届彩虹杯·歌韵东方国际合唱比赛	省文联
			2012	美国：养心圣地·神秘从江大型音画巡演	从江县政府
			2013	台湾省：欢乐春节·醉美多彩贵州	文化部
			2013	香港地区：根与魂·中国非物质文化遗产展演	中国艺术研究院

通过以上数据显示，苗族芦笙舞滚山珠和侗族大歌是存在对外交流次数较多的项目，苗族芦笙舞滚山珠有 8 次，侗族大歌有 13 次，其对外交流活动基本形成了长效机制，实现了可持续性对外交流。这一现象对西部非物质文化遗产对外交流活动具有重要借鉴意义，同时也为我国传统文化发展提供了思考和参照。

二　滚山珠和侗族大歌对外交流的经验

苗族芦笙舞滚山珠和侗族大歌对外交流活动可持续的经验主要体现在以下几点：

（一）传承人的执着追求支撑着两个项目对外交流的可持续发展

苗族芦笙舞滚山珠的传承人王景才于 1984 年 7 月参加全国少年儿童业余歌舞学校剧，幼儿木偶录像评奖、苗族芦笙独舞，荣获一等奖，当时他年仅 7 岁。此后，苗族芦笙舞滚山珠进入公众视野，不仅参加国内各种重大艺术表演赛事，而且走出国门，受到国际赞誉。这一切离不开王景才对滚山珠的挚爱。王景才把传承滚山珠作为自己的人生追求而苦苦支撑着。他一边谋求生存，一边苦心经营自己热爱的滚山珠。他烧过砖，挖过煤，当过武术教练，背过大背篓。每次接到演出任务，他都要积极地尽全力来完成。1994 年曾参与赴加拿大演出的祝英，没有正式职业，曾在饭馆给客人敬酒、表演，也养过猪。为了苗族芦笙舞滚山珠的传承和发展，她担任了苗族芦笙舞滚山珠培训基地的教师，尽管每月只有 300 元的生活补助，但她还是在培训基地既做老师又做母亲，尽职尽责地训练着这些小演员。

侗族大歌的传承可以说凝聚着几代人的执着追求。从 1953 年 3 月贵州黎平岩洞女歌手吴培信、吴山花、吴惜花、吴秀美这四位姑娘参加全国首届民间音乐舞蹈会演开始，继之在 1955 年，由岩洞姑娘吴全妹等组成的黎平民间合唱团在北京演唱侗族大歌并被中央人民广播电台录制成唱片发行全国，再继之贵州黎平、从江两县的吴玉莲、吴水英、吴培三、吴培妮、吴培焕、陆俊莲、陆德英、杨水仙、石明仙这 9 位侗族姑娘于 1986 年 9 月 28 日登上了开往巴黎的班机参加法国巴黎秋季艺术节，再到从江县小黄村少儿侗歌队吴修月、潘远兰、潘苓玉等 9 名侗族小姑娘随时任总理温家宝出访的日本，这些显性的演出积淀的是侗族大歌传承人内在矢志不移的艺术追求，透射的是他们执着传承侗族大歌的人生价值。

正是有这么一批人的埋头苦干、锲而不舍和执着追求，才使得苗族芦笙舞滚山珠和侗族大歌这两个项目的可持续发展有了最坚实的基础。

（二）当地文化环境的普遍认同支撑着两个项目对外交流的可持续发展

1. 独具特色，文化积淀厚重

苗族芦笙舞滚山珠保护处所在贵州省纳雍县，是以夹杂着高难度杂技表演以及丰富的文化内涵为依托的艺术形式。其原称叫"地龙滚荆"，主要表演动作是模仿苗族先民用身躯滚倒荆棘和用身躯搭成人桥，积淀有民族迁徙的历史内容。苗族先民在民族迁徙途中，逢山开路，用身躯滚平石头、荆棘、沟坎开出通道；遇水搭桥，用身躯搭成人桥让族人平安经过。苗族人民为了褒奖这些青年的英勇行为，纪念他们的英雄业绩，编成芦笙舞，取名叫"地龙滚荆"。

侗族大歌保护处所在贵州省黎平县，后来保护范围又跳出县域行政边界扩大到黎平、从江、榕江等县的侗族聚居区①，是一种为无指挥、无伴

---

① 在《国务院公布第一批国家级非物质文化遗产名录》中，侗族大歌的保护单位是黎平县。在 2008 年初申报人类非物质文化遗产时，黔东南州以开阔的视野跳出了县域区划的限制，将黎平、从江、榕江、锦屏、天柱等侗族大歌流传地集中捆绑进行申报，并大获成功。

奏的多声部音乐。侗族是一个长期没有文字的民族，其原初的群体交流和表达方式就是歌，由此来传达侗族人的生命体验。据陆景川先生描述，"侗族的演唱自成规则：不借助话筒，也不需要乐队伴奏，先由一个人领唱，然后合唱，不知不觉中，歌队又分成两部：低声部担任主旋律，高声部成为支声复调，巧妙地点缀着主旋律。继而，低声部又派出一部分拖腔声部，不仅一直平稳地延续着，中间还加进模仿鸟叫、虫鸣和小河流水的声音。一时间，人类的情感、悠扬的音乐和大自然的美妙声响，高度和谐地交融在一起"。所以侗族是音乐的民族，侗乡是歌的海洋，侗族大歌是民族的文化符号。

2. 珍视传统，自觉保护传承

苗族芦笙舞滚山珠和侗族大歌是少数民族智慧的产物，是在人民长期劳作过程中形成的民间艺术，早就被人们口耳相传。当地人民很早就注意到了它们的价值，坚持非遗文化的传承与保护。

侗族大歌的传承可以说凝聚着几代人的执着追求。其发展历程可以简略划分为以下两个阶段：其一是奠基阶段，从 1953 年 3 月贵州黎平岩洞女歌手吴培信、吴山花、吴惜花、吴秀美这四位姑娘参加全国首届民间音乐舞蹈会演，到 1958 年贵州省音协主席肖家驹等主编的《侗族大歌》由贵州人民出版社出版，为搜集、整理、保存侗族大歌做出了奠基性的贡献。其二是稳健发展阶段，从 1986 年 9 月应法国巴黎秋季艺术节之邀赴法演出大获成功，到 2003 年 3 月 27 日黔东南苗族侗族自治州与中国科学院、中国社会科学院签署了协议，共同开展侗族大歌申报第三批人类口头及非物质文化遗产代表作名录的工作，再到 2008 年 9 月 29 日中国文化部以《保护非物质文化遗产公约》缔约国的身份向联合国教科文组织递交了第四批《人类非物质文化遗产申报书》，最终于 2009 年 9 月 30 日通过联合国教科文组织专家评审委员会审议，侗族大歌获批进入"人类非物质文化遗产代表作名录"。在这两个阶段性发展过程中，都可以鲜活地表现出这些保护者是如何把侗族大歌的传承和发展当作自己的人生追求，为保存、发展、传承侗族大歌贡献心力并为之不懈奋斗的。

3. 有效宣传，构建文化品牌

苗族芦笙舞滚山珠和侗族大歌对外交流的可持续离不开其品牌文化的效力。当地政府注重苗族芦笙舞滚山珠和侗族大歌宣传活动，通过图像、影音、图书、论著、媒体和网络等形式，树立了自己的品牌文化，名声在外的苗族芦笙舞滚山珠和侗族大歌很容易得到关注和肯定，为对外交流提供了契机。

4. 适应市场机制，寻求发展活力

为适应市场表演需求，在表演团队上，纳雍县设立了两支苗族芦笙舞滚山珠表演队伍，一支坚持传统以期保留当地民间特色，另一支则注重在继承传统的同时进行艺术创新。他们在苗族芦笙舞滚山珠基础上提炼出了若干苗族文化元素，再融入了一些现代风格来满足观众的审美需求，坚持艺术形式跟着时代变化而变化。在品牌文化上，坚持将苗族芦笙舞滚山珠作为纳雍县对外宣传的名片，扩大其文化影响力，同时成立了滚山珠传媒文化公司，帮助滚山珠项目的传承人及其表演团体更好地与市场接轨。这种举措使得苗族芦笙舞滚山珠的发展形成了造血机制，也使得传承人及其剧团的演员们演出有了收入，既稳定了队伍，增强了发展活力，也为对外交流活动提供了随时可以展演的项目基础。

作为侗族大歌的分布地之一的从江县则走了一条与纳雍县苗族芦笙舞滚山珠不同的路径。如果说纳雍县的苗族芦笙舞滚山珠倾向于"演员走出去"的话，那从江县侗族大歌则侧重于"观众请进来"。从江县委、县政府提出"旅游兴县"发展战略，以"侗族大歌"为先导，打造以小黄为中心，包括峦里、银良、平求、高增、岜扒、占里等七个村的"侗族大歌产业园区"，组建了 56 个歌队，定期举办侗族大歌节，开发其独特的民族文化资源。通过与旅游业的结合，不仅村民有了收入，传承有了动力，而且使得侗族大歌的传承后继有人，对外文化交流有了雄厚的基础。例如，在 2009 年 10 月 21 日第十一届中国上海国际演出交易会上，从江县小黄侗族大歌就与挪威、比利时、立陶宛三国签订了意向性演出协议。

（三）当地政府的政策支持着两个项目对外交流的可持续发展

1. 政策支持

纳雍县人民政府先后行文《关于加强对我县非物质文化遗产名录进行保护的通知》和《纳雍县非物质文化遗产保护规划》，强调非物质文化遗产的保护工作，苗族芦笙舞滚山珠被包括在内。纳雍县文体广播电视旅游局专门就苗族芦笙舞滚山珠制定了《国家级非物质文化遗产名录苗族芦笙舞（滚山珠）保护规划》。纳雍县积极支持滚山珠的传承和发展，组织滚山珠深入全县各村寨演出，并先后在纳雍县第二中学和昆寨乡民族中学建立了苗族芦笙舞滚山珠传承基地，让非遗文化走进校园，有效地发展和传承民族文化精髓。同时，鼓励传承人收徒讲学，帮助传承人建立传承基地和传习所。

从江县人民政府以民族村寨为重点，不断加强侗族大歌的保护传承力度，不仅制定了《侗族大歌保护规划》，还积极举办"优秀传承人及民间文艺骨干"培训，提高了传承人的业务能力，同时开展普查，收集了一系列重要资料，编录成册，如《从江县民间歌师、戏师、民间艺人名录》和《从江县民族民间文化民族节日名录》等等。在此基础上，从江县紧紧围绕"生态立县、旅游活县"的发展思路，一方面让侗族大歌进校园，创造文化氛围，另一方面建立文化产业园区，着力打造"侗族大歌之乡"品牌。例如，从江县每年八月十五日都要在小黄村举办"赛歌节"，当地的老、中、青、少儿歌队分别进行比赛，并邀请周边侗寨共同参与；从2004 年开始，连续 8 年成功地举办了八届原生态侗族大歌节，促进民族文化旅游业的大发展。

2. 机构指导

纳雍县设定了专门非遗保护单位——纳雍县文体广播电视旅游局文物管理所，从江县设定了专门非遗保护单位——从江县文物局。派遣专业人员对非遗项目申报工作进行管理，同时，管理现有非物质文化遗产项目的传承和保护，及时发现问题、解决问题。

3. 紧抓机遇

纳雍县和从江县重视这两个项目的对外交流活动，不仅国家、省、市三级提供的对外交流活动他们积极参与，而且在交流过程中不放过一些可能的机会。例如，2009 年 10 月 21 日，在第十一届中国上海国际演出交易会上，中国从江县小黄侗族大歌与挪威、比利时、立陶宛三国签订了意向性演出协议，这是从江有史以来第一次与国外签订的民族文化演出意向性协议。

4. 用好资金

苗族芦笙舞滚山珠和侗族大歌对外交流的资金主要来源于两个方面。一是国家下发的规定性补贴，二是地方政府的经费拨款。国家每年发放的非物质文化遗产保护专项资金，纳雍县和从江县都能对其合理利用，用于对外交流、服装及道具、艺术节、宣传、保护整理等工作，传承人补助发放从不拖欠。纳雍县与从江县每年都拨经费来保障非遗的传承和对外交流，发放劳务费给非遗传承人，并对他们实行奖励政策。有演出活动时，还会给表演者发放误工费，使得传承人和学习者免除了后顾之忧，激发了学习的兴趣。

总之，滚山珠和侗族大歌是非遗对外交流可持续性发展抽样调查项目中比较成功的案例，它们充分利用自身优势，依靠政府力量，在不断调整中形成了可持续性对外交流。其成功经验为非遗文化对外交流的可持续发展，提供了参考，也为我们提升"文化自信"和"文化自觉"，传承和发展中国传统文化提供了借鉴。

（史翠仙）

参考文献

［1］陆景川：《侗族大歌是怎样走向世界的》，《中国民族报》2009 年 12 月 25 日。

第三部分

访谈案例

一 铜仁市访谈纪要

访谈一：访铜仁市文化局科长

访谈对象	陈波
访谈对象身份	贵州省铜仁市文物局科长
访谈时间	2013 年 11 月 22 日 17：00—17：30
访谈地点	陈科长办公室
访谈主题	铜仁市非遗对外交流状况
本人是否参加过对外交流	无
访谈者	周晓蕾（研究生），李锐（教授）
记录者	万惠辰（研究生）

周：您好！陈科长，我是来自陕西理工学院的研究生周晓蕾。这位是我们的导师，也是这次课题组组长——李锐教授，这是我的学弟——万惠辰。陈科长，我们这次调研课题涉及贵州省铜仁的木偶戏这个项目，所以来到这里，能否请您先介绍一下铜仁非遗对外交流的开展情况？

陈：你好！因为刚上任不久，工作刚接手，所以对非遗对外交流工作不是十分熟悉，因此只能简略讲述一下相关情况。首先，我市大部分非遗对外交流项目都是县里宣传部对外沟通活动的组成部分，因此他们对于非遗交流情况的细节会比较熟悉，稍后我会把石阡县负责非遗保护的蔡局长的联系方式告诉给你们，你们可以到他那里进行详细咨询。其次，虽然对外的非遗交流项目大多不经过我们市里，但我可以简要为你们介绍一下你们调研对象石阡县的基本非遗保护情况。

周：那就麻烦陈科长给我们介绍一下石阡县除了木偶戏之外的其他非遗项目，如果木偶戏没有对外交流经历的话，那么其他有过对外交流经验的非遗项目可以作为我们这次调研的一个补充。

陈：铜仁的文化底蕴是比较深厚的，这里曾有古代民族在此栖居，现在在我市范围内仍有土家、侗、仡佬、苗等民族存在着。千百年来，各民族共同创造了灿烂丰富的民族文化和地域文化，为我们留下了绚丽多姿的文化遗产。石阡县的主要非物质文化遗产有木偶戏、石阡说春、石阡县仡佬族毛龙节以及石阡民歌等。参加过对外交流的项目是石阡民歌，特别是仡佬族民歌。待我给当地的非遗保护中心联系后，你们可以对其传承人和非遗中心负责人咨询详细对外交流过程以及非遗的详细内容，因为我们市里掌握的资料较少，只能提供铜仁市近些年来非遗保护情况的一些基本情况。我已将其打印，一会儿给你看一下。

李：不知道咱们市里有没有成立专门的非遗保护中心来进行非遗保护的相关工作，还是只是依托在文化局的领导下？

陈：在本市还没有成立相关的非遗保护专门机构，因为大多数的非遗交流活动都不经过我们这里。

周：陈科长，我们明天一早就去石阡县，因为是周六，怕他们不上班，找不到人接洽，麻烦陈科长和蔡局长先说一下。

陈：明天由于工作需要我也会去一趟石阡，到时你们有什么需要也可以直接联系我。（同时把给县里的函开好了，交给我们）

（李、周、万三人致谢）：谢谢陈科长的有力配合，再见！

附录：

根据陈科长提供的资料，2006 年国务院公布的首批国家级非物质文化遗产名录，铜仁地区有 5 个项目入选。全区共有国家级非物质文化遗产名录 5 项，省级非物质文化遗产名录 41 项，地区级非物质文化遗产项目 70 项。

在申报项目名录的同时，先后有 8 人被命名为国家级非物质文化遗产代表性传承人，有 15 人被命名为省级非物质文化遗产代表性传承人。

同仁市国家级非物质文化遗产项目及传承人列表

项目名称	传承人
玉屏箫笛制作技艺	刘泽松、姚茂禄
思南花灯戏	秦治凤、刘芳、刘胜扬
德江傩堂戏	张月福、安永柏
石阡木偶戏	饶世光、付正华
石阡县仡佬族毛龙节	
铜仁（碧江区）赛龙舟	
石阡说春	

二 石阡县访谈纪要

访谈一：访石阡县文化局局长、艺术馆副馆长

访谈对象	蔡建兴、饶莉
访谈对象身份	石阡县文化局局长、艺术馆副馆长
访谈时间	2013 年 11 月 23 日 15：00—18：00
访谈地点	石阡县文化局副局长办公室
访谈主题	石阡县非遗整体情况和对外交流现状
是否参与过对外交流	石阡木偶去香港
访谈者	李锐（教授）、周晓蕾（研究生）
记录者	万惠辰（研究生）

李：今天在县里需要了解非遗整体状况，抽样抽到的必须详细调研，比如木偶戏，出国或没出国的原因：经费？体制？如何调动非政府的力量，以产业方式推介，了解整体情况后转入案例研究：比如仡佬族民歌：谁组织？经费来源？有何困难？效果如何？我们认定的问题，以客观态度访谈，还想接触传承人，因为外国人关注技艺，听听他们在技术上的看法，做个访谈，获得相关基础性文字材料。

蔡：昨天接到陈波科长电话，今天召集民歌传承人前来，木偶戏艺人家在农村，距离较远，而且年龄较大，但因开设课程，可以找他人代替，石阡的国家级非遗项目有三个：木偶戏、仡佬族民歌、石阡说春。

周：什么是石阡说春？

饶：可在木板上的糟纸印上送春（内容），手上拿春柳，祝福别人疾病全无，说春分正春和野春。

蔡：正在申请第四批非遗。茶灯，省里报了 30 个到国家，5 个省级非遗。仡佬族民歌，悄悄年。

周：悄悄年？

绕：悄悄年就是提前一天过年，不西村冯家被追兵追赶过来，拉过尸体盖在身上装死，许愿：如能逃过这一劫，供奉四具尸体为四保将军，后来得以逃生。于是以后的腊月二十八，家里只留一个人，不穿鞋子，只穿袜子，静悄悄地过年。

蔡：仡佬族丧葬、民歌。去年的国际木偶节，深圳邀请到马来西亚演出，后来没成行。今年 6 月，香港地区"根与魂"活动交流，这次要去贵阳参加展演，仡佬族民歌去年去台湾参加展演。

周：在表演过程中比较成功的地方有哪些？

绕：木偶戏没能完完整整演完，本地人不稀奇，香港地区老人小孩都很喜欢。

蔡：成都国际木偶节拿了最佳传承奖。

周：港台接受如何？

蔡：由省里非遗中心组织表演队，把贵州省最具有特色的节目组织在一起，包括石阡的木偶戏等。

李：县里有没有自己组织？

绕：本地没有组织，不到级别。

蔡：去过长沙，苔茶，今年宣传了仡佬族吹打到贵阳。

周：达到宣传效果了么？反响如何？

蔡：汶川是仡佬族聚居地，我亲自带，反响很好。

绕：去周边地区的很多，走出国门的比较少，想让别人看看自己，也想看看、学习别人，但是机会很少。

李：木偶戏走不出去的原因是什么？

蔡：信息不流通，我们的节目是比较独特的，有吸引力，但没高速，没对接，对外交流匮乏。

周：如果有机会出去，自己出经费，觉得如何？

蔡：那要看多少经费，希望有这样的机会，五六个人出去经费也是很高的。

李：陕西有个出去的案例：汉中和比利时建立友好城市，对方建市100周年，发函邀请交流，先批给市级文化艺术馆、县级文化馆，对方出钱，自己负责选节目，如皮影等（四个人四个节目）做成光碟，政府派团长，师老师为参与人。陕西省厅未掌握，因为不由他们出钱。石阡有没有这种友好城市？

蔡：没有。

周：四川那次经费是自己出吗，多少钱？

蔡：十个人，几万元钱。

饶：去几个人取决于对方需要几个节目。

周：去香港地区演出，民歌和木偶戏哪个更受欢迎？

蔡：木偶戏。其实仡佬族民歌很有特点，给你放一曲听听啥感觉。

饶：正在播放的（仡佬族民歌）被中国民歌永久收藏。（电脑在播放）

李：你们认为还有什么原因没出去？

饶：除了信息方面，直接对接的太少，政府经手太多，耗费很多时间，而且演出不是很重要，希望多些信息，能和我们传承方有直接联系。

李：艺术形式上，比如音乐、唱腔、歌词，还有什么问题吗？在中国演出没事儿，到欧洲呢？

饶：翻译的话保留不了语言生态的东西，不如直接介绍歌词大意，这样不至于失去艺术性。

周：您能听懂仡佬族民歌吗？我们能听懂吗？

饶：能，仡佬族没语言，基本和汉字没区别，可能就是平翘舌不分一些，不像侗族大歌和苗歌，人家有自己的语言，比较成熟和强大，苗族有比较完善的经济体制。

周：现在的木偶戏表演和以前相比较，在技术上会有提升吗？

饶：老年人和年轻人表演的不一样，不太会受外界影响，都是内部自己影响。

周：观众是喜欢老式表演还是新式的？

饶：老式的。

蔡：年轻人抱着学习态度，当成任务，当成负担，很被动；而老艺人把表演当成生活的一部分，很享受，而且表演有回报，以前靠表演的收入基本能满足生活需要了。

周：那现在的表演水平降低了吗？

蔡：我们也在想创新，在语言上，也做教材、配器等，但是还没开始，现代人可能更喜欢现代的方式，现代人可能看不懂老式的表演。以前一出戏一个半小时左右，没有文化的人却能记住两百个戏左右。

周：木偶戏表演是不是很累？

蔡：是，比如举人时两个小时会非常累，要练习很多基本功，老艺人能表演整场，现在只演一小段。

李：四年前，陕西洋县有个进京汇报演出，去了六个人，演木偶戏，以前在农村演还有收入，付费很高，相当于看电影，红白喜事都请他们表演。两个演的，其他人打杂。后来商业化了，道具全卖了，碰上非遗调查，政府又给赎了回来，表演《李彦贵卖水》等。我想问技艺上如何创新？有的尝试加个京剧变脸，但是没有市场。

蔡：靠表演是没法生存的，生存是基本问题。

周：木偶戏从小学就开始培训了吗？

蔡：民族中学，有兴趣爱好小组，学的学生有五六十个。刚到铜仁市去表演的有二三十人。

周：有出去表演的机会，同学们会重视吧？

蔡：是。

李：只要有大型活动都带上这些技艺吧？

蔡：是。已经是校园文化的一部分，非遗进校园已经做得很好，要求学生选修，并且进行非遗方面的学习，我们本地的花鼓刚刚参加国家鼓文化节，我们的花鼓最初是用来驱逐野兽的，后来逐渐演变成一种民间表演节目。

饶："说春"也引进了校园，并且编了教材。有个办公室弄出来专门传承，一半是兴趣，一半是要求，要不学生不来，毕竟它也是一个生存的手段。但现在是师父求弟子学，才能传承下来。现在如果表演一天 300元，可能会有很多人参加。

周：参与非遗传承的学生，考试有加分么？

蔡：没有。只有国家承认才行，我觉得你这个建议很好。非遗管理方面大多是半路出来，我们也是边做边学，需要有专业人士。

李：每年招上来降分很多不可能，因为关系到教育政策的公平性。可以尝试的是，在大学课程体系方面进行一些改革，比如学生在低年级先学专业基础课，在高年级可以学非遗保护方面的相关课程。

蔡：非遗的保护非常难。

李：如果交通好了，跟旅游结合如何？

蔡：我们在搞非遗展示中心，仅游客就可以养活一批人，可以糊口。黔东南做得就比较好，因为他们演出都有报酬。我们到张家界，那就有一个原生态演出，有两个贵州队伍。

周：如果和当地特色饮食什么的挂钩也不错吧。

蔡：游客量是问题，这里少数民族多，最多一个县十多个非遗。

李：我们调研有十几个集中在黔东南，除了我们两个点。产业化问题，成功案例：云南丽江，深圳华侨城，深圳是文化沙漠，为何这样？自己做文化资源，支柱产业，云南也是，文化起了很大作用，丽江造了一个梦，丽江是中国浪漫之都，鼓乐，少数民族歌舞，酒吧，特别多，一夜消费 1000 元；九寨沟资源不错，门票很贵；汉中，三国文化资源；陕西最失败的是法门寺，负债累累；四川剑门关，也是；陕西《长恨歌》是成功典范。非遗必须跟旅游结合，要有内生力，元代表演就是市场化了的，需要几个方面配合，光靠文化人不行，看文化决策。

蔡：当地很想做，但找不到突破口。

李：就是"非遗博物馆"，是一个解决方法，可见有多方面的原因。

蔡：做，可以，提升困难。

李：文化系统是一个缺钱的系统，要依靠民间资本，要能再生，需要内在动力。

蔡：是。

李：我们见见传承人吧。

饶馆长：他现在已经是文工团团员了，平时负责教授和表演。（就在隔壁）

访谈二：访仡佬族民歌省级传承人

访谈对象	毛呈祥
访谈对象身份	仡佬族民歌传承人
访谈时间	2013 年 11 月 23 日 15：00—18：00
访谈地点	石阡县文化局副局长办公室
访谈主题	参与对外交流的感受和想法
被访者是否参与过对外交流	有
访谈者	周晓蕾（研究生）
记录者	万惠辰（研究生）

周：毛老师您好！刚才听蔡局介绍，您是仡佬族民歌传承人，见到您非常荣幸，听说您去台湾省交流过，发挥得如何？请谈谈您的感受，好吗？

毛：发挥得很好，受到来自国际上的一致好评，现场每次都有两三万人，我唱了十多首，十多天之内，每天演出三场，每次歌曲都不一样，唱了二十多年了，语言都是用地方方言唱的。原生态唱法。

周：谁接待的你们？

毛：台湾省的文化局，当地文化局，照顾得很周到，领导很重视，中央文化部也来人了，非遗保护中心也来了很多人。

周：交流上有语言障碍吗？

毛：基本都是领导在交流，我们很少，也和当地演员交流一下，问唱了多少年，从哪里来，一代代传承等。

周：您出去演出，有没有一种民族自豪感？

毛：有。我 8 岁唱民歌，13 岁吹乐器，熟悉很多乐器，传统口哨，仡佬的歌咏口哨也能吹，不拘形式。三五个人，舞台上下，原生态舞蹈、口哨，民歌等，用地方语言唱，有的听不懂，但不影响，相互之间都有人解释。

周：那请您谈谈您觉得对外交流中有何不足？

毛：非常累，我唱完之后不管你们觉得怎样，我还是觉得和民族特色有距离，贵州经典民歌更是中国经典，在走向大江南北，需要推荐。

李：之前解释了项目基本内容，想从这方面了解对外交流中存在啥问题，需要啥对策？

毛：如果有机会出去，第一是代表中国，第二是贵州石阡，我要把仡佬族民歌唱好，高歌猛进，把仡佬族民歌唱到世界去，唢呐，口哨都要弄好。这次出去遗憾的是石阡县没有带队人。

周：请多谈谈您自己的感受，对外交流有什么想法？建议？今后怎么走出去？

毛：我需要像你这样的人推荐我，介绍我，我是个地地道道的农民歌手，我自小就唱民歌，家里经济艰苦，正是因为热爱，执着追求，所以取得了不俗的成绩，来回报国家。原生态唱法占四大唱法之一，这要有天生的喉咙，刻苦钻研，即使这一次拿到特等奖，一等奖，我们也认为下次会更好。

周：能否请毛老师为我们唱一曲，让我们也感受一下地道的仡佬民歌？

毛：仡佬族民歌分为：劳动歌、山歌、情歌、杂歌、灯歌、唢呐曲，新郎和新娘进洞房时也要唱歌，很多很多……我为你们唱一曲《妹是桂花千里香》吧……

访谈三：访木偶戏传承人弟子

访谈对象	阮绍南
访谈对象身份	木偶戏传承人的徒弟
访谈时间	2013 年 11 月 23 日 15：00—18：00
访谈地点	石阡县文化局副局长办公室
访谈主题	木偶戏传承的感受和建议
被访者是否参与过对外交流	无
访谈者	周晓蕾（研究生）
记录者	万惠辰（研究生）

周：阮老师您好，据我了解，木偶戏分两家，付家和饶家，是吗？

阮：牛超是最后一代传承人。

周：请把您这边掌握的关于木偶戏的情况给我们介绍一下，好吗？

阮：有一个班子，9 个人，师傅传到我们 8 个人，我们有一个木偶戏进课堂，2006 年 3 月，8 个人学了一学期。

周：有理论吗？比如教材。

阮：教材是我们编写的，整理剧本，以前都在老师傅脑子里记着，都是一些传统剧目，创新在剧目上没有，一般就是参加活动，穿插表演一段，不是一场完整的木偶戏，主要是传承。2006 年学习后，2007 年开设第二课堂，已经毕业两批，20 人左右，大学毕业走入社会，很难再接触到了，他们的任务是学习基本动作和哼两声，单纯的木偶表演到位我们还做不到，我们只是掌握了些基本的，学了三四个节目。

周：要多久能学会？

阮：学会简单，学精很难，要到位，活灵活现，老师傅水平很高。

周：您觉得木偶戏有没有发展前景，如果只学一点皮毛，能达到传承效果吗？

阮：有前景，一方面要有专业团队，准备组织一个专门的木偶剧团。另一方面，对学生这块，要从小学或更小开始培养，七八年时间还是可以培养出的。真正做成第二课堂，因为学习这个很累，学生不喜欢，只会感兴趣一段时间，所以只要求他们掌握基本原理。

周：已经毕业的两批学生中，有没有特别喜欢和有潜力的人呢？

阮：有，但时间还是太短了。

周：还想了解一下木偶戏去香港地区交流的情况。

阮：我没去。

蔡：他们回来向我反馈了，很受欢迎，香港地区是在室内，像展厅。台湾省是在户外，每天两三场，去了一个星期，上一次"根与魂"文化部牵头，四川做的，这一次文化部牵头，贵州做的，人非常多，我们作为被表彰单位，文化部评价非常高。

周：木偶很重，表演久了会不会影响效果？

蔡：举几分钟还行，因为节目很多，一个节目两三分钟，不是演出一场完整的木偶戏。

阮：去成都都是专场，木偶有七八斤，一只手举着，一只手操作。

周：对于四川人民，感觉很新鲜吧，和其他国家地区的表演有对比吗？

阮：国外很少，比较小型，我们这是大型的。一个人把木偶搞成自己模样表演，技术难度高，内容又比较丰富，外国有些情节不错，也能看懂，但按中国的审美习惯觉得他们表演得太平淡了。外国强调人偶合一（二者都在表演），我们只演木偶；人家高台戏，在舞台上表演，我们有高台，也有矮台。

周：如果有机会走出国门你们有信心吗？

阮：有的，各方面还需要精细些。

周：阮老师，请谈谈您的具体想法。

阮：把两三个剧目精细化，跟国内相比，四川木偶也很有名，他们表演得比较规范一些，好一点，我们这边现代元素较少，还是沿袭老师傅的较多。

周：传统的和现代的表演，哪种更有吸引力？

阮：晚会的节目并不完全木偶，只是运用木偶元素，完整的表演要90—120分钟。

周：时间上是否可以缩减？

蔡：对，我们现在就采取表演一小段，但是看不出来完整情节，还要重新创造，需要人力物力财力。

李：在您看来，要走出国门，有啥障碍？

阮：手法是熟练问题，问题是伴奏音乐失传，唱腔，评弹，高腔唱不来，要下功夫整理才行，比较系统好表演，音乐的根要知道，音乐伴奏二胡唢呐，师父也都不会了。

三 毕节市访谈纪要

访谈一：访毕节市文物局局长

访谈对象	郑远文
访谈对象身份	贵州省毕节市文物局局长
访谈时间	2013 年 11 月 25 日 10：00—12：00
访谈地点	毕节市文物局郑局长办公室
访谈主题	毕节市非遗整体情况和对外交流现状
本人是否参与对外交流	无
访谈者	周晓蕾（研究生）、李锐（教授）
记录者	万惠辰（记录）

周：您好，郑局长，我们这次做的文化部非遗课题涉及毕节市赫章县的铃铛舞项目，因此，想详细了解一下铃铛舞在本地的传承以及它在本地、省际以及国家间的交流，方便的话，我们还想了解一下贵市其他非遗项目的对外交流状态，这样的话便于我们做一个对比。

郑：铃铛舞参加过不少国家间，以及省际间的项目，并且拿过全国级别的奖项。因此你们选取的这个非遗项目还是具有一定代表性的。首先呢，我来介绍一下我市非遗保护的基本情况。我们的非遗保护工作是从 2005 年开始搞起来的，以前一直作为文化局的一个附属，后来慢慢列为一个单项。我们一直贯彻的一个原则就是：下到底层。下面我将给你们打印一个我市非遗开展情况的文稿，你们稍等片刻。（致谢）基本上来说，我们的非遗保护工作经历了一个从开展到步入正轨，再从正规到信息公布的阶段。

周：我们回去以后一定详细阅读郑局长给的资料，这上面已有的信息我就不再问了。下面还想了解的就是：咱们毕节这边的非遗项目有多少出去过？出去指走出国门，含港澳台，情况分别是怎样的？

郑：这种对外交流活动毕节市还是很多的。比如：我们去参加过台湾省民族工艺展，也去过香港澳门地区参加过非遗定点展。我们毕节市的非遗工作开展得比较好，主要体现在这样几个方面：首先，我们很早就进行了普查，对本地存在的各种潜在非遗项目进行了一个早期统计，这样，在之后国家进行非遗申请和保护的时候，我们就非常轻松了；其次，我们的申报工作也做得比较好；最后，我们的工作开展也比较积极和顺利。举个例子吧，以前，我们的非遗项目基本都是开展在文化馆啊，群艺馆什么的，那时候人员不行。后来上级看到了这种情况，就想找一批比较稳定的人来组织和进行这些活动，最后就把这项工作交给了文物局，因为文物局的工作人员是有正式编制的，相对来讲比较稳定，而且也有比较稳定的收入来源，因此组织和开展工作的话是有着相当便利的。可是，在 2006 年接头的时候，我们发现自己的基础工作不行，只能凭了解做些工作，因为我们这些人员对于非遗的了解仍是十分少的。我们本以为以文物管理单位为基础做工作的话比较稳定，因为人员啊，资料啊比较集中。这时却发现开展工作上还是存在着许多不足，有些非遗项目要求太专业了，我们这些文物工作者有时候处理不了。后来我们定位清楚了，我们要搞什么，我们不是要去学习这些非遗的东西，而是协调着去做非遗的相关工作，比较专业的东西我们就找市县相关的专业人士来做，因此来说，我们的工作组织得比较好。并且，我们毕节市在机构成立方面在整个贵州都是比较早的，到目前为止，我们已经有四个县成立了相关的文化遗产保护局。非遗这个工作呢，上面是分成两条线的，文化局和文物局都分开来做，到了下面我们就基本上把它合到一起来做了，我们主要就是文物局，或者说叫非物质文化保护局来负责这块。上面很担心这种两个部门合一的情况会使得管理变乱，但我们可以保证上面分配给两个部门的钱我们都没有乱花乱用。因为我们地处西部，基础工作上还是可以的，但是编制上不行，因为上面并没有因为我们两个部门合为一体而增编，我们还是原来的文物局编制，因此我们的工作量十分巨大。这是我们工作的一些基本情况。

周：好的，郑局长，我想了解一下咱们毕节市非遗的对外交流情况是怎么样的？特别是我们抽到的铃铛舞的具体情况。

郑：我们市对于自己的非遗项目在经历了几轮挖掘之后，特别是在经历了几次国家非遗统计普查之后，现在已经基本走上了正轨。以我们市比较有特色的项目之一滚山珠为例，由于其形式复杂，要求较高，对年纪、技巧要求较高，因此非常具有吸引力。这种形式广泛存在于咱们市的各个乡镇，现在主要集中在纳雍县，这是一个国家级别的非遗项目，它的对外交流情况非常具有代表性。为什么这么说呢，因为它是我们市出国次数最多的项目之一，也是获奖最多的项目之一。因此它现在已经形成了两支主要的队伍来应对政府的要求，即便是这样，也还是供不应求。滚山珠这个非遗项目又非常能代表当地文化，并且逐步开始与市场接轨。本来它的表演主要是政府主导，多数属于官方行为，现在几年则更多地带有了独立的成分。如果哪个省需要叫贵州出节目，然后看上了咱们滚山珠，就把他们的价格报出来，我们觉得合适了，就去参加，这样的话，就大大解决了其对外交流中的资金问题。你们抽到的铃铛舞，也获过文化部的奖励，但大多数还属于官方组织，没能摆脱官方的管辖，在走入市场方面是不如滚山珠的，其他的如大方漆器技艺则已经明显地显出衰落来，国有体制下的厂家已经全部垮掉，只还留有个体加工厂两三家，后来我们鼓励他们继续发展，到现在为止，已经发展到十多家。你们都知道啊，贵州有三宝嘛，一个是漆器，一个是玉屏，一个是茅台酒，现在都发展得比较好了。其他的如雕刻鸟笼啊，农民画啊，工艺美术啥的也有一定市场，民族服饰方面我们鼓励农民走入市场，尤其是苗族服饰，让他们在自己家里制作，公司来给他们撑头，也就是收购农民制作后的成品，然后由公司带入市场，这样就解决了其市场销售问题和农民的收入问题。虽然我们的大市场环境不太行，但要保护少数民族文化这种理念还是有的，由于汉化严重，导致现在好多的非遗项目正在被抢救，我们认为呢，必须保持大量的少数民族群体生活方式才能保证非遗文化的保留。相对凯里那边而言，我们这边少数民族居住散区，汉化的程度非常快，在黔东南那边有50—60个原生态的村寨，而我们这边还保留着的也就一两个，目前在我们的大力抢救下，正在逐步恢复，我们觉得我们最具特点的就是民族歌舞和民族服装，我们会继续大力发展这两项。

周：原来滚山珠项目做得这么成功，虽然抽样时没抽到，但可以作为我们的个案研究。听郑局长刚才说滚山珠等非遗项目去过台湾省，能不能给我们具体讲一讲？

郑：去年贵州在香港和澳门地区搞了个贵州文化展，持续了将近一年。在这期间当中，有不同的非遗项目代表团过去，这些一批批去的人员一边表演，一边展销，以期在文化传播的过程中能够获得一定的经济效益，因此，这次展示会是非常可以的。相比较而言，我们去台湾省的那次时间较短，只有九天，而且也是自己出钱，所以效果比不上这两个地方。

周：那对外交流这几次最后的效果如何呢，郑局长能不能给我们谈谈总体感受。

郑：这么说吧，我们贵州的传统文化项目到了现代化的城市中是非常受欢迎的，反响非常好。比如马尾绣，他们一般不可能见过，因此特别吸引他们的眼球，具有非常好的市场，我们也获得了不错的经济收益，因此，说"非遗是个宝"啊，绝对不过分。

周：郑局长，那您觉得我们非遗保护和交流活动中在哪些方面做得不够好呢？

郑：我觉得基层存在问题，因为没有政府引导的话，这些活动很难成形和实施，这些项目也都办不起来。原来传统的东西因为太难于理解而很难大面积传播，现代的编排也很难做到迎合观众口味和保留传统的平衡。因此，我觉得每年搞些非遗项目的调研是十分有必要的。现在我们毕节市还有国家级非遗项目六项，需要在座的努力才能更好地传承下来。

周：去澳门特区的那次是咱们自己出资吗？

郑：我们去澳门特区的那次主要去的是传承人，费用是那边出的，误工费也是他们出。看到这种情况，我们明年和西班牙也可能有非遗项目的交流。我们希望看到的是这样好的结果。

周：那么，请问郑局去澳门特区那次有没有带来很多的经济效益？

郑：在那个平台上，我们的传承人感受到了贵宾的感觉，因为那里的人真正地喜欢他们的技艺和手工艺品，因此传承人的积极性特别高。尤其是那些手工艺人，他们让自己的徒弟把做好的手工艺品卖给澳门特区那边的观众，自己制作的就拿到更外面的市场上来卖供人收藏。但是因为是家庭手工作坊做的，生产量比较少，市场打不开。还有一个比较好的是民族服饰，现在在那边有七八个苗寨驻扎的公司，他们从苗人手里弄到苗绣之后就收购过来销售，卖的时候打着非遗的牌子，这样的话既可以得到当地人的信任，又可以保持传统，大方漆器也是。都是收益非常不错的。

周：从郑局介绍的这些情况看，去台湾省的那次带去的项目主要是手工技艺？

郑：带去的非遗项目很多，不仅有手工技艺类的，而且不仅是去台湾省，港澳地区那边也都去了。为什么会有这么多的项目去呢，是因为贵州是轮换着去的，有的项目可能会待很久，甚至长达半年。比较起来，港澳地区那边属于基地式交流，台湾省则是会议式交流，几天就完成回来的那种。

李：郑局长，我想问一下咱们毕节市有没有和国外的某些城市建立友好关系，并且构建起相关的交流途径？

郑：我们正有一个推荐会准备在越南、东南亚等地举行，但是交流并建立起友好城市的还没有。当然了，我们国内交流的城市比较多，我们的希望是把节目做精，人数上则是可多可少，培养出一个压轴性的节目来。

李：我们立项之后，就有这样一个感觉，非遗项目这个东西可以纵深着挖掘，我们比较关心它的市场形成机制，我们都知道贵州的非遗保护工作是走在全国前列的。因此我们在凯里那边安置了两组来研究其运行机制。听了你的讲解，我们感到我们的纳雍之行是必不可免了，因为纳雍的运行机制非常好，我们可以做成一个专题。而铃铛舞作为一个对立面存在，我们将要研究它在对外交流中的问题和困难。因为这些差距正是文化部让我们进行这次调研的目的，因此，我们一定要深入当地，广泛搜集资料来研究。按照常理来讲，随着我国国力的强盛和对外交流活动的频繁，我们的非遗对外交流应当是处在一个越来越乐观的境地，但是事实证明真实情况并没有那么乐观。我们这次调研的目的就是调查导致这种状况的原因。郑局长对非遗保护工作的认识非常有深度，而且深刻考虑到了市场的影响，非常值得我们思考，那么除了滚山珠和铃铛舞外，还有什么旅游推荐项目郑局长可以为我们介绍一下呢？

郑：比如我们也有服饰展演啊，我们带出去展示服饰的全是本族人；我们带出去的歌手也都是民族歌手，他们唱的歌既有民族传统歌曲，也有结合市场的现代性歌曲；乐器交流呢，我们主要有箫、长笛、芦笙等等。这些活动中，铃铛舞人数比较多（出征以前跳的舞），滚山珠必每人一芦笙，所以操作方便，可以全方位的展示苗族的风情。还有一个特别值得骄傲的是我们贵州的气候，这也是我们旅游的一个亮点，贵州最凉快的是毕节和六盘水，重庆那边的游客觉得遵义那边凉快，本地人就在那边修了许多小型房，出租给夏季前来避暑的外地游客，特别是重庆游客，这样的话不仅重庆游客乐此不疲，当地百姓也赚得高兴。当然了，这样的气候牌由于没有非遗的插入，因此没啥太大的意义，还是以音乐为基础的欢迎歌，以舞蹈和群体舞蹈带动的互动活动才能使得这些气候牌更硬。现在滚山珠就是采用了这种模式来运作，这个项目主要是当地土著做的，因为应酬太多，成立了两支。在对外地游客展示的过程中，不仅满足了本族人的兴趣、欢乐，又给当地人带来了经济效益。以前是政府督促传承人去传承，现在是传承人自己要走出去传承，这是一个巨大的观念上的转变，因为传承人变得主动了，他们知道自己是为了自己而传承的，而不是为了他人或者说政府而传承，因此积极性特别高，完全进入了自主的状态。

周：那么这种传承工作是在当地如何具体实施和开展的呢？

郑：我们的传承人或者自己联系，或者经由政府联系，办学校培训基地，从当地的小孩当中选好苗子，选上以后给他们开课，这样来保证非遗活动进校园。我们市滚山珠的第一支队伍已经基本上实行到了这个地步，另一支队伍也在逐步地培养。即便是这样，我们的滚山珠表演仍然是供不应求，经常在时间上排不过来。现在呢，我们已经放心地将第一支滚山珠队伍推向市场，让他们自己来寻求效益，另一支队伍我们也在大力扶持，以期他们最终也能达到自立发展的地步。我想，非遗调研的目的也是在于此，这才是良性循环，要不然国家要扶持到什么时候，国家又怎么保证每年都有这方面充足的财政投入？政府所要考虑的就是如何通过扶持使得民间的非遗达到我们现在所说的那种自主阶段。我还记得前一段时间我们这边在标本式推广民间少数民族丧葬制度。但大家知道，因为制度上的原因，这种推广只能小范围地进行，如果不推广，早晚要消失，可是要推广呢，政府方面的压力又很大，所以我觉得这种形式的非遗工作就很难进行下去。这种丧葬制度我预计也是早晚要被淘汰。

周：所以说，在扶持非遗项目方面总会遇到这样那样的困难，郑局是如何看待和处理这些问题的呢？

郑：国家在发展，那么保护我们的传统就必须坚持下去。目前我们国家在保护非遗方面的重点是抓资料，强调的是环境，没有环境，就没有非遗。我在这一点上比较反对官方办事的这种环境。我觉得官方抓不到真正的传统文化，或者说官方不能了解所有的传统文化。官方所要做的是引导，尽力改善农民的经济环境，农民的生活条件什么的好了，就会自然而然地追求"文"，这时候再由政府出面引导一下，这效果比什么都好。咱们贵州的非遗有独特性，有些歌有些舞是别人唱不了跳不了的，政府要做的是做好非遗存在的大环境，让非遗能自发地、有序地发展。如果真要是组织的话还是要以老百姓为主体，因为原始的东西才有吸引力和生命力，这些最原始的东西都是在民间老百姓手中的，是最民族性的东西。比如你们这次要采访的铃铛舞，如果没有后续的动力就没法传承下去，老百姓现在的经济意识很强，如果政府不正确引导的话，铃铛舞就会慢慢失去原生味，越来越没有了传统的东西，这样一味向钱看是不行的。

李：但是铃铛舞的可持续发展，良性循环，一定要有所演变来适应市场，郑局你怎么看待这个问题？

郑：刚才一直在说这个问题，要想更容易被人接受，就要加入一些现代的东西，可是，在非遗中那些忠于历史和传统的东西却一定要保留，所有的非遗保护都面临着这个矛盾。比如，我们的大方漆器，产出的东西可以是现代形式的各种工艺品，可是传统的工艺步骤要体现。上次有个专家到我们这里来参观漆器场，一闻到我们漆的味道就摇头，说这样完全没有了我们本民族的漆器制作特色，这样是不行的。我觉得吧，虽然传统的制作工艺比较复杂，但有一部分人就应当享有这样的待遇，因为这本身就属于奢侈品，就不是所有人能够享受的东西，这样做出来的东西才有收藏价值，才可能体现出各种文化的价值。当然了，我们也会制作一些大众价值的工艺品，这样的话才可能使市场扩大，变得更加持续。也就是说，我们这样做，就在市场和传统方面达到了一个平衡。我们这以前有个彝族舞蹈，叫作左脚舞，是表演生产的，后来文化馆来了一些老师专家对它进行辅导和改造之后就变了味道了，主要是表情上变得不自然了，以前的舞蹈不是表演用的，就是表现田野间劳动的原生态状态的，搬上舞台之后表情上就不是那个意思了。这是一个让人纠结的度的掌握问题，关键当然还是刚才说的，最传统、民族和历史的东西要保留下来才行。

李：为了我们做这个项目的资料更准确翔实，还需要到县里了解一下非遗的实际运行状况，这次听了郑局长的讲话，我们觉得去纳雍做一个滚山珠的个案分析十分有必要，这样我们就方便对行政力量和市场自我运行机制进行一个比较。谢谢郑局，也请郑局为我们联系一下各县的负责人。

（全体致谢）

四　赫章县访谈纪要

访谈一：访赫章县文化局局长

访谈对象	王飞翔
访谈对象身份	毕节市赫章县文化局局长
访谈时间	2013 年 11 月 25 日 21：40—00：30
访谈地点	毕节市赫章县假日宾馆 309 房间
访谈主题	铃铛舞对外交流状况及夜郎文化概况
本人是否参与对外交流	无
访谈者	周晓蕾（研究生）、李锐（教授）
记录者	万惠辰（研究生）

周：您好！王局长，请给我们介绍一下铃铛舞的相关情况，尤其是对外交流方面，好吗？

王：好的。首先我要先介绍一下铃铛舞的起源。彝族的祭祀有着几千年的传统。我们族在古代的时候，每次战争过后，都要举行大规模的祭天地活动，为了把战士们如何英勇抗敌这种内容表现出来，就要在祭祀过程中跳一种模仿将士战斗的舞蹈。后来，我们的祖辈们在国家的云贵川附近定居下来，成为了一个与汉族有着同样长历史的古老民族，这种仪式仍然传承了下来，最后虽然附近形成了几个不同的国家而只要有国家的地方，就有祭祀，有祭祀，就有我们的铃铛舞来跳，各个部落都通过这个舞蹈的形式来彰显本部落勇士们的勇敢。发展到近代，因为大规模战争已经逐渐不再发生了，我们的这种舞蹈便被用来纪念那些逝去的人们，这和纪念那些战场死去的人有着相同的意义，就是为了表现死去的人生前的光辉事迹和英勇行为。我们的铃铛舞以马铃铛作为道具，既用来控制舞蹈节奏，还能用来规范动作，并且能够有效地配合鼓点。我们跳舞时运用的鼓在古代是用人皮做的，那时比较血腥，现在则用牛皮来做了，演奏方式基本还是不变的。此外，我们跳舞时还要用到唢呐，一些舞蹈的造型我们进行了改进，比如骑马的造型，我们在舞台上表现成人拿着马，由于道具很重，所以这些动作是非常具有技巧性的，要用到人体的手、脚、肩，还有腕等等，这些人体的部位控制力越好，表演出来的效果就越好。当然了，之所以具有这么高的难度，也是为了把死去的人生前的勇猛英勇之气表现出来，所以要选择他们生前事迹中一些高难度的动作来表演，这样才能表现出逝去的人生前的丰功伟绩，给人带来很大的感染力。总体上说来，我觉得咱们的铃铛舞有着这样几方面的价值：一是民俗方面的价值，因为我们国家现在鼓励多民族共同发展，而我们的舞蹈无论是形式上，还是鼓歌的演奏上，还是歌的调调上，都很能代表我们民族方面的内容，这样就能有效地记录下我们彝族的文化和历史，从而记录下我们民族的民俗方面的东西；二是我觉得铃铛舞本身作为一种艺术是具有非常大的感染力的，铃铛舞作为一种民间艺术，在表演时所呈现出的动态、姿态，是我们彝族这个民族所独一无二的东西，而艺术这种东西就因为其珍稀的特性为人们所看重，所以，我们的铃铛舞是艺术性很高的；三是我觉得我们铃铛舞在音乐、鼓歌和鼓调方面能够使我们本族的语言区别于其他语言，因为彝族有着和汉族一样悠久的历史和传统，所以我们彝族也是有着本民族自己的语言，这和有些民族已经失去了其本民族的语言是不一样的。在对外交流方面，这是你们调研的重点，我想说的就是在 2010 年的时候，我们铃铛舞去香港（地区）参加过一次交流，属于香港（地区）那邀请我们过去的民间自发性行为，因此政府那边可能没有记录，正因为这样，我们的演员获得了当地的一些经济报酬，总体上来讲，取得了非常良好的文化交流效果和经济效益。其他的呢，我们就主要是在全国范围内演出了，我们去过广东、上海、江苏、浙江等地，并且都获得非常好的演出效果。

周：因为我们这次的课题是"对外交流中的问题与对策"，因此想重点了解走出去的项目，请问咱们那次去香港（地区）一共去了多少人？

王：去的人比较多，应该有几十个。

李：您说那次去的时候，邀请方是民间团体，对么？

王：是的，所以你们在官方那可能查不到我们去的相关记录，具体的邀请是香港（地区）的什么组织我忘了，不过费用啊什么的全是那边的人出的。

周：除了这个对外交流，我们还想了解铃铛舞在国内和国外的一些交流或演出活动，这样我们方便做个对比。

王：前一段时间在广东东莞那儿办了个中国民族文化节，我们这边就铃铛舞过去参加了，一共去了二十多个人；后来香港2010年邀请我们去的；再往后来也有别的国家邀请，但都因各种原因没去成；最后有些国内的演出公司看上了我们铃铛舞，过来和我们洽谈到各地演出，主要是贵州省内的演出，无论是商演还是政府组织的表演，我们毕节赫章的铃铛舞都是排在前面的，是作为毕节或者说贵州的一个品牌出去的。后来，我们还参加了贵州文化艺术节，开幕式上我们铃铛舞就上阵了，而且占到了一两分钟的表演时间。省里一有什么大型的文化文艺活动，我们都被要求要参加的，市里的活动就更不用说了，参加得非常多。

周：不知道咱们铃铛舞对人数上有什么要求吗？

王：少的话四个、六个、八个，多的话几十个也能演，没有上限的，所以我们的舞蹈在本地的普及度非常高。

周：王局长，您能否谈一下我们在铃铛舞传承方面所做的具体工作？

王：这么说吧，我们是把铃铛舞普及开来做的，现在全县各个乡镇都有铃铛舞的演出和培训，甚至是农村也在跳，各个彝族自治乡更是在跳，我觉得我们的铃铛舞开展和传承工作主要体现在以下几个方面：一是民间有铃铛舞表演队，并且数量非常多，每当有当地或就近地区的文艺活动时，我们就让他们过来参加，活动无论大小，我们都会给予表演者以补助。此外，我们还会根据当时表演的场地来编排候选人，每个人每天给予100元的奖励。二是每次演出的服装、道具等由乡县联合供给演员，这样一来减轻了演员和剧团的经济压力，让他们在更好的环境下进行演出。三是我们对当地的孩子进行宣传和辅导，对一些特别感兴趣的孩子专门辅导。我们觉得，没有从孩子抓起来辅导的话我们的铃铛舞迟早就会散了，用的时候就会觉得组织不起来了。我们还会在民间找一些热心人来牵头，当然这些人是政府给补助的，他们会负责管理固定在他们那儿的一些铃铛舞队伍。其实这项工作看似很难开展，其实也不难做，因为铃铛舞在当地是非常有市场的。村里一旦死了老人，就会请他们过来演出，并且给予一定的经济报酬，所以他们参与的积极性很高。此外，我们因为和六盘水交界，因此也经常进行跨地区表演，再比如当地每逢节日，比如火把节，韭菜节等，我们就把铃铛舞拿出来表演，以期提高它的影响力。农民参加呢，那就既风光，又有钱拿，好处很多，传承人也自豪。四是我们的学校也在抓铃铛舞的教育，来普及这项舞蹈。我们已经准备把它改装成为一种铃铛操，让全县中小学都来跳，这样普及开来的话，就能做到民族文化完美地走进校园。我们校园里的老师也都在学铃铛舞，教铃铛舞，虽然有点不规范，但相信在我们政府的努力和监督之下，一定会向着规范化迈进。而这个规范呢，还是要从小时候抓起，并不是每个学生都能上大学，有些还会回来参加农村建设，这些人就是我们发展铃铛舞的中坚力量，也是我们维持农村文化长久传承的中坚力量。五是我们提炼歌舞团里跳得好的出来做出一个品牌性的节目，以适应对外演出的需要，这些品牌性节目里，既有传统的东西，也有现代的东西，因此生命力比较长。无论是传统的还现代的，我们都力求把美的东西保留下来，把不适应的东西剔除出去，所以我们不但要改变某些东西，还要与市场结合才会有出路。只要这个非遗项目还存在，我们就算是历史的功臣了，这样才能把这个活动传承下来。

周：在传承过程中有没有遇到什么困难呢？你认为最大的困难是什么呢？

王：我们的工作当中有着很多的不足，其中最大的不足就是资金的不足，我们不仅有铃铛舞要保留，我们还有很多文化的东西想要保留，这些工作都需要大量的资金来运作管理。国家也有很多话没有兑现，或者说在实施到我们这一层的时候大打折扣了，这就造成了我们的资金不够的局面。其实国家要是想弄的话，在每年财政里弄出个二三百万元来支持非遗项目是一点问题都没有的，余下的还可以用来推广非遗，编排舞蹈动作等等。此外，我们要找到一批人来传承这种非遗的东西，这些都是要产生花费的，由于资金的原因，只能部分地来做，这就给最终的结果造成了影响。

周：王局长，铃铛舞传承的难度大吗？就是说学习铃铛舞的难度大不大？

王：学习的难度还是很大的，所以需要更多的人来学，需要更多的资金来帮助他们来学，要不就会越来越少的人会这项活动了。我 1989 年参加工作时，为铃铛舞画过动态图，因为我是学艺术的，算是半个专业人士。我是音乐、绘图方面的工作都做，在看着录像带绘图的时候，我发现，里面的有些动作难度非常大，一般人做不了，甚至是有些专业的搞艺术的人都跳不了。这不是柔韧度什么的问题，而是那些非本地、本族文化的人做出来的动作没味道的问题，经过他们的改造之后跳出来的就不是铃铛舞了。有些有难度的地方，需要做很久的呼吸方面的练习，一口气做过去，否则动作就不连贯了，这是非常不好学的地方。原本贵州省还派人过来学我们铃铛舞想把它带出去教授，可是做出来的动作都变味了，因此没能成功。也就是说，只有在本地，你才可以欣赏到原汁原味的铃铛舞，因为演员的内在气质是我们民族特有的，换个别的民族是学不来的。

周：那咱们铃铛舞的学习周期大约需要多久呀？

王：我们这边铃铛舞的学习是从小就开始的，而且应该是从小就会的，这是我们彝族的传统的东西，会持续他们的一生。

李：现在好多少数民族舞蹈都在西化，或者说都像是一个模子弄出来的一样，也就是像歌唱那样进入所谓的金铁霖模式，咱们铃铛舞是如何看待这一点的呢？

王：在外地人能够接受的基础上，做到最大程度的保留民族的特色。人家外边人想要看到的是咱们的特色，也就是人家没有的东西。这些东西一定不能丢掉，否则铃铛舞就不是铃铛舞了。

万：听王局长讲了这么多，咱们铃铛舞对外交流的时候可能会遇到艺术本身内部的传统与现代化的问题，运行机制的问题等等，那您觉得制约咱们铃铛舞发展的最大阻碍是什么呢？

王：我认为是资金，这是排在第一位的问题，只要资金问题解决了，什么问题都好办了，有钱好办事嘛。我们西北这边准备到日本做个专场，虽然中日关系有那么点不和，但日本人对于我们的文化很尊崇，到时去的话一定会找到咱们最有特色的节目去，铃铛舞也一定会去，因为这都是一些他们想象不到的东西。但是想要去这些如日本、新加坡、台湾省等地，需要抽一批精练的人，每个环节都要花钱，我们上次代表毕节去贵阳表演就花费了约 100 万元。后来我们也请了毕节学院的专业老师前来指导我们的动作和融入一些现代元素，确实是专家，是不一样，但是这些都需要钱。原生态在手法上要改装，出去要花费，吃喝住行要花钱，因此除非是有实力的公司看上我们，认为我们优秀可以走向市场，才会投资帮我们出去，否则我们很少能获得出去的机会。政府的扶持显然还是不够的，虽然我们的看点是充足的。

李：可不可以理解为我们现在铃铛舞在市场机制方面还是没有平台？没有公司扶持？您觉得我们铃铛舞这时需要深加工一下还是需要更多资金呢？

王：我们毕节市赫章县的文化主流是夜郎文化。贵州省有 80% 的文物是在我们这边挖掘的，因此我们这边的文化很有看点。现在我们挖掘出来的好的东西基本都送到了省博物馆和国家博物馆，因为我们这边的条件有限，不利于文物的保管。从夜郎文化这点来看，我们赫章以前是发展很快的，我们的青铜铸造技术非常令人吃惊，我们本地的文化底蕴深厚，并且以彝族为代表。我们彝族最古老的文化都散落在民间，民间还是存有很多的古书和古物的，这些东西价值都很高，外地人出再高的价我们也不会卖，因为这是我们老祖宗留给我们的东西。此外，本地的习俗也非常多，这都是属于非遗的范畴。2005 年我是文化馆的副馆长，在申报国家第一批非遗的时候，我一个星期就把该做的材料做好了，并且直接申请到省级这个级别。但是由于视频的处理不当，国家级的第一批没申请上，第二次在 2007 年的时候我们就进入了国家级别的非遗。如今第四批非遗申请工作已经开始了，非遗申请在前几年已经终止了，现在想要进入十分困难，我们现在要做的，就是保护和创新我们现有的非遗的东西。我觉得，非遗中那些不好的，不适应社会发展的东西自然会被淘汰，也就是说杂质会被剔除，而民族的东西就像民族魂一样，他有一个核心的东西，这些东西自然会被传承和发展，并且为团结我们族人起到重要作用。非遗呢，没有固定的物质形态，我们要保护的是其内涵，国家在宣传层面上并没有抓住重点，也不可能人人都抓住这些重点，所以我们还要做的工作还是很多的，就是让上面了解下面，让下面的人自己自觉地来保护我们的文化。

李：我想问一下咱们剧团的编制问题是如何解决的？

王：国家对文艺团体的管理是十分规范的，公益性很强，而商业性则稍弱。有些时候政府要你做有些公演的时候你必须去做，你想走纯市场化道路难度特别大，基本上是无法维持的，因为资金来源不稳定，除非有专门的大公司扶持着来做，否则非遗的工作就会做死了。我们的政策现在是宽进严管，这是在十八届三中全会上提出来的，进去很容易，但管理上却很严格。我们现在施行的是优胜劣汰的方法，市场化因为受到束缚因此不可能完成，虽然一直在倡导文化体制改革，但政府最知道自己，领导们不往这方面想，不往这方面投资投入，但是也拿一部分钱来控制着你，所以我们现在虽然是在国家体制之内，但我们还是对文化管理体制不十分满意。

李：也就是说，政府花钱买服务，用多少钱就买多少场这种形式的运作方式吗？

王：不是，国家给的钱并不是严格按照我们的演出场次来给的。如今我们的歌舞团已经改名作演艺公司，每年给40万元，然后就成为为政府服务的团体。政府不是向演艺公司要节目，而是纯粹地要控制这个公司，公司也可以接外面的演出要求，但要在政府监督之下。由于国家在这方面犹豫不定，因此这方面的政策也是经常变化的，每年给的钱和政策也不甚相同，但有一点就是，政府不放手。

李：我想问一下改制后的政府和团体的关系，是不是因为这些因素而变得不明朗，政府是不是不应当干涉民间艺术团体的行为，但又怕它们的行为和主流意识形态想违背，这个矛盾如何用实践来解决的呢？

王：国家每年投入到文化产业的资金是非常多的，而且主要是集中在宣传部门的，但由于改制不够纯粹，资金有可能会倒向流动。我因此倒是有这样一个想法：能不能把政府的钱拿出一部分来奖励那些做得最好的，并且不封顶，奖励的那些一定是符合当前政治主旋律的。那这样的话，我们民间团体就可以放开手来做了，政府做好它的引导，该给奖励的时候给奖励。县里给，市里省里也给，这样就大大调动了我们民间团体的积极性了，精品也会慢慢出来了，政府带出去的话也就更加方便。因此都是非常优秀的团体。如果只是给奖状啊什么的，那么我们下面做起这些活动来就没什么动力了。

李：王局长，如果让您来负责铃铛舞这块的话，你准备把铃铛舞的市场化路子怎么走？

王：非遗的存在方式一般是在基层的，我们首先要真实地了解其存在情况做到有的放矢。上面的人对下面的状况不清楚，我们要防止闭门造车，把统计的情况收集起来汇报给上面，这样才能有助于他们的顶层设计。当他们政策出台的时候，我们也能方便地结合政策来实行市场化的路子。

李：让王局长来做这事看来真的能让这件事做成，因为您也是学艺术的，对这块比较熟悉，做起来也比较得心应手，能一下子掌握核心的东西。请您从艺术团体层面上来说一下铃铛舞传承的一些必要条件。

王：我总结出来也有以下几点：一是关注传统，表现传统，自己族人要表现自己民族的东西，不要受到外部文艺团体好或坏的影响，这是一种自信，一种对于本民族文化的自信，坚信我们一定要保留自己文化的原始形态中最关键的那一部分；二是我们要发展旅游来提升我们文化的影响力；三是打造精品拿大奖奠定铃铛舞的地位。我们三个层面都力求做到，这是一个文化人的自觉，这才是对地方文化的弘扬。当然我也知道，有一些不符合社会审美或发展的东西要被淘汰，难以为继，但我认为这是正常现象。我主张做的是富文化，不做穷文化建设，别人要认为传承人脱颖而出，有经济地位和社会地位，活得体面，认为做非遗工作是一个光荣的事，这才行。我们县里、市里领导过来，我每次都把他们带到传承人家里去吃饭，让传承人一家来接待他们吃喝住用，让别人看到做文化传承的好，才会有更多的人来做这个东西。基层的做好了这些东西，才有号召力，才会有人来附和，才能引领主流朝前发展，才能让传承人和更多从事文化传承的人过上好日子。

李：到现在为止，有没有公司在联系中，来配合咱们发展这个本族的铃铛舞呢？

王：有一些文化传媒公司来过，我也接洽过，但他们大都是单纯从经济利益出发，完全不考虑文化的传承与保护，所以我们也在挑选，不愿意和所有的公司都草草地合作。我也经常主动地约一些老总过来看我们的演出，比如前阵子我把一个房地产老总约到我们本族的一个婚礼现场，把歌啊舞啊全都给他表现出来了，目的就是想通过他的投资来把我们的这个节目搬上舞台，让观众也加入进来，成为参与者，这个工作我们目前已经在积极地做着。

李：由此看来，走市场道路和旅游结合是个出路。王局长，您觉得对外交流方面取原生态好还是满足审美交流好呢？

王：还是原生态的好，虽然交流上可能会出现一些困难，比如观众对于表演内容不熟悉，对于我们的文化不了解。但我想，一些基本的鉴别能力还是观众们都有的。原生态的东西可以通过动作、神态、服饰来表现，我们可以越过那些形式上的东西来看其背后本真的东西，而不要只是为了观众在交流过程中的理解方便而加入外部的一些东西。传统的东西那才是艺术，不是被现代人改造过后才显出来的，因此我们出去交流的话必须是我们本族彝族的族人去，如果是不懂我们文化的人去表演实际上等于毁了我们彝族的传统文化。

李：其实现代工业文明使得我们的精神是更匮乏了，而不是丰富。我们在从事文化交流的时候不能自己断了自己的路子，我想，王局长说的这点也正是中国文化交流应当遵循的一条路子。

王：是的，有些东西会自然消失，就是看它能不能适应社会，我们不应当强求，作为民族的一分子，我们应当把这些东西一直往前推，当推不动某些东西的时候，我们就只能把它留下，去推别的东西，因为别的东西还要继续往前走，往前发展，有些东西，光靠一小部分人是挽救不了的。

李：结合您的对外交流经验，您认为哪种形式的节目最容易被外国观众所接受？

王：我觉得是音乐和舞蹈，虽然观众没见过我们这种舞蹈，但他们关注的正是其独特性、唯一性，越稀少的东西越容易引起他们的兴趣；歌曲也一样，特别容易被人感受和理解，因为音乐是世界通用的语言，而有些形式的东西由于实在看不懂可能会影响其交流情况。

（三人致谢，结束）

访谈二：访赫章县文物局副局长

访谈对象	夏耀旭
访谈对象身份	毕节市赫章县文物局副局长
访谈时间	2013 年 11 月 26 日 9：00—12：00
访谈地点	贵州省毕节市赫章县文物局办公室
访谈主题	铃铛舞对外交流状况及夜郎文化概况
本人是否参与过对外交流	无
访谈者	周晓蕾（研究生）
记录者	万惠辰（研究生）

周：夏局长，请给我们介绍一下赫章县非遗保护和传承的整体情况，好吗？

夏：好的，因为我接手赫章县文物局时间还不长，因此对当地的非遗保护情况不是十分了解，待会儿你可以分别问我一些各方面的问题，我会分别给你解答。此外我们这边还建立了一个当地的博物馆，待会儿我会带你们参观一下，这样更加方便你们认识我们夜郎文化，我会一边参照实物一边给你们讲解的，这样你们会有个更加直观的认识。

周：好的。那我想先问一下，咱们县走出去的除了铃铛舞，还有其他项目吗？

夏：有，比如我们这边的火把节，也算是走出去比较远的，好多外地人也会过来参观，火把节就是我们彝族的新年，相当于你们汉族的春节，因此是一个十分重要的节日。它是在每年的农历十月初一到来，当地有非常多的庆祝活动，比如斗牛、斗鸡、斗狗。前面两种你们可能都有，后面的一种你们可能就没有了，所以好多外地人大老远要跑过来观看，是十分有意思的。

周：嗯，请问夏局长，咱们这边非遗保护的具体规划和措施有哪些？能不能给我们介绍一下？

夏：好的，那还是以我们彝族火把节为例吧。我们这边是这样安排的：每年呢，选出一个市里的一个县来轮流主办火把节，这个活动主要是政府主导，民间组织。当然了，为了确保活动的有序完成，政府也会给民间扶持一部分资金。民间组织者主要是彝族协会，这是我们当地的一个民间组织，会里的主要人员也是彝族本族人，这样的话方便我们管理。一般这样的一次活动组织下来，我们县里要花费50万—100万元，这是一笔不小的数目，用于交通、演员吃喝住行等方面，虽然花得多了些，但我们每年还都在积极有序地举办这一活动。

周：请问彝族火把节是只有咱们彝族人参加吗？

夏：当然不是啦，周边各个地区各个民族的人民都可以过来参加，不过表演呢，还是以我们本族人为主，这样也可以作为一个宣传，向各界宣传我们彝族传统节日。

周：夏局长，咱们这边对于非遗的传承和保护现状是怎么个情况？

夏：首先我要给你介绍一下我们这边的基本情况。我们本县主要聚居着 14 个民族，其中以彝族的人口最多，约占到 50%，而我们这边政府倡导的也是彝族文化，因而可以很好地与政府的路线保持一致，之所以能有这么多彝族聚居于此，也是跟当地政府的政策和倡导有关。我们也认为这种形式很好，能够很好地保护我们当地的传统文化和带来文化效益。你们采访的铃铛舞在我们的珠市乡发展得最好，我们的表演队伍主要集中在那一带，那边的队伍水平最高，队伍最大，人数最多，现在市里和县里已经把那里作为我们铃铛舞培养的重点乡镇，我这里还有一些那边铃铛舞表演的视频资料，你们可以过来看一下（观看视频资料）。

周：刚才看了一下，的确十分独特，请问夏局长有没有带这些队伍出去交流过？

夏：我自己来的不久，没有出去过，不过我知道咱们铃铛舞去过香港（地区）、广州，也参加过贵州民俗运动会，应当说算是出去比较多的民间项目了。

周：请问夏局长咱们这边非遗在走出去的过程中遇到过什么问题或障碍吗？

夏：说到这了，我要举一个例子了。目前我们县正在施行一个"三县文化战略"，其中主打的文化就是"夜郎文化"，这个你们在来之前应该就听王局长说过了，贵州出土的 70% 的文物都是我们这边的，而我们现在开发的面积还不足 1/10，因此可以说，这边的潜力是十分巨大的。之前好多地方都在跟我们争夜郎发源地的问题，但我们这边发现了这么多夜郎文化的遗物，可以说他们其他地方是完全没有说服力的了，我们这边才是夜郎文化真正的发源地。基于此，我们县自主开发了一个舞台剧，名叫"夜郎魂"，这个节目也包括了铃铛舞，可以说是包括了当地基本所有的非遗的文化形式，本来是准备作为一个特色节目推出去介绍咱们赫章的。最后节目虽然做出来了，但是因为各种体制问题没能流传开来。我这里还有一个这个舞台剧的视频资料，你们可以拷过去看看，应当说是做得十分恢弘的，可是由于各方面的原因未能达到先前预定的目标，我们也十分遗憾。后来广州有个团体看到了我们的演出，想出资让我们签约，我们过去演出，但没有成功。我们后来总结了，原因是这样的：我们演员团队中有一部分是农民，还有一部分是教师，结构上有点复杂，收入在分配上无法达成一致，最终导致了谈判失败。后来我们县里也组织了一批人员来进行对外演出什么的，总共人数大约是 30 多人，因为人员结构复杂，不是国家正式编制的，也不是专职的，就是有人来的时候临时组织一下演出，所以完全达不到自负盈亏，不能自我维持生计，需要政府出钱来养活这个团体。由于县里自己人看咱这节目已经习以为常，所以在发展上还是有一些问题的，县里只是给他们提供一个表演的舞台，但要是让他们自己出来完全走商业化的道路，目前是完全不可能的。

周：按说广州那次的机会很好呀，最后没去成只是因为人员构成问题吗？

夏：除了人员的构成问题，还是有着别的一些问题的。去那里演出的话，虽然时间不久，但每天消耗是十分巨大的，因为那次是一个民间团体邀请，不属于政府行为，所以政府那边不会给参演的人员误工费和各种补助，这对于收入不多的半职业演员来说是很不实惠的。因此说，我们还是受到机制的东西的制约。演出团一出去，再和县里政府交流起来就存在着许多困难了，因为完全摆脱政府的行为也就意味着政府不会给予任何的帮助了，这样的话就显得很不稳定，因此我们出去的话还是要慎重考虑的。如果不是以县里作为依托的话，这样出去的机会就能更大一些，如市里和省里能采取相当措施帮助或解决一下这方面问题的话，会更好。

周：那些演员平时不演出的话身份还是农民吗？县里是否给他们一定的补贴来保障他们的日常生活和训练？

夏：嗯，是的，他们不给编制的人，平时还要下地干活，因此让他长时间出去演出，并且要放弃家里的事业和亲人，是有着相当的困难的，这也是我们走出去的困难之一。

周：听说铃铛舞难度很大，对年龄要求要很苛刻，是不是会使得演出队伍流动性很大呢？

夏：是的，但是也有一些年龄稍长的在团里，他们可以做一些辅助职能的工作，毕竟他们做过演员的对于这个行业比较熟悉。但总体来讲，我们表演团体的年纪一般在 25—35 岁之间，算是比较年轻的，民间抽调上来刚来表演的都在 18 岁左右，这个舞蹈最佳表演年龄也就是在 25 岁左右。

万：夏局长，听您说了这么多走出去的困难，您觉得走出去的最大困难是什么呢？在这些困难里面。

夏：是资金。俗话说，有钱好办事。有了钱，什么问题都好解决了。

李：这么说咱们铃铛舞走出去的最远的地方就是香港（地区）了，没去过更远的国外了？

夏：是的。

周：那我们县在对国外交流方面还是一个空白，相信贵县的非遗工作在夏局的带领下一定会办得更好，走得更远！

夏：谢谢！

（三人致谢，结束，参观博物馆和整理资料、观看视频等）

五 纳雍县访谈纪要

访谈一：访纳雍县文物局、非遗所副所长

访谈对象	祝芬
访谈对象身份	毕节市纳雍县文物局、非遗所副所长
访谈时间	2013 年 11 月 27 日 9：20—12：00
访谈地点	毕节市纳雍县文物局办公室
访谈主题	滚山珠项目市场化运作情况及纳雍县非遗保护与传承状况
本人是否参与过对外交流	无
访谈者	周晓蕾（研究生）、李锐（教授）
记录者	万惠辰（研究生）

周：祝所长您好！我们这次调研本来没抽到纳雍，但昨天我们在毕节访谈郑局，他特别推荐滚山珠项目，所以作为我们新增的个案研究来到此地，麻烦祝所长介绍一下咱们纳雍县滚山珠对外交流情况。

祝：好的。我们县的滚山珠项目是我们县对外文化交流的重要组成部分，早在 1984 年的时候就担任起了国家对外交流的工作，先后去过北欧四国，如挪威、瑞典等。我们从那个时候就开始注重起了非遗的保护与传承工作，由于工作突出，获得了比较好的成绩。当时的国家领导人李瑞环同志还接见了我们艺术团的主要工作人员。我这儿有一些当时的照片，你们可以从中看到我们县滚山珠对外交流的时间之长和成绩之好。在 1992 年的时候，我们县的滚山珠代表队还参加了国际民间艺术博览会，取得了非常好的效果。由于我们滚山珠项目在很早就走出国门，并且作为贵州，甚至是国家的丰富文化产品被广泛带到国外市场。因此，当国家开始注重非遗保护并开始申请和统计第一批国家级非遗项目的时候，我们就进入了国家级的名录。从那个时候起，我们每年都会出去代表贵州或是国家参加国际间的文化交流项目，比如，去年和今年这两年期间，我们就去过了台湾（省）、香港（地区）、泰国等地，现在还有"根与魂"的对外交流项目正在参加之中。可以说，我们是贵州乃至全国走出国门次数最多的项目之一。这些活动呢，总体上都是由政府组织并开展的，前面你们也已经了解到，我们现在正在大力培养的一共有两支滚山珠表演队，目的就是为了应付越来越多的演出场次，这两个队都是在应召政府需求，受着市、省、文化部的统领，一旦有了演出需要，我们就会派出我们的队伍完成上级安排下来的演出任务。除了我们的滚山珠外，我们纳雍县还有着很多的非遗项目，比如我们的苗族芦笙舞就获得了全国文化艺术最高奖项的山花奖。当时是我们在山西大同民间艺术表演时被评委们提上去的，后来一路绿灯，不久之后就在广东颁了奖。我们本地的非遗项目也多次到香港地区、深圳、国家东南沿海等地进行文化交流，每次所到之地都受到了热烈的欢迎。今年我们滚山珠的传承人又带来喜讯，因为他获得了全国颁发给优秀传承人个人的"新传奖"，这是国家颁给传承人的最高奖项。因为我们的滚山珠走得最早、最好，因此成为了我们县对外交流的亮点。现在呢，发展已经比较成熟，成立了滚山珠传媒文化公司，这样就把我们的滚山珠项目走向了商业化，推向了市场。如今，我们重点培养的两支队伍都在广收徒弟，并且从小学开始就进行培训，并由县里安排住宿、学习，第一批已经培养出40多人并逐步走向表演岗位，他们当中有多数人都留在了县里以应付地区和省级的演出。你们要采访的国家级传承人在农村，离这里较远，但我们这里资料比较全，你可以基本上在我们这里找到想要的资料。此外呢，我们县里的第二中学也建有非遗学习示范基地，民族中学也有传承人教授基地，这些地方都是以我们的国家级和省级传承人为老师的，这样的话，就保证了滚山珠项目的保护与传承。县里成立的滚山珠公司则有力保障了其经济来源。

周：听说其中一支滚山珠队伍已经完全分离出来成为一个商业化了的演出团体，祝所长能不能给我们讲讲他们是怎么分离出来的呢？

祝：我们的滚山珠项目是十分精彩的，其主要原因就是它的高难度，因为它的表演中夹杂着杂技的成分，有时候几个人要最高叠到三层，正是它的这种特性使得它深受各族人民的喜爱。至今为止，它参演过中央电视台的春晚，中央电视台的农民联欢晚会等等。一支队伍在完全掌握了这种技艺并且熟悉市场规律之后便自行走入了市场。

周：祝所长，那咱们滚山珠市场化的资金问题是如何解决的？

祝：无论是当地，还是市上、省上，甚至是国家，只要有商业演出需要出一些特色节目，他们很多都会来请我们县上的滚山珠，在和当地政府交涉成功之后，我们就可以外出演出了。除了在外的演出费，我们在出外期间也享有劳务补贴，并且是管演员吃、喝、住、行的。一般来讲，我们一队最多去过24个人，需要有一到两个领队，这样的话大约就是26个人左右过去参演。当地的话请我们演出至少要1.5万—2万元左右，外地请我们的话要更高，因为我们很早就做出了名声。因此我们现在的名气完全可以让演员们谋生，甚至能让他们过上比一般人更富裕的生活。现在国家对于非遗的保护力度是非常大的，县里面因为能给他们带来效益，也是大力支持，我们的国家级传承人每年可以获得一万元的经费，省级传承人每年可以获得5000元的费用，这些费用我们都集中在每年的10月到11月间发放，从来不拖欠他们的。无论是省级传承人还是国家传承人，他们都有自己的徒弟。县里呢，每个月请他们来几天，让他们当教练来训练这些弟子以使得这项技艺能够更好地传承。县里每个月为他们付劳务费1500元，而他们的每个学生也按照县城的低保来发放，这样能让他们更安心地学习。此外，这些学生在学习滚山珠之余都要接受文化学习，这都是完全免费的。一旦他们生病，去医院看病也是免费的，因为演出多，他们出去可能会耽误一些课程，回来的补课费也是县里出。再说一点就是，农村的那一支因为训练条件有限，县里就免费给他们修练功房和室外训练基地，以保障他们的训练有效进行。在农村学习的那些学生每天下课之后会到这些训练场地练习基本功，周末的时候也会去训练，传承人在农村的民族中学当中也是任教的，这就保证了训练的质量。我们滚山珠的学习十分艰苦，从五六岁就要开始练习，因为我们滚山珠叠人是基本功，一般要叠三个人，因此那些很小的孩子就被安排站在最上面来演出，中间站的就是大一些的，下面的则一般是壮年人。我们觉得吧，这滚山珠技艺不从学校里抓不行，因此我们县里每年都给学校拨一批经费来保障这些训练有序运行，加上我们的传承人也刚拿了"新传奖"，给旁边的人做了很好的典范，因此越来越多地自主地加入我们滚山珠的技艺学习当中来，这是我们项目走得好的一个重大原因。

周：祝所长，请问这两支队伍在表演风格上相同吗？

祝：比较类似吧。但相比较而言，县里这支队伍比村里那支队伍更正规一些，因为县里这支是要应付省里以及国家的各种演出的。村子里的那支队伍也经常外出演出，去过深圳、台湾（省）等等，但因为传承人年纪较大，表演属于比较传统的那种。而县里这支队伍由一个女的带的，她以前就是我们滚山珠表演艺术团的一员，参加过对欧、中国港台（地区）等很多表演，现在她退下来做了团长，思想上比较先进，表演也比较现代一些。村里的那个传承人因为前一阵子表演时腿摔伤了，现在是他的三个儿子在带队伍演出，而他自己呢，就负责指导一下，既可以带带，也可以教教。他们的演出也曾获得国家领导人接见。但是两支队伍在表演的基本造型是一致的，动作也是一致的，乐曲也是一致的，县里的那支表演时一般是 24 人同时出场，下面的那支出场人数就要少一些。在第九届农民运动会上，开幕式上我们滚山珠有一分钟的出场镜头，而闭幕式也是用的滚山珠节目压轴的，这就足以证明我们滚山珠技艺的受欢迎程度了，当时表演出来的效果确实很惊人。

周：刚才听祝所长所说，是不是两支队伍一支比较传统，以保留当地民间特色，而另一支则融入了一些现代风格来迎合现在的观众呢？

祝：确实有这方面的倾向。县里在往现代的那个方向迎合，村里的那支走的还是传统路线。现在我们在表演的时候，又在滚山珠基础上找到了些苗族元素来糅合，可以说这既是传统又是能吸引观众眼球的东西。我觉得吧，原生态呢，就是为了迎合电视台和专家参观；现代的话呢，就是为了迎合市场来赚钱，两个队伍默契配合，分工明确。前一阵子凤凰卫视还来报道了我们滚山珠。可以说，在这种配合下，我们的滚山珠路子走得非常好。

周：祝所长，那充分市场化了的就是县里的这支队伍吗？

祝：应该说两支队伍都在走着商业化道路，县里的这支还需要正确的引导才能确保走好，领导上还是要政府介入一些的。作为政府打造的商业化的队伍的典型，县里每年给公司 20 万元作为运作经费，公司是独立的，但也受县里领导，当县里没有演出要求时，公司可以接受别的团体的演出请求，出去赚一些外快，自负盈亏。在演出团里工作的人员，他们自己还在不断地进行学习，他们相对独立，不用准时上班，只要给足费用，他们都比较乐意出去商演。企业的商演由县里领导牵线来演出，这时产生的误工费由县里承担。农村的那支演出要多一些，都是周边农村城镇的，但条件要差一些，价格也比这边要低一些，但走的路子是一样的。

周：县里用在非遗方面的支出是不是独立核算呢？

祝：为了保护和传承咱们县的非遗项目，我们都是投入不统计的。因为每年的每个时段都有各种演出，也不方便统计。现在我们滚山珠艺术公司有50多个人享受城市低保，我们全都统一起来，并没有发给个人，而是发给带队的老师，然后让他们住在一个地方，每次演出回来或多或少给一些学生补贴。教练根据实际情况酌情发给每个队员，这样就大大方便了我们的团队管理。县里每年给演出团的补助很多，因为学生在长高，身材在变化，服装每年都得换，这些钱最后都是我们政府出的。

周：我们到过毕节市其他一些县级单位，他们都在反映资金不足的问题，您没有提这个问题，是不是因为咱们纳雍县经济实力比较强呢？

祝：这个应该不是经济实力强弱的问题，每个县每年的收入虽然不多，但应付非遗的保护还是绰绰有余的，一个关键是领导的观念问题。西部现在普遍比较贫困，咱们必须重视非遗，把这个作为咱们的一个品牌发展起来，这样才有可能带动其他的一起发展，同时也能保护当地的文化。县里、市里、省里还有国家每年都拨一些钱用于非遗保护，我们这些钱一分钱都没有挪用，全部都交给相关部门及传承人，其中每年用于传承人的钱就有几十万元。当然我们也会下来查，看传承人有没有很好地利用这笔钱。从这点上来讲，我们是很规范的，也很符合国家物尽其用的原则。我们在挖掘、宣传和保护非遗的过程中尽其所能，如实拨放给传承人的钱，我们做得很到位，每年都要落实，再检查，这已经成了我们工作中形成的一个传统。我们剧团每年要应付五六十场的演出，这些光靠国家、省里、市里的钱是绝对不够的，县里肯定是要补贴的。演员的坐车、吃住，县里能承担的一定承担。基本上来说，上面国家省里给的钱只占我们总花费的50%左右，余下的全是我们县里补贴。比如，我们县上的另一个非遗项目苗族服饰，虽然还没到走入市场的阶段，但也是经常参加商演的，也参加过对外交流的"根与魂"项目，但那时都只是展示不销售，重在展示民族文化和提供研究。现在我们比较重视这方面的发展，开始建立苗族服饰生产基地，当地部门非常重视，我们用苗绣来做十字绣"清明上河图"，是世界上可以申请吉尼斯世界纪录的超大型十字绣，后来我们把它拍卖了，把拍卖的钱分给了做这个绣的苗族妇女，来解决人家的劳务费问题。而这个生产基地的建立呢，也解决了好多人的工作问题。我们现在苗族村寨的妇女正在做中国十大名画，每幅都在 20 米左右，需要一百多个人同时来做，做好后我们就要申请吉尼斯世界纪录，这个苗绣的生产基地建在隆常镇。目前，好多这种类似的项目县里都在规划，我们部门也在做单个规划，以便于形成体系，因为我们工作做得比较好，市里和省里正准备在近期开展"纳雍模式"向全市、全省的推广活动。

周：那咱们县的非遗项目在对外交流中存在什么障碍吗？

祝：基本上没有吧。我们经常出去交流，而且都是原生态地带去，而且经常是很多节目一起带去来展示我们本地的文化，我们是真正地从上而下地重视这个工作的。

周：祝所长，咱们县出去的非遗项目那么多，但也有一些没出去的，你能说说它们没出去的原因吗？

祝：我认为那些没走出去的项目主要原因是不适合舞台表演，受到了表演形式的限制。有些非遗项目呢，是用来研究的；而有些呢，则是用来演出和推广的，并不是所有身边的非遗项目都能搬上舞台的，有些只适合作民俗学方面的研究，这也十分重要的。

周：听祝所长这么说，是不是歌舞类的项目最受欢迎呢？

祝：我们的歌舞原生态的居多，有着自己表演的舞台，有时可能会为了便于接受而改变某些内容和表现方式。比如，苗族飞歌就是在野外唱的，搬上舞台形式就变了，要变得易于被大众所接受，虽然歌的调调没变，但词变了。我觉得，我们艺术形式跟着时代变化而变化是必要而有效的。

周：祝所长，是否方便安排我们见一下传承人？

祝：村里的那个太远了，而且交通不便，没有直达的汽车。县里的那位省级传承人回老家探亲了，我给你们展示一下我们对外交流的照片吧。（欣赏照片）

周：祝所长，咱们滚山珠演员大约多少岁就要退出舞台了？

祝：事实上呢，多少岁都能演，只是可能在演出效果上有些下降，而且即使不做前台表演也可以做些后台指导工作，还可以带徒、教课之类的，这些都可以维持生计的。所以说，大家才放心大胆地来从事咱们的滚山珠表演。

周：涉及资金问题，不知祝所长方不方便给我们看看今年非遗投入的财政统计呢？

祝：可以，因为今年不是我们带的，所以没有文字表格统计之类的东西。我们是按照每个项目来统计的，正在逐渐理顺。我们把钱发到个人或艺术团之后，是要统计的。村里那个因为没啥文化，所以这方面资料不多；县里这个因为公派的比较多，因此每年至少上交一个总体钱的出处，要对我们这边有个交代。有个情况是，他们在外面表演得差了，没拿奖的话，他们就不太跟我们说了。只有拿了奖，我们才会知道。这个滚山珠文化公司由文化馆管理，我在非遗管理所，或者说文物管理所，这两者来接手非遗都有自身的利与弊。文物馆重历史研究，文化馆则可能对技艺的形式和文化方面比较熟悉。有一个好的就是，我们都在文广局旗下，彼此之间联系也算方便。

周：虽然咱们贵州这边经济不算发达，但保存原生态的东西，尤其是民族文化，其实还是有利的。现在国家又非常重视非遗工作，在这样的机遇面前就能更好地宣传和推介我们的产品、走向市场，希望我们县能把滚山珠真正地做成一个国际的品牌，作为县里推介自己和对外交流的媒介。下面我想问的是，咱们滚山珠是以一个什么样的形式被保留下来的呢？

祝：大家都知道，苗族是一个迁徙的民族，当年我们祖先的那一支苗族来到纳雍后，为了开拓这边作为自己的家园，披荆斩棘，用身体去滚棘，滚出一条路来，让老幼族人有路可走；遇到河便搭成人桥，就像现在表演中的那样，一个上面再摞着一个人，这样让老人小孩方便过河；有时还有上高山向远处眺望，更需要人搭人上去才能看得远，所以后来就形成了这么一种舞蹈来表现当时人们迁徙的过程，这就是滚山珠。而芦笙是苗族的专属器乐，与之搭配便是在意料之中。

周：咱们县在对外表演中会讲述一下本族文化吗？

祝：会的。一般是用于节目之间的串词。这段时间我们准备把我们滚山珠的发展历程写成剧本，拍成一部电视剧，用电视的方式来反映滚山珠。目前正在着手，因为我们苗人的祖先是蚩尤，关于他的故事非常多，所以我们觉得这个努力是可行的，会有看点的。

周：请给我们看一下本县的国家级、省级和县级非物质文化遗产名录可以吗？

祝：国家级是两项：滚山珠和苗族服饰；省级是三项：苗族飞歌，小花苗服饰、划筷祭祖国；县级的有 56 项（不一一列出），目前我们的"羊皮大树"项目正准备申报省级非遗。

李：我们这次采访的关键是走出国门，我们关注的是滚山珠的可持续机制问题以及经费问题，可以说在经费上各级部门给出的经费是远远不够的，滚山珠也没有进入国家级数据库，这样的话经费也会相应地减少一些，进了的话，国家、省里和市里都会多拨一些，请问你是怎么看待这个问题的？

祝：我们现在的重点放在研究非遗上，我们的苗族服饰已经进入国家级数据库，并且也进入到研究阶段，下面我们需要的就是大量研究费用、各种配置，比如照相机、录像机等等。我们这边 1941 年才立了县，好多资料要去省里大学图书馆里查阅，这样就产生了很多手续上的问题。我们县的历史不是很悠久，但是我们的非遗项目历史很悠久，我们下面准备购置一批原始实物作为印证，因为文字这种东西是一种原始的文化符号，等到我们购置齐了，就可以开始进行具体研究，只要经费一到，我们就可以立即开展工作。此外呢，我们还要走村串寨来搜集一些民间资料，当然他们可能开始不太配合。我们可以进行一些简单的调整，比如给他们买点酒，买点东西，这样才好和民间进行交流。我们希望在你们调研后，国家在经费上能给我们倾斜一下，毕竟我们在省上和国家都算很有影响力。有一次文化厅抽我们出国演出，两个队都不够安排那么多的场次表演，为了应付官方的活动，我们希望上面多出些钱让我们多办几个队，这样就上下都好了。

李：可见，咱们县真的是动用了社会方方面面的力量来发展咱们的非遗了，下面我想问一下，祝所长，为何和以前比起来，咱们的滚山珠出国机会变少了？

祝：因为出国这种交流活动不是我们艺术团自己的行为，都是政府行为。如果不经过国家政府的话行为会受限制，因此最近做活动都是政府官派，我们艺术表演团也只是在配合政府做事。

李：滚山珠有没有民间邀请去外面演出而不经过政府的呢？

祝：具体有没有我还真不知道，因为我没和他们一起去，他们民间组织去的话是不经过政府这边的。不过据他们说，每次去参演反响都很好，每次都要谢幕两三次才下场。在国外就更受欢迎了，因为表演很大气，也很有难度，非常吸引人。

李：是不是除了上级安排，咱们这边滚山珠文化公司就没办法去国外了？

祝：是这样，因为我们没这方面单独作战的经验和尝试，比如这两年没有政府牵着就和国外的交流明显变少了。

李：有没有和国外某个城市建立过友好城市关系，并且应邀出访过呢？我们汉中那边就有这种情况。

祝：我们县里和国外没交流，但是和其他省是有交流的，我们一般都带本地的特产和滚山珠等项目过去。一方面是交流文化，一方面也是在展示我们的少数民族文化，走出国门的真的都是政府行为。

李：但是咱们省里给出的对外项目是很多的，据我们统计了一下，有三四十项，你怎么看这种频繁的对外交流？

祝：我们贵州是文化大省，非遗大省，我们也跟着政府去了欧洲很多次。可以说，每次都反响很好，这正说明我们贵州文化的丰富。

李：最近三年咱们贵州对外交流的项目很多，安排上为何忽视了你们滚山珠项目呢？

祝：我们贵州非常优秀的项目很多，一般是轮番上阵，一轮轮换着来展示，而且我们展示的都是最优秀的，因为我们都想把自己推出去。比如今年去台湾（省）、深圳和广州都是轮换着去展示的，不是以个人意志为转移，要做到宏观平衡，总体上是为了让世界所有人都知道多彩贵州。

李：我们去赫章县的时候有谈到他们的一次对外交流，说是香港（地区）一个商会出钱让他们过去表演，咱们这边有没有这种情况？

祝：他们那边的属于祭祀舞，对外交流方面比滚山珠要少一些。他们那边也有滚山珠，两边都申报过，不过后来批给了我们。比起来我们两边的舞蹈都很有历史，难度都很大，这个出去交流也可能就是一个机遇的问题。

李：之前在毕节市访谈郑局长，觉得郑局长对滚山珠的发展很有想法，你怎么看？

祝：文物馆呢，做的就是历史研究，当地的历史就是我们最珍贵的瑰宝；但是音乐呢，文化馆来做就更有优势，郑局就是在下面分开来两个科室分开做，这样做更细致。而我们都属于文体广播电视旅游局，两个部门一起做，非遗方面是以我们为主，他们为辅。因为我们对非遗保护机制更加熟悉，总体上来说，我们的工作是相互配合的，这样也是上级的特意安排吧。

李：我想问一下祝所长，在您协调管理的过程中，你对滚山珠走出国门走向世界有什么设想？

祝：如果能自己走出国门，不依靠政府的话，这当然是最好的。我们目前也正在开发和向这方面靠拢，我们在通过不同渠道宣传我们的各种非遗。如果能单独和国家建立联系特别是某一友好城市建立联系的话，我们的非遗将会有更大的发展。在国外也有苗族聚居地，我们也在和那边保持联系，现在主要由民委负责少数民族工作，但是没能和国外的苗族团体和企业有联系，以后我们会尽量做这方面的工作，尽快走出去。

李：您觉得实现走出去的战略哪个方面最难呢？

祝：我觉得是机制问题，这个问题解决了之后，经费也就解决了，因为政府是不缺钱的。现在我们不能交流，还处在原始状态，只是有着一定的出国经验，要发展到比较有实力的节目，需要有各方面的支持，光指望节目怎么去创新是不可能的，光靠节目内部改造想要走出去是有一定难度的。现在我们贵州每个县都有项目在做对外交流，今年毕节市还会搞一个大型文艺演出，目的就是展示我们地区的文化成果，以方便制定以后的走出去战略。

李：我们这次来的意义也就是此，希望通过我们的努力能让下面的做法得到主流媒体的支持，我们要做文化体制改革，还希望咱们的文化产业能和政府脱钩，这才是最关键的。

祝：我们这边去年成立的滚山珠文化公司，县里准备只扶持三年，三年以后就和政府脱钩了，我们走的也是这个路子，就是要公司自己走向市场，不然政府老养着，最后终有一天会养不起的。我们的滚山珠传媒公司在2011年底成立，也算刚起步，我们会为了实现这一目标而努力。

（三人致谢，离开）

六　从江县访谈纪要

访谈一：访从江县非遗办主任

访谈对象	翟向东
访谈对象身份	贵州省从江县非遗保护办公室主任
访谈时间	2013 年 11 月 27 日上午 10：00
访谈地点	从江县文化馆二楼办公室
访谈主题	从江县非遗对外交流状况
本人是否参加过对外交流	有
访谈者	白金花（研究生）
记录者	李晨（研究生）

背景：我们到达办公室时，翟主任正在和另外一个工作人员交代工作，随后那人出去还给我们倒了两杯水端进来。翟主任也很快处理完工作，接受我们的访谈。看起来比较随和，也很放松。我们开始录音，进行访谈。其间有来人，接电话。

白：翟主任，请您简要介绍一下从江在非物质文化遗产开发与保护方面的基本工作情况。

翟：整体来说一下，说真的，我也是刚刚调过来的，去年 10 月过来的。我原来是做行政工作的。原来做这个工作的是个人大代表，现在在政府做考评，我刚才电话联系了一下，他现在没法过来，他掌握资料比较多。嗯，如果说整体非遗方面宣传展示的话，你们抽到的这两个还是交流比较多的，像大歌节，已经举办十届了，这是很大的一个展示。我们每年也都会组织巡演，以前的我不知道，光去年就投入将近 200 万元（具体的我不掌握），由县政府组织去欧美巡演 1 个多月，州县两级文化馆参加，约 40 人。小的那些活动就不清楚了，去年省非遗中心又去了台湾，受文化部委托，作"根与魂"的专题展示，这次主要也是以大歌为主，还有其他非遗项目，去了一个星期。小的就有很多。

白：那这方面数据你掌握吗？

翟：具体数据我不掌握。要是你们需要的话，我得花点时间整理。因为我们真的没这方面的统计。很多事情是县政府在直接操作，是后来演员回来给我们说了一声，我们才知道的。

白：那具体的安排，行程啊，道具啊，是由谁安排的？

翟：基本上是我们艺术馆安排。问他们，他们应该清楚。

白：那您出去过吗，国外或港澳台地区？

翟：今年五六月份，去香港（地区）这次，我去了。

白：那是什么展示会啊？

翟：就是根与魂啊。

白：您是带团出去的？

翟：对，我是。

白：香港地区那边是如何接待的？

翟：香港地区那边，因为是官方演出，是香港（地区）文化署一个政府机构出面接待，他们的观念与运行模式与咱们不同。他们的官方只是个桥梁作用，最终落地还是要市场化。我们出去是官方接待，具体运行由公司负责，他们是卖票的。

白：住酒店？

翟：对，住酒店。

白：演出是在哪里？

翟：是一个很好的影剧院，我们在那儿做了 3 场，每场 90 分钟。

白：感受最深的是什么？

翟：都很好啊，虽然做法和我们不一样，但从心里来说是可以接受的。你比如说吃饭，接待什么的，不像我们这边，大家去一家酒店，摆五六桌这样子。他是把伙食补助发给你，爱怎么吃就怎么吃，大部分都吃自助餐，很简单。

白：您觉得对外交流是出于什么需要？有什么缘由？

翟：最基本的一点是宣传我们的民族文化，这是最基本的。然后在了解的过程中带来一些商机，主要还是这个东西。像我们今年就在打造一个文化产业园区，现在外面很多商家都比较感兴趣，就是以侗族大歌为主线，还有吊脚楼，鼓楼等侗族风情风貌这么一系列。做成功的话会是一个很好的项目。

除了能更好地传承民族文化之外，还能为经济发展起到一个推波助澜的作用。做工业也能做下去，但更好的还是做文化旅游。县里面的做法，我们做文化的还是比较认可的。一个产业园做下来会带动方方面面的发展，民族方面的东西，我们又不缺，这样子还会更重视。这个项目做好之后对文化保护是非常有利的。

白：那您去香港（地区）这次，遇到什么困难？

翟：真的没什么困难，真的没有。香港（地区）那边安排很周到，这是其一。其二，我们带出去的演员事先做的准备工作很充分，也比较听话，没有出现你说的问题，基本没有。

白：那您觉得在对外交流中最成功的地方有哪些？

翟：最成功的地方，应该说让外界更多地了解我们从江的民族文化，像我们的药浴，生产性保护这方面就做得比较到位。县里面有三家做这个的民企，有一家做得比较好，一年有个 1000 万元的收益，产品都销到日本、新加坡、韩国这些地方，也做了十几年。这两年刚刚形成规模，主要是对外宣传做得比较好，博览会之类的活动都很积极参加，2011 年去了日本，2012 年去了香港。县里面的招商局，文化局和经贸局这些部门也比较配合，支持他们的产品。

白：这是以企业宣传产品的形式吗？

翟：嗯，它这个是完全的私人企业，家族企业，主要是对外宣传产品。

白：没带传承人吗？

翟：没有，传承人不去的。

白：既然说到药浴了，您就简要介绍一下吧。

翟：药浴现在有两位省级传承人，都在寨子里，平时比较忙。他们除了是传承人之外，还是主持寨子里的祭祀什么的，比较忙。

白：那药浴参与过对外交流吗？

翟：嗯，没有出去过，只在 2012 年 12 月参加了一个研讨会，关于民族医药的，药监局开的，在凤凰，我带他过去的。

白：那药浴没有走出去，您觉得原因在哪儿？

翟：近期对药浴没啥安排。

白：那您希望它出去吗？

翟：肯定是希望的。可以对外展示图片、文字什么的。那次去香港，我们展示了药浴成品，也配了图片和文字介绍。观众都比较质疑它的效果，觉得很好奇。药浴不是针对哪种具体病症的，一般是起个保健作用的，对身体有益。上海有个妇女患妇科病花大价钱在大城市都没看好，在网上了解到咱们的药浴后，来买咱们的产品，一晚上泡两次，最后就泡好了。

白：那制约它走出去的原因是什么？

翟：药浴的宣传还是到位的。但是做产品第一制约是药材有限，有些药材采得多就没了；另外一个制约因素是很多人在使用上对它并不了解，不敢用。

白：翟主任，咱再聊聊大歌，您那次去香港（地区），演出反响怎样？

翟：反响很好。

白：反响很好，那在演出中与观众有没有互动啊？

翟：我们安排的有互动环节，就是吹木叶，叶子我们没带过去，是在香港（地区）就地采集的，教台下观众吹木叶，让观众来体验。

白：那您做了特殊观众，应该也看了演出吧？

翟：香港（地区）观众很挑剔的，不允许人站在观众席上，所以我一直在幕后。演的挺好，发挥正常，没有什么问题，结束后观众评价也很好。

白：您认为咱们走出去的优势在哪儿？

翟：国外一直不承认咱们有多声部合唱，外国专家听了侗族大歌才知道原来中国是有的。我们的文化被越来越多的外国人喜欢和接受。除了自身优势之外，我们侗族大歌是无指挥，无伴奏的，它本身也是侗族这个民族的文化代表，跟服饰什么的也有关系。你像演员，一个演员一上台，观众不时说这姑娘美或这小伙帅，首先吸引他的是服饰，"好漂亮的服饰"，他们会这么说。

白：那对以后的对外交流活动您有什么设想吗？

翟：第一，希望全社会都来关注这个事情，单凭政府和非遗办，是做不好，也走不远的。第二，就希望本民族的年轻人能对本族文化有全新的认识，现在能唱的人越来越少，保护力度还是不够的，需要从资金，宣传等方面给予支持和帮助。

白：对外交流您觉得有什么遗憾没？

翟：时间短，安排场次少了些。

白：您对对外交流的一个总体评价是什么？

翟：文化要传承下去，需要社会各方面的配合和支持，也需要加大宣传力度，让这些文化有更多走出去的机会。

访谈结束，致谢，离开。

访谈二：访侗族大歌县级传承人

访谈对象	吴分田
访谈对象身份	从江县艺术团演员
访谈时间	2013 年 11 月 29 日下午 14：30
访谈地点	贵州省从江县谷坪乡平友村萧时运家中
访谈主题	从江县侗族大歌对外交流状况
本人是否参加过对外交流	有
访谈者	白金花（研究生）
记录者	李晨（研究生）

白：您是去的法国，今年吗？

吴：去的是法国，2012 年去的，去了两个月，50 多天。

白：这么久，不是一个地方吧？

吴：在法国我们去了好几个地方，比利时我们也去了，就住在比利时的一个消防站里。

白：去了多少人啊？

吴：去了 40 个人，从江有 6 个人，那些是其他地方的。

白：是省厅组织的吗？

吴：嗯，是的。

白：那您在法国这 50 多天，有没有遇到什么困难？

吴：困难就是饮食，吃面包。有一个还磕掉一颗牙，真的，是吃面包，我们都想吃米饭。在巴黎玩的几天，那翻译给我们发面包，那种长面包，我们就这样捧着（用手比划，捧着），很搞笑，很好玩的。（一群人都笑）

白：表演时观众反应如何？

吴：像萧团长说的外国人素质真是挺高，结束后，有法国观众给我们翻译比了一个大拇指。

白：结束后，观众有提问吗？

吴：有问的，但我们听不到，翻译照顾不过来的。

白：他们有没有想要模仿一段？

吴：有，他们想学蝉翼发出的声音。

白：您对整体做一个评价吧

吴：我也不知道该怎么说，反正就是爱侗族大歌，觉得都挺好的，就希望我们侗族的侗族大歌能够传播出去，走向世界就好了。

访谈结束后，萧团长三个人给我们现场表演了一段侗族大歌《祖公落寨》，非常动听，好听极了。

访谈三：访侗族大歌县级传承人

访谈对象	萧时运
访谈对象身份	侗族大歌县级传承人、从江县艺术团副团长
访谈时间	2013 年 11 月 29 日下午 14：00
访谈地点	贵州省从江县谷坪乡平友村萧时运家中
访谈主题	从江县侗族大歌对外交流状况
本人是否参加过对外交流	有
访谈者	白金花（研究生）
记录者	李晨（研究生）

背景：到达目的地的时候正赶上萧团长家吃午饭，我们就先吃了午饭。午饭后，在饭桌边萧团长接受了我们的采访。

白：先请您说一下去国外或是港澳台地区的缘由？

萧：是这样，我们去港澳台地区主要是为了宣传我们贵州地区苗，瑶，侗，壮族的民族民俗遗产。

白：是咱们主动去的，还是受邀的呢？

萧：被邀请出去的，政府机构多一点，民间的相对少一些。

白：那咱们这边是由谁组织的？

萧：咱们这边是政府，省非遗办和州政府的。

白：那咱们艺术团自己也出去过吗？

萧：我们自己也出去的，一般出去都是政府这边。

白：您去过哪些国家呢？

萧：近三年我没去过。我去过台湾省，香港地区，美国。我们团有人去过日本、法国、新加坡的。

白：美国那边是什么时候去的？

萧：今年去的。（翟主任说去年去的，萧团长就改口了），2012年8月去的，具体时间记不清了。

白：也是县政府组织的吗？

萧：嗯，政府组织的，省非遗中心。嗯，省文化厅厅长带队去的。

白：去了多少人啊？

萧：去了十几个吧。

白：是去表演侗族大歌吗？

萧：侗族大歌是主要的，还有反排木鼓舞，锦鸡舞这些。去了一个多星期，演出了3天。

白：参加这个活动有具体的名称吗？

萧：具体记不清了，好像是贵州文化旅游节。

白：哦，贵州文化旅游节。咱去那边人家是怎么接待的？

萧：具体的都是他们对接，我们就是负责演出这块，住的就是酒店。

白：整体对这个接待有什么感受？

萧：嗯，很好，整体觉得很到位，各方面都比较满意。演出之后，还带着我们游览了一天，去看了白宫，安排得挺好，也安排吃中餐。

白：那香港地区那次是什么时候去的呢？

萧：香港地区是今年上半年去的，这个是省非遗中心组织的，以侗族大歌为主。包括这几个独特的，有代表性的。

白：那这次出去是什么缘由呢？

萧：这个也是为了非遗这一块去的，除了这些舞蹈，还有我们贵州的刺绣，蜡染这些手工艺品，是一个比较全面的展示。

白：这次去了多少人？

萧：这次多，有五六十人，去了有一星期。

白：香港（地区）那边是如何接待的？

萧：那边是一个官方的文化交流机构负责接待的。

白：去美国和香港（地区）这两次文化交流活动，让您印象深刻的是什么？

萧：我就记得，在外面，一个是环境，一个是文化素质，这方面比我们强得多。我们演出的时候观众都是安安静静的，结束了大家才站起来鼓掌。

白：您也参与演出，在演出这块有没有遇到什么困难？

萧：这个倒没有，发挥自如。

白：那您在对外交流活动中，有没有遇到什么困难？

萧：出去啊，主要就是语言障碍了。我们有一个翻译，我们去购物，他出去办事了，我们买东西，还得跑过去把他叫过来。

白：您每场都演出，展现绝活时有没有感到遗憾的地方或是下次需要改进的地方？

萧：遗憾就是以后有机会，有能力的话，搞个专场就最好了。现在都是大部队去。

白：整体表演过程中，他们有什么反应？反响如何？

萧：不管我们在香港（地区）也好，在澳门（特区）也好，演完之后那些文艺界的就评价很高，因为我们是原生态的，原汁原味的，他们就说很难看到这么好看的节目。

白：那表演结束后，观众有没有围着您问一些问题啊？

萧：有倒是有，不过，围的不是我，是我们带队的。（呵呵笑）

白：那您有没有听到过什么别的评价？

萧：一般他们都是采访带队的，领导啊。

白：这两次对外交流，您觉得成功的地方是哪些？

萧：成功的地方，我觉得就是原生态这一块，成功在这里。它是原汁原味的，独特的，别人也觉得很稀奇。

白：那遗憾的地方呢？

萧：遗憾就是出去的少了。有机会要多出去，多展示这一块，到外界多宣传，为家乡多做一点贡献。

白：那您今后有什么设想？

萧：我设想就是以后不能跳了，能唱的时候要多研究侗族大歌这一块。这一块也分好几种，太多了，以后还需要多深入去了解，去挖掘。以后我的打算就是做文化保护这一块，向翟主任学习。

白：对外部更好地支持咱们工作这块有何设想？

萧：是啊，现在很需要，因为我们侗族地区农村这块年轻人出去打工的太多了，剩下的都是老的小的，传承文化是越来越难，越来越少。侗戏，侗文化就面临没有人继承的局面。

所以，我就想啊，有这么一个机构，在农村把侗族文化组织起来。像我们小的时候，逢年过节，各个村寨都唱侗戏，唱侗歌，现在是越来越少了，基本是没有了，年轻人都出去了，老人要照顾小孩。

白：从整体上您对对外交流这块有什么评价？

萧：总体来说，就是能够宣传贵州文化，挺好。有这么一个平台，来展示我们侗族文化，是非常难得的机会。以后要有平台，我们会尽量积极地展示，向外界展示我们的民族文化，宣传当地的，还要把外面的知名人士也吸引过来，来我们这里。

访谈到此结束，致谢，离开。

访谈四：访瑶族药浴省级传承人

访谈对象	赵有辉
访谈对象身份	瑶族药浴省级传承人
访谈时间	2013 年 11 月 28 日上午 8：00
访谈地点	贵州省黎平县燕都宾馆，电话访谈
访谈主题	瑶族药浴对外交流状况
本人是否参加过对外交流	无
访谈者	白金花（研究生）
记录者	李晨（研究生）

背景：赵师傅住在村寨里，距县城比较远，这两天正在做祭祀活动，也比较忙，而且没有参与过对外交流，因此我们决定采用电话访谈的形式向他了解一些情况。

白：赵师傅，您好，我们是文化部课题小组的成员，想向您了解一些情况，县非遗办的翟主任把您的号码给了我们，他应该事先也给您说过的吧。我听翟主任说，您去过湖南凤凰？

赵：去过。

白：那您那次去是展示药浴产品怎么使用吗？

赵：可以治腰痛，妇科病。

白：您去湖南主要是去宣传药浴的功效吗？

赵：嗯。

白：那您是怎么宣传药浴的功效呢？

赵：这是祖宗传下来的……

白：传承过程是怎么传的？有没有一个谱系什么的呀？

赵：盘瑶，很古老的。

白：瑶族人都懂药浴吗？

赵：盘瑶的才懂，其他的不懂的。有的懂但也失传了。我们这里保护得很好，他们那些只懂得普通的，我们这边保护得好。

白：赵师傅，您有参与过外的交流活动吗？

赵：没有，只是去开了一个会，培训的。

白：那您有没有带产品去国外或中国港澳台地区？

赵：没有。

白：要是有机会，您愿意去吗？

赵：愿意，想去。

白：那您觉得，要是把药浴带出去，可能会遇到哪些困难呢？

赵：我不太懂你说的。（赵师傅不明白我们的意思）

白：就是说，要是我想了解药浴，您会怎么给我介绍啊？

赵：介绍药浴的传承。

白：要是介绍给外国人呢？

赵：那就没办法了。

白：要是有人愿意给您提供帮助，您想他们帮咱们什么？

李：那传承人有没有参与国外或港澳台地区的交流？

王：2013 年，杨芳随省厅去过港台。

李：这些方面的情况，您不掌握吗？

王：这些都要问艺术团，我们只知干工作。我帮你们联系艺术团副团长，他比较了解情况。

李：您能不能再帮我们联系一下传承人，我们需要找他们了解情况。

王：因为，我们的工作是保护传承人，我们是他们的上级，很尊重他们。这个由我们提出恐怕不好，会引起误会。

经过再三说明原因，王主任答应联系，打了几个电话后，得知家住扬武镇彩民新村的杨芳不在家，很忙；在丹寨县的王阿勇，刚刚做了眼部手术，年纪也大了，不方便。之后，在访问艺术团的熊老师结束后，由他带领我们去访问了另外两个传承人。

访谈二：访省级芦笙传承人杨国堂

访谈对象	杨国堂
访谈对象身份	省级芦笙传承人
访谈时间	2013 年 11 月 24 日 13：30
访谈地点	贵州省丹寨县芦笙文化之乡、杨国堂的家
访谈主题	非遗项目苗族芦笙对外交流状况
本人是否参加过对外交流	有
访谈者	李晨（研究生）
记录者	白金花（研究生）

艺术馆熊老师带我们来到杨师傅的家，他的家在一个山坡上，没有院墙，他的妻子在忙碌着。屋里生一个火炉，室内是制作芦笙的工具和材料，我们围坐在火炉旁，开始访问。

李：您有没有出去过？就是推介什么的？

杨：出去过

李：都去过什么地方啊？

杨：多了，忘记了。

李：没事，您说最近的。

杨：叫他（熊强）说，我不会讲。

李：没事的，我们就是随便聊聊。

杨：我很少出去。

李：很少出去？那也出去过？

杨：出去过。

李：是不是熊老师还带您出去过？就是台湾（地区）那次？还是哪一次？

杨：我们出去一般在（本）省内。

李：那就是出去，去港澳台地区，你没有出去过？

杨：我没去过

李：你没出去过？

杨：我参加过中央台的联欢晚会

李：哪一年的？

杨：1994 年的。

李：这么早呀！

杨：嗯！

李：你是表演，吹奏芦笙？

杨：欸，吹芦笙。

李：您既会做，也会吹？

熊：先会吹，然后会做。

杨：欸！先学吹，后学做。

李：您做这个有多久了？

杨：有 30 多年了。

熊：参加那个"多彩贵州"，他也一起去的，得了奖，芦笙都是他做的。贵州来说，基本全国来说，制作芦笙这一块，只有贵州在做，他最有名了，他做的不够销售，现在订单已经订到明年了。

杨：我自己做不快。

李：那您主要是哪方面的订单啊？

熊：少数民族地区，艺术学院啊，还有那个艺术团体啊，这一类的，还有现在好多文化团体、学校都开展这些班了，他还做芒筒芦笙，15 管，19 管了，21 管了，甚至更多管。

李：那这样子，比较复杂，更难做一些。

熊：他那个管子越多，他那个零件就越多，像那个钢琴啊，键盘。

李：做一个多长时间？

杨：做那个 6 管啦，就一个星期就是一把，就是一套芦笙。

熊：竹子是弯的、铜片不是市场的，用火碳烤，拉那个风筒，铜片还要掌握火候。

李：咱这个是纯手工，没有现代机器？

杨：就这一台（指着旁边的切割机），他那刀就是这一个（拿出刀给解释）。

李：那个机器是用来磨刀的？

杨：是，磨刀的，还得打磨。

李：那这些工序是您一个人完成？

杨：是。

熊：就是刚刚说的，现在年轻人都太现实，就是说我现在做这个多少钱？再慢慢做这个，传承下去。

李：那杨师傅，您现在有自己的徒弟吗？

杨：有，现在这些打工的，年轻人不想学，学这个要吃苦了，他做的没有好的销路，他不赚钱。

熊：他有个芦笙协会，是芦笙制作协会。不想学、学不成的都跑了，年轻人不安心，去外面风光一些。

李：这个没有销到国外吗？或者是远的地方？

熊：也销啦。像我们出去交流，往往带一些，就像礼品啊，那芦笙比较小，容易带，他们对咱们的文化不是很了解啊，他们见了，也不会吹，就是当一种摆设。

李：那咱们这种可以吹的芦笙，有没有销往国外的？

杨：一般没有。

李：一般没有啊，有没有带一些可以吹的？

熊：大的也有，一些音乐爱好者也买，但是他想吹的话，我想也是不得行，吹不了。

李：反正人家买了？

熊：我们没有回访，呵呵！音乐爱好者，会了解一下。

李：那杨师傅，您参加那些演出都是省里或者是州里头的，对吧？

杨：欸。

李：还有刚刚您说的去春节联欢晚会，最近那一次熊老师说您参加的是？

杨：多彩贵州。

李：您是吹芦笙吗？

杨：是，吹芦笙。

李：那现场让杨师傅给咱吹一段？

杨：我这里都没有，呵呵。

李：您自己做，都没有？呵呵。

熊：还没做，订单就订到明年了。

李：既然芦笙销路这么好，您有没有想过把它当商品来出售？

杨：难度大，有投资啊，要找人家开工资啊！

熊：找不到人，关键他们也学不精。

李：是缺人手？

熊：杨师傅是这样的意思，这个关系到他的名声，就跟一个国企一样，信誉很重要，难度就难在这里。他这个收益不大，要开工资啊。我看杨师傅这里有个培训班，你看他们现在都跑了，（哈哈）这主要是他们的手艺没学到。

李：咱这个教的时候，都是杨师傅一个人，手把手地教？

杨：欸，必须是手把手地教。

李：那确实有些困难。

熊：所以非遗这一块，要传承，很困难。我觉得主要是他们这个脑子上、观念上、思维上的改变，是要多下功夫的。

李：杨师傅，您参加"多彩贵州"那次，感觉自己表演得怎么样？发挥得怎么样？

杨：发挥一般。

李：对自己还不满意？

杨：不满意（呵呵）。

李：您是觉得自己哪些方面做得不够好，您自己觉得？

熊：这个人老啦，跳不动了，哈哈。

李：那您表演之后，观众有没有向您说说感受？就是看了您的舞蹈后，跟您交流一下？

杨：就是能做、能吹、能跳，带着一帮人。

李：反正是很认可您的表演吧？

杨：嗯，很认可。

李：那要是以后，想邀请您参加表演，就是对外交流的活动啊，您自己感觉，在哪些方面可以再提升一下自己，更好一点？

杨：我不会说。

李：您就说嘛，我们能听得懂，那您想不想把自己的手艺、才能展现给大家？

杨：想么，想传承下来，有这个想法，做也好，吹也好，跳也好，就是想传下去。

李：那您想得到外部的哪些帮助呢？

杨：想让政府出面，处理手续方面的事，个人能力有限。

李：咱们县会不会组织演出？

熊：有，会召集传承人，交流一些事项啊！目前传承缺乏场地，基本划片区。

李：其他地方也是有芦笙的？

熊：有，但是做好的话，还是杨师傅做的好，还有麻鸟那个余贵舟，他们都是一帮人在学习。

李：你们（杨和余贵舟）平时在交流的时候，你们觉得芦笙传承这一块，共同存在什么问题？

杨：跟他父亲学的，不存在什么问题。

熊：主要是有手艺上的竞争，市场竞争也挺大的，想要订单、客户更多。

（致谢）

访谈三：访丹寨县州级芦笙传承人、群艺馆辅导员

访谈对象	熊 强
访谈对象身份	州级芦笙传承人、对外交流的工作人员
访谈时间	2013 年 11 月 24 日 9：30
访谈地点	贵州省丹寨县非物质文化遗产保护办公室
访谈主题	非遗项目苗族芦笙对外交流状况
本人是否参加过对外交流	有
访谈者	李晨（研究生）
记录者	白金花（研究生）

熊强骑摩托车来到丹寨县非遗办公室，和王主任打过招呼后，我们相互介绍后（由于空间狭小，我们在走廊里进行工作，王主任在室内），开始进行访问工作。

李：王主任刚介绍您带着芦笙参加过对外交流的，那您去过哪些国家？

熊：我去过西班牙、美国，还有那个印度尼西亚，嗯……

李：近三年来，去过哪些国家？

熊：就去过港台地区，近三年来，没有其他了。西班牙那次是 2006 年，我们艺术团是一部分去，不是整个都去。

李：你去这些地方，是对方邀请的？还是……

熊：是是，对方邀请的。

李：是人家的文化部？还是……

熊：是西班牙，西班牙是文化部邀请去的，港台地区是中国友协邀请的。

李：那你们出去是做个表演推介呀？文化交流这一块？

熊：对，就是这样。在台湾省是"海峡两岸春节民俗庙会"这个活动。

李：是参加的庙会？那去了几天呢？

熊：去台湾省是 10 天，就在 2013 年的年初二就出去了，到十二才回来，一共十天。

李：那您出去感觉怎么样？就是台湾（地区）同胞对咱这个芦笙表演，有什么……

熊：他们太喜欢了！

李：太喜欢了？他们可以看得懂？

熊：他们基本上不太懂，但是还是很喜欢的。对于内地的文化，他们是挺喜欢的，基本上有，我们看啊，有几个人，是场场都来看。

李：在台湾省的这几天，每天都有表演？

熊：每天基本上是早上一场，晚上一场。在一个大广场，比这里还宽（指着非遗大院）几倍吧，人都是满的。一部分人，最起码有那么十几个人，连看四五天，基本上我们表演，都在。就在这一点看，他们对我们的文化还是很喜欢的。

李：那这样看，演出还挺成功的？

熊：嗯，挺成功的。中国友协还给我们颁发"最佳表演奖"。

李：那次去了多少表演者？芒筒芦笙的表演者？

熊：这次去了8男，12女，连领队一共去了24个人。

李：你出去（次数）也挺多的，那您感觉在整体的对外交流中印象比较深刻的什么？

熊：是西班牙那次，我们去了3个月，这个镇子做了，就去另一个镇子，流动演出。

李：从国内去西班牙的行程是怎么安排的？

熊：我们是从凯里上火车，到北京，坐飞机到法国转机到马德里。

李：您感觉西班牙那边的接待怎么样？

熊：他们那边的接待是很一般的，不像我们这里住酒店。是在学生放假的时候，学生回家了，他把学生的住处腾出来了，就给演员住。我们住的是教室里面，不是宿舍里，就是高低床那个铁架子上，我们去了两个队，挺好玩。

李：你们就住在教室？

熊：去的第一天，太黑了。他们到机场接我们，走了两个多小时，到了第一个站，那时学生还没放假。这一次就住在酒店里，酒店也是一般，不是很好的那种，但也是可以的。

李：那演出呢？演出效果怎么样？

熊：演出，他看那个节目，不是像我们这边在途中给掌声，吆喝什么的，你上一个节目完毕之后，掌声就是一片。他不会说好不好，看的时候，不会有讨论，就在那静静地看。

李：那您自己感觉你们表演的怎么样？

熊：我们也是从我们这里拿最经典的节目，这一次是时任国家主席胡锦涛在那边搞文化交流什么的……当时我们贵州做"多彩贵州"是做得较好的。贵州呢，就到我们丹寨这里……开始出来，在贵阳搞总结赛，被看中了，把我们推荐上去。

李：嗯，当时您去西班牙，文化部组织的？还是受到对方邀请？

熊：当时那个是文化部邀请的，当时我没有负责这一块，就知道文化部邀请的，具体怎么样，就不知道了。

李：那您在这个对外交流过程中，有没有遇到什么困难，比方是语言上的呀，或者是沟通，还有其他方面的困难呢？

熊：是，是有的。在语言上困难，那就是交流不好。我们当时去第二站的时候，有一个翻译，北京的。当时他不了解我们的情况，说我们讨厌，怎么难招待什么的，当时榕江那个团长还跟他翻脸啦，他还骂他"你这走狗"，呵呵……通过那次以后，我们之间也有感情了。我们去另外一边演出时，他还专门打车来看我们，这挺好玩的。

还有就是吃的方面，不习惯，回来瘦了6斤。印象深的就是吃那个面包，烤的，最外一层硬邦邦，吃起来还把那个牙龈给硌破了，咬破了。

李：那除了这些生活上的这些困难，在具体演出的时候，跟人家观众或者主办方（联系）什么的，这些方面有没有遇到什么困难？

熊：基本上没有什么困难，他们也是拿最好的招待我们，我们也是客人啦！他们想让客人留下一个好印象，招待挺好的。我觉得他们时间观念太强了，有一次，组委会叫我们去一个景点泡温泉，他那个时间规定是五点半吃饭，那组委会带我们，半路堵车给晚了，就关门了。外面的人进不来，就只能出去，最后组委会买来方便面当饭吃，超过时间就不招待你了。还有就是出发的时候，规定几点就是几点。

李：那外国观众在看咱们表演的时候，他们可以看得懂吗？

熊：嗯，基本上看不懂，但他们是真正喜欢，就跟我们看西方文化一样，只知道是舞还是歌，大概是这样。我们那时有翻译，当地报幕单、节目介绍，把它翻译成西班牙语了。

李：观众知道表演的是什么，但是具体的也理解不了？

熊：嗯。大概是这样的，可能也不知道什么意思，我们带出去的是我们苗族文化，不是（像）那个现代舞，那可能看懂一些，比较大众化。我们带的是地方的民族舞，但是他们是挺喜欢，虽然看不懂。

李：那咱们这些交流活动中有没有不足的地方，可以在以后需要完善的地方？

熊：有，那肯定有。

李：具体说一下。

熊：很多国家的表演都有，这些来得挺多的，有巴西、乌兹别克斯坦……我们民族艺术这一块，比较……就是我们是搞现场的，现场气氛还是不太好。

李：不太好？

熊：就是音乐，我们是现场伴奏，他们那个西洋乐，是鼓啊，镲子啊，气氛很好。我们这一块乐器，把它升华，就像现代那一种，就像那个吉他，以前不是电式的？把它弄成电子的，可能要好一点。还有舞蹈方面，我们也有很多缺点，比如做那个民族这一块，我们功底跟不上现代那种。不过我们这个原生态，不要把那个掺进去，那样就变味了，各有优势吧。

李：那还有呢？除了您说的这一块。

熊：基本上就是这些。

李：您说的主要是内部的问题，自身的原因，那有没有什么外部的原因制约咱们对外交流的？

熊：基本上，都是政府出力的，把那些基本沟通好了，基本上我们没有遇到什么困难。干预，从来没有遇到过，包括国内、国外，都是这样子。

李：咱这个艺术团主要是带芦笙出去的多，那蜡染有没有出去过？

熊：蜡染也出去，我们有个节目，叫"蜡花幻梦"。

李：嗯，这个是……

熊：我们这个舞蹈是反映我们苗家姑娘在做蜡染的时候，她在河边洗蜡染，她做出来，要洗，要染那个蓝靛，把那个蜡化了，成白色的，经过一个加工……

李：您说的这个是一个节目？还是什么？

熊：嗯，是一个节目，民俗民间舞蹈，包括蜡染的成品，我们也带去。就比如说，我们去那个台湾省，我们都带地方的传承人，现场去做，还有成品摆设、展览。

李：那咱们苗族的蜡染去过哪些国家呢？

熊：基本上我们所有去的，都要带去，除非是指定了，我们才不带。

李：咱这个蜡染，出去表演，效果怎么样？

熊：我觉得他们那个，假如从节目上分析，他们不太了解，我们展出的道具是蜡布，他们不知道什么意思。但我们设了台布，会有解说的，就是爱好的，他都全部不知道。

李：就是没有芦笙这样更有兴趣一点？咱这个蜡染基本上是带成品，现场表演，那就像您刚刚说的"幻梦"，这个也是动态的，接受是不是好点？

熊：这个会有一点，是属于民俗民间类，但是不是主要的，还是看不太懂。

李：那在蜡染交流中，有没有遇到什么困难？

熊：基本上没有，我们做得更好，就是想让大家了解我们的民族文化。

李：那你们这一块，有没有什么思路？

熊：从音乐和舞蹈上再去挖掘，采风、编排要更加升华，要细一点，再深入一点。这采风需要到民间去看，看多了，就知道它的缺陷了，更要升华、加强。

李：那您觉得这个蜡染的交流成功吗？

熊：嗯，成功了，我们带传承人去台湾省，现场制作，有人下订单。我觉得这样推介挺成功的，专家在现场，给他们一点一点评论，交代怎么做，还有人下订单。

李：这个传统民间艺术要生存，除了保护传承人之外，需不需要市场上的一些支持呢？就面向市场一点？

熊：我觉得在非遗这一块，我们的专家也在考虑，不知道怎么做，才能使传承人更加发扬光大。现在虽然有法律，但还不够。现在的人吧，他想的是很实在的东西，就是我去打工，去哪里上班，我一个月就能赚多少钱，这个脑子上还是没转变，他没有想怎样把这个做好，10 年、20 年以后，我们的收益是无限的，大家都没有想到这一块。现在社会上说生男生女传香火什么的，我觉得民俗文化这一块传下去，才是我们的香火，民族香火。

李：那这个传承人，他们自己都没有这个意识？他们平时做吗？

熊：肯定做，虽不是都会，但是会的人挺多。他们也在竞争，做得好了，才能做传承人。

李：那有人教吗？

熊：教肯定要教，但是没有人愿意学。你叫他学，他会觉得浪费时间。现在国家提倡到学校去做，但是在民俗民间考试上，就像学校高考制度，都没有考这一块，不给你什么分，光考文化课，所以学生认为是副科，他都不怎么学，对他无所谓。学校的领导为了升学率，他也不重视这一块。所以我们考虑，是不是应该像考一些艺术类，民俗文化这一块可以占 20% 的分值怎样，这样可能有助于民俗文化的发展。

李：那您平时也和传承人接触吧？

熊：有，一般讨论这个传承的问题，关键是没有人，呵呵。其实在非遗这一块投入是挺大的，就是接受传承的人觉得没有收获，坚持不下去。

李：刚刚只知道您是对外交流的组织者，看了那个视频才知道您还是参与者，参与了演出，那您觉得自己表演的怎么样？

熊：我觉得在我队里，芦笙这一块呢，还有很多缺陷，但整体还是可以的，我们在演出这一块还是有经验、有实力的。

李：那去台中的那一次演出，您觉得怎么样？

熊：去台中那一次，我都是演主角，我的事情比较多，又组织、又演出。

李：观众有没有追着你问问题？

熊：那就是我在吹木叶，吹那个曲子，觉得好神奇的，他们也想试一试，他们怀疑木叶是假的，还是什么的，他们还跟我要，我吹响了，被他们还抢光了，对我们的芦笙也很好奇。

李：观众很热情啊，您让他们试了吗？

熊：嗯，都让他们试了，还教他们吹了，但是在那么短的时间内，他们是吹不出什么曲子的。

李：也就是说还有这种台上台下互动的？

熊：嗯，有互动的。

李：那评价怎么样？

熊：他们很希望我们再去，欢迎下次再去。由他们的掌声、呼声啊，觉得他们还是很喜欢的。

李：您上台表演，感觉自己哪方面做得还不太好？

熊：肯定有自己的缺陷，演出这一块，我们缺少沟通，组委会只是从网上看一些资料，还有他们也派到我们这边查看。但是呢，这也只是组委会的喜欢，我还不知道观众喜欢不喜欢。

李：但组委会是认可你们的演出的？

熊：嗯，有些观众和组委会一样喜欢，一天两三场，场场都在呢，觉得我们内地的演出还是挺稀奇的。

李：那除了这些方面，您感觉到还有哪些方面不足？

熊：这个我还没有发现。

李：那您肯定有表演很好的状态吧？成功的地方是？

熊：这个演出吧，是从观众这方面看，从他们的表情啊，掌声啊，体现自己的好与坏。我们在台上，就是看观众评价了，观众就是我们最好的评委。我看各种比赛，评委只是有权力，还是看观众。

李：那您觉得成功的演出除了自身努力外，还有哪方面的原因？

熊：演出他不是只一个人，是整个团体的这个配合，在整个筹备期间，准备好。筹备过程好了，演出才会好。

李：那您是每场都要表演，还是有休息的时候？

熊：有休息的时候。

李：那您休息的时候，是在后台，还是在台下观看咱们的表演？

熊：休息的时候，就是有那个其他队伍来表演。

李：您在台下没有看过咱自己的表演？

熊：对，也看。我还有准备简报、汇报之类这样的资料工作，看哪里演得好，哪里演得不好，每一场对大家有个总结。

李：那您看的时候，有没有发现大家表演有失误的地方？

熊：看在舞台上，到底出不出力啊。还有你的台风啊，表演技能，为什么错，怎么错，为什么跟不上，是音乐上跟不上，还是动作记住没，都要看出来，时间短，但要看出 2/3 的表现，这才好评价。回来跟他们说，到底是怎样，回来做奖惩啊，一个表演是一个团体，不是一个人。

李：去国外演出是不是更谨慎？

熊：是，我们每次出去之前，要进行行前教育。首先要了解当地的文化、语言，比如说台湾省，他们言论很自由，在街上有宣传"法轮功"的。我们就警告自己的人，不要看，不要搭话，出去尽量少说。

（致谢）

访谈四：访丹寨县苗族蜡染省级传承人

访谈对象	王光花
访谈对象身份	苗族蜡染省级传承人
访谈时间	2013 年 11 月 24 日 12：10
访谈地点	丹寨县八寨蓝花苗族蜡染艺术制作中心
访谈主题	非遗项目苗族蜡染对外交流状况
本人是否参加过对外交流	有
访谈者	李晨（研究生）
记录者	白金花（研究生）

王光花是一位"80 后"的苗族蜡染传承人，也是两个孩子的妈妈，师承张腰牛腊、杨芳，8 岁就开始学画蜡染、刺绣，以后不断地学习钻研，挖掘传统蜡染的图案及其背后的故事，突破传统，创新出一批独具排倒莫（排倒莫为排倒、排莫两个村寨）本地图腾文化的特色产品，并积极地向国外同类艺术技艺借鉴学习。

2005 年 5 月应邀赴越南参加传统文化与物种研讨会，并现场作蜡染技艺交流和才艺展示。2012 年 3 月应花旗银行邀请到泰国做民间文化交流活动。艺术馆的熊老师带我们来到王光花的艺术合作社，我们参观了室内的蜡染作品，了解了蜡染制作工序。

李：来坐下来，聊一聊，需要了解一些情况。

王：（呵呵）这里是我个人的简历，（指着墙上挂着的）我的全部情况都有了呀（呵呵）。

李：啊，（站起来看）这是你比赛得的奖？

王：对，这是奖项，哪一年得什么奖，这些都有（指着简历表）。

李：（这简历表）这是去越南，这是去泰国。

王：嗯。

李：到那是现场给人家表演？还是拿着这些东西（制作中心中展示的蜡染作品）啊？

王：表演？还有交流这些？

李：你那次去越南的时候，是咱们组织的？还是人家邀请的？

王：应邀，邀请的。

李：应邀，是越南的什么？文化部？还是什么邀请的呀？

王：（笑着）这个我也……贵阳有个组织什么的，叫我们去的。

李：当时去了多少人？

王：去了12个人。

李：有没有现场表演？

王：嗯，表演，个人，他们有其他的，我只是手工而已，她们是其他的。

李：制作蜡染就你一个人？

王：嗯嗯嗯。

李：现场做？

王：嗯，和她们交流，越南那边不是有那个蜡染的嘛，他们那边画的时候，没有画花，只有那个线条和波浪。

李：比较简单？

王：嗯。

李：咱这个比较复杂？

王：嗯，她们染的时候都是一样的。

李：那您现场作，作得怎么样？

王：我画的是自己想象的花、鸟、虫、鱼这些鸟兽的，然后我画完之后，我又给他们了（笑着）。

李：那他们看完之后，有没有什么评价呀？

王：他们说蜡染我们自己有，但是不同，太简单了。

李：那您过去，他们那个主办方，他们怎么评价，就是展出的怎么样？

王：他们说苗族的想象不同，还有……我说不上来（笑着）……

李：您可以用自己的话说，让熊老师给我们翻译，反正就是说跟他们的不一样，感觉很新奇，而且咱的技术比较成熟，他们比较简单么？

王：他们那边简单，我们复杂一些。

（熊老师解释花鸟虫鱼，蜡染图案）

李：您是这里（制作中心）的负责人，是吧？

王：嗯。

李：成立几年了？

王：今年7月。

李：平常过来有学习的？

王：有。

（传承人介绍不同的蜡）

李：这个蜡是我们平常用的蜡吗？

王：是，黑的是第二道蜡，这个是煮过的。

李：你在国外演出的时候，现场会有观众去看，那他们在看的时候，他们会说些什么呀？

王：专心做，这个说的时候，由他们去说，我只是在做我的。

李：那您做完以后，有没有你的粉丝啊，追上你的？

王：没有，（呵呵）这个不可能。

李：去的时候，他们是怎么接待咱们这个团队的？

王：嗯，就像……我们去的太多了，我不清楚（笑着）。

李：2012年那次去泰国，是应花旗银行的邀请，到那边的话应该有专门负责接待你们的吧？

王：有，我们去泰国，有个大学。

李：也是一行人？除了您，还有其他的？

王：有，去泰国，我们有三四个做蜡染的，还有做刺绣的。

李：那一次去了有多久？

王：去了15天，主要是看啊，去那边交流什么的。

李：进行文化交流，是在一个地方待着呢？还是就像刚才你说的去一个地方一个地方的？

　　王：一个村。

　　李：一个村一个村地走？

　　王：嗯。

　　李：这样啊，轮下来的这种？

　　王：嗯。

　　李：那一次去泰国，你感觉怎么样？总体说一下。

　　王：泰国，主要看他们的市场，没有做蜡染图案绘画。

　　李：去看市场？

　　王：嗯，那边市场很好，做蜡染艺术品这个图案发展前景很好。

　　李：您当时在那边有翻译吧？

　　王：有的。

　　李：他们当地人有没有和您交流一下？

　　王：没有表演的。

　　李：您不是现场做吗？

　　王：那个是在一个学校里面，做给学生看，没有其他的。

　　李：没有其他的？

　　王：嗯。

　　李：做的也挺顺利的吗？没有遇到什么？

　　王：没有。

　　李：学生有没有问你一些问题啊？

　　王：他问是很神奇的，怎么弄那个画？像水一样，怎么画成那个花？（笑笑）他们也学。

　　李：您总体感觉，那次去越南和泰国，是不是都挺成功的？有没有什么遗憾之类的？

　　王：没有。

　　李：很好，是吧？

　　王：是没学到他们的一些，怎么做那些精品。

　　李：怎么做那些精品？

　　王：泰国那边有好多精品，学都学不到。

　　李：可是他跟咱们是不一样的啊？

王：是啊，但是可以模仿一点啊。

李：那要是以后还要机会出去的话，对宣传蜡染什么的，你有什么想法？觉得应该在哪些方面改进一下，能更好地被人所接受？

王：有啊，学习他们那边的设计啊！只是我不懂那些市场，无法跟他们说，都不知道怎么沟通。只是拿相机照照而已，不知道怎么交流。

李：他们那边的蜡染是手绘？还是有自己的模式？

王：他们那些文字，我们都看不懂（笑）。

熊：我看这个蜡染，没有什么机械可以代替，它们的价值就在于是纯手工的。

（致谢）

八　都匀市访谈纪要

访都匀市非物质文化遗产管理科科长黄仁龙

访谈对象	黄仁龙
访谈对象身份	黔南州非物质文化遗产管理科科长
访谈时间	2013 年 11 月 25 日 9：10
访谈地点	黔南州非物质文化遗产管理科办公室
访谈主题	黔南州非遗项目对外交流状况
本人是否参加过对外交流	无
访谈者	李晨（研究生）
记录者	白金花（研究生）

小刘领我们来到黄科长的办公室，由于事先打过招呼，他很直接地问我们需要哪些帮助，接下来我们进行详细的访问。遗憾的是，他没有参与过对外交流，也没有提供书面资料。

李：黄科长，那请您给我们介绍一下我们黔南州在非遗保护这一块的工作情况？

黄：黔南州拥有丰富的非物质文化遗产项目，其中国家级的有 11 项，省级的有 75 项，州县级的有 300 多项。保护的比较好的是省级的，其中有几个还有工艺品市场，如水族马尾绣工艺品的开发有 10 年之久，有一定的知名度，产业已初具规模，有几百人在做，月收入上千元，也有固定市场，远销港澳台等地区。每个县都设有非物质文化遗产保护办公室，属文化局下辖的事业单位，负责非物质文化遗产的宣传、保护和申报工作，政府也有资金的投入，在机制方面，非物质文化遗产的保护还是比较完善的。

李：那再请您介绍一下我们的非遗项目参与国外或者港澳台地区交流的情况？

黄：在非物质文化遗产保护方面，主要有三个方面的内容：首先是深入挖掘，主要是进行普查、收集资料、整理和传承。这方面的工作开展有一定困难，工作量大，耗时长、人手不够，地方编制有限，还需要不断加强。其次是申报保护，这方面的工作投入力度比较大。最后是要推出去，只要有机会就会走出去。从国内看来，曾参加上海、广州、深圳、北京、西安博览会的展演。从对外来看，非遗产品和技艺类的非遗项目，由省厅组织，参加过香港地区、台湾省、维也纳的展演。走出去，让全世界更多的人了解和接受我们的民族文化。总体来说，非物质文化遗产的保护工作开展不错，对外交流是今后发展的趋势。做好申报保护工作，才有资金支持。走好产业化道路，才是发展之路。

李：那您觉得在对外交流中有哪些困难？

黄：非物质文化遗产对外交流的困难，主要表现在三个方面：第一，观念比较保守、陈旧，没有顺应市场经济发展的需求。传承人对非遗产品的创新不够，如马尾绣的包装简单，没有实现其真正的市场价值，政府已经意识到这一点，需要逐步转变传承人的思路。第二，经费短缺，财政收入少是贵州省的省情，每年都需要国家补贴，政府对非物质文化遗产开发保护的资金投入不够，往往需要自己想办法。有些非遗产品本来是可以做大的，但因资金不够，只能压缩。第三，政府领导还是将经济建设放在了首位，文化发展还处于较边缘的位置。希望领导决策层能够掌握好、权衡好经济发展与文化建设的度。

李：请您再给我们讲讲咱们非遗对外交流活动中成功的地方？

黄：非物质文化遗产对外交流活动的成功，体现在两个方面：第一，非遗工艺品和舞蹈受到港、台同胞的热烈欢迎，我们的民族文化受到大家的接受和认可是非遗对外交流活动中最大的成功和收获；第二，非遗工艺品的销量变大，带来了实实在在的收益。对外交流只有好处，没有坏处，走出去才是非物质文化遗产最好的出路，应该千方百计走出去，政府也应大力支持。

李：那您认为，这些成功之处的原因有哪些？

黄：非物质文化遗产对外交流之所以成功，首先是因为我们民族文化自身的优秀，走出去的都是精挑细选的文化精品；其次，近年来国家越来越重视文化的建设与发展，群众也希望自己的文化能够发扬光大，这是民族自信的表现，民族自豪感也由此倍增；再次，由于我国综合国力的提高，外国人也有了解中国文化的欲望。对外交流活动的成功也离不开省厅外联处的沟通与协助。

李：那您对今后对外交流活动还有什么更好的建议或设想？

黄：今后还是要多多总结经验教训，为非物质文化遗产顺利走出去创造条件、铺平道路。

（致谢）

九 三都县访谈纪要

访谈一：访三都县非遗办工作人员

访谈对象	石锦彪
访谈对象身份	三都县非遗办工作人员
访谈时间	2013 年 11 月 26 日 9：00
访谈地点	凤之羽展示厅
访谈主题	三都县非遗项目对外交流状况
本人是否参加过对外交流	无
访谈者	李晨（研究生）
记录者	白金花（研究生）

展示厅内有些昏暗，这位工作人员一边忙着手头的工作，一边招呼我们随便参观。我们开始自我介绍，出示上级函件，一起坐在了电脑旁。他的表情显得有些拘谨。

李：昨天联系潘主任（三都县非遗办主任），她说在开会，开完会还要去贵阳，没时间接受我们的访问，所以把您的联系方式提供给我们。

石：嗯，昨天开了一个和加拿大合作项目的会，要支持一些资金，作为宣传。以后需要什么东西，他会支持一些资金，比如说我们的水书，以前那个水书字典，原来第一次印的 3000 册，后来就没有了，全部赠送给领导了。这次，这个项目以后追加资金给水书这些方面，包括水书宣传册，他都拿钱出来印刷，然后发给学校。

李：发到咱这边的学校，还是他们那边？

石：咱们这里。

李：那这个项目具体是叫什么名称呢？

石：它是个……具体叫什么，我……看看，它是"中加少数民族文化传承与保护"这个项目。

李：这个项目做得时间也挺久了，是吧？

石：两年了。

李：两年了！

石：现在去的，昨天才去搞那个总结。

李：那这个项目结束了？已经？

石：结束了，它有可能以后追加，互相联系啊……

李：石老师，您现在简单介绍一下咱三都县非遗保护工作这方面的情况吧，一个大概的情况？

石：非遗啊，主要是水书，针对水书，我们在每一个学校，因为现在我们的水书先生基本上是老龄化了，年轻的都不想学，因为毕竟学汉文，它可以考工作，他回来可以找班上，学那个水书，像现在我们的水书先生很聪明，我们这边给一些保护经费，那个省级的一年5000元。

李：一年5000元？

石：对，这个钱是国家文化部给的，还有那个国家级的是1.2万元。

李：一年1.2万元？

石：是，一年1.2万元，传承人。它这个申报非常严格，不可能每一个都拿到这证书，现在在三都那的水书传承人，只成功申报了一个省级的，现在都90多岁了。

李：90多岁了？

石：那边搞了个座谈会，当着县长的面，省里边文字啊，相反，我们申报就只拿了个省级的，而且现在都90多岁了。

李：就他一个人？

石：对，就他一个人。万一哪天他不在了，我们连一个省级的都没有了。（哈哈……）

李：那我们底下州、县总共保护了几个传承人？

石：现在是167个，第一次命名的，包括外销输出的，有12项。

李：是县级还是州级？

石：有州级、县级、省级和国家级的。

李：国家级的现在是有两项，那省级的有几项？

石：国家级的有三项，端节、水书、马尾绣。

李：那省级的有几个？

石：12 项。

李：州级的有几项？

石：州级的是 5 项，好像是，我现在也记不清了，我现在电脑也打不开，刚才那本书上有，哪一项是国家的，哪一项是省级的，都有。前面目录，它是这样，比如说你是国家级的，它省级里面也是省级的。

李：那也是说，只要是国家级的就是省级的。

石：对，是国家级的就是省级的，还有我们水书啊，现在针对学校这块，一个月啊，上一两节课

李：让学生写水书？

石：欸！水书先生。

李：是传承人在教授他们吗？

石：欸，因为传承人发这部分钱，他们有义务传承。水书先生说，我还愿意给他们做饭吃了，但他们没有愿意来，哈哈……因为这个东西，他感觉……我本身也是水族的，以前不管婚丧娶嫁，都要用。比如说丧葬，现在只放 3、5、7 天，以前在我们那里，停一个月的都有，现在不像以前了，所以它慢慢地就消失了。现在比如说水话，我们这代人还说，像我女儿这一代，在学校里面，人家说她是水族啊，她会觉得害羞，她都不跟别人说水话。再过三五年，我们的这边的水话……现在云南富源县古敢水族乡，水话根本不会说了，但他是水族。

从我们这边在贵州或黔南州来说，我们三都水族啊，是国家级项目最多的，而且在保护这块，也是做得比较好的，在省里面也是挂上名的。

李：我看这边展示厅，就做得挺好的。

石：展示厅就是我们两个人在做，我们两个开始做，纯粹是为了宣传，不考虑赚钱，所以县里面专门针对我们搞这个，给我们特殊的扶持。

李：但这个也是出售的？

石：这个可以出售的，因为现在马尾绣传承人有好几千人，每年都会培训四五百人，他会做了，他们做好了，就拿给你，这没有办法，所以就有销出去的。当时这个展厅是国家出钱的，现在是私人在经营。……就是

有几张，挂在上面。我这里每年都接待好几万人，每年都是，像大学的学生、老师搞课题，来这里。

李：这也是个宣传，是吧？石老师，咱们县非遗项目这么多，有哪些参与过对外交流的？就是去过国外或者是港澳台地区的？

石：水书、马尾绣。

李：去过哪里呢？

石：加拿大，是韦桃花去的；还有宋水仙去了（中国）港澳台地区，潘小菊去了台湾省。

李：这些都是传承人？

石：都是传承人，他们都出去。我们没出去过。因为这都是省里组织的，有个组委会，我们负责下面的工作。

李：那马尾绣去过哪里？

石：一般出去的话，都会去。我们交代他们那些水书、马尾绣，这里有些记录。

李：那对外交流这方面的资料还挺多的？

石：我只做过宋水仙的，韦桃花那她本身有，你可以去那里了解。

李：那其他什么日程安排也是由你负责吗？

石：我们没有负责。

李：那比如说传承人出去带一些道具啊，单子可以给我们吗？

石：他们出去，带东西都从这边领。这单子没有保存，一般是手写。

李：传承人出去之前，开会吗？

石：我们一般不开会。

李：有照片吗？

石：有一些，有的发给我，只有宋水仙有，其他人出去不注意收集这些。

李：宋水仙是国家的？还是省级的？

石：她是国家级的。

李：那你们这边有没有传承人的书面总结，个人资料？

石：这些方面有是有，没有总结过，有他们的申报材料。

李：这个传承人现在在咱们县城？

石：宋水仙不在三都，韦桃花在，我打个电话，看她在哪个地方。

李：咱们这个对外交流，近三年来，去过几次？

石：三年来，去过十几次。都是港澳台（地区）、新加坡。

李：去港澳台地区是自己去的？还是省厅组织的？

石：省厅组织的，这次去香港地区，包括苗族、水族、侗族等，分不同展厅展览。

李：最近一次去了哪里？

石：就是香港地区，2013 年 5 月，《根与魂》。

李：那石老师，您没有出去过？

石：我没有出去过，这次针对这个公司，出去的是马来西亚，刚刚去的，还没回来。

李：这次由谁带出去的？

石：是州经贸局组织的（资料已拍照）

李：这次有没有带传承人？

石：这次没有带，只是带我们的工艺品。

李：您觉得咱们走出去的优势在哪里？

石：出去展示，经贸这一块，有些商家会跟踪订单，主要起到宣传作用，马尾绣本身也吸引客人。

李：除了这个，还有哪些优势？

石：这个说不准，如果有开发，可能还会有，得看客人需求。

李：在对外交流中，存在哪些问题？

石：也没有什么问题，没有什么困难，只是他们要出去的话，针对我们的工作，会增加压力，呵呵……

李：石老师，咱们这个端节有没有对外交流？

石：没有，县里面对外面搞个记者招待会，发布会，比如端节活动，会有背景资料。我们出去，会带一些相关图片，作为宣传，它本身就是一个节日。

李：对这个端节，是怎么保护的？

石：这个节有很多活动形式，利用保护经费的支持，比如用作赛马比赛、马尾绣、唱歌比赛的奖金。

李：端节有传承人吗？

石：它是个民俗，没有，一般技艺类的才有。

李：如果让端节走出去，您希望以什么样的形式走出去，才能更好地传播我们的民族文化？

石：要真正走出的话，以一种舞台剧的形式、开记者发布会等，这个不太现实，会需要很大的资金，这也是对外交流的最大困难。

李：那您有什么建议和想法才能更好地促进我们走出去，哪些方面需要提升一下？

石：主要针对媒体宣传，网络等，仅仅依靠一两次的对外展演是不够的。

李：那除了在媒体方面扩大宣传力度之外，那其他方面还有什么值得改进的？

石：产品开发，招商引资，招大公司多投资点钱。比如说在贵州省多建几个像这样的展示厅，游客都是有钱的，在社会上都是有一些地位的，他们来旅游，看到这个，会写进博客。这样一个圈中的朋友也都会了解，有利于宣传。

（致谢）

访谈二：访三都县马尾绣国家级传承人

访谈对象	韦桃花
访谈对象身份	马尾绣国家级传承人
访谈时间	2013 年 11 月 26 日 10：30
访谈地点	韦桃花马尾绣展示厅
访谈主题	马尾绣非遗项目对外交流状况
本人是否参加过对外交流	有
访谈者	李晨（研究生）
记录者	白金花（研究生）

韦桃花的马尾绣展示厅不足 50 平方米，室内墙上、柜台都摆满了各式各样的马尾绣作品。我们边欣赏这些作品，边等着韦桃花。大约过了半个小时，一个穿着时尚，干练瘦削的中年妇女进来，跟我们握手，招呼我们坐，这就是马尾绣的国家级传承人韦桃花。我们自我介绍之后开始

访问：

李：这些作品都是您绣的啊？

韦：我 5 岁就开始绣了，我孙孙现在也跟我学，她也绣。

李：韦师傅，您做马尾绣这么多年，那您是出去过的吧？就是走出国门那种。

韦：对，2011 年，去过意大利和法国。

李：这次去是省里组织，还是？

韦：是省里组织的。

李：去意大利那次去了多久？

韦：去了半个月。

李：法国那次呢？

韦：也是半个月。

李：那意大利那次，去了多少人？

韦：30 个人，连领导。

李：总共 30 个人？那您出去，意大利这次，是现场绣吗？

韦：是，现场绣。

李：那些观众会围着你看吗？

韦：是，看了才会买。

李：您那次去意大利，人家是怎么招待你们的？

韦：吃盒饭，晚上带我们去"贵州馆"吃饭？

李：住怎么住？

韦：对方安排的，住酒店了，30 个人都住酒店。

李：总体接待怎么样？

韦：那很好啊！他们都很喜欢，在边边上看。

李：那您卖了不少马尾绣的作品吧？

韦：对，卖马尾绣，还有那个牛角？

李：您绣一幅作品应该挺费时间的吧？不是一会就完成的吧？

韦：不是，他就是看我那个马尾巴怎么弄，还有怎么绣，还有里面（拿自己的作品，给我们讲解）

李：太复杂了！

韦：是，太复杂了，还要卖贵一点，那一个钟头，才弄好一点点

（继续讲解）……

李：那绣的话，得把图先画好？

韦：如果我绣，就不用画啦！（钩边、踩线）

李：韦师傅，在您对外交流过程中，您总体觉得他们招待的很好，那会不会有语言不通，怎么解决啊？

韦：省里面有翻译了。

李：那人家外国人会请教您很多问题，您说话他们听不懂，他们说话您也听不懂，那怎么办？

韦：他问呢。

李：那是翻译在一旁帮你们吗？

韦：有些他翻译呢，有些他不在，他去别处转了。他问我，这一张多少钱？他不会这样问啦！他只是这样（比划数钱的手势）。那我也不会说，就写一个数字，买 200、80，要写。写 100、200、1000，他都认得。那他看懂了，他会这样（比划向下压的手势），往下调价。他说下、下，可以少 10 块、20 块？那我另外再给他写，语言不通，就是这样子了。

李：那要是有翻译在的话，翻译就会帮你们说？

韦：是。

李：那他们就是看你绣，想问你一些问题，他们怎么跟你交流呢？

韦：那他不会说什么，他只是看我绣，就拿起来递给我看，我明白他，我就给他看（拿起样品解释说怎么绣），如果你不绣，他就以为这里面是画画的。

李：那您在那绣，别人在旁边看，他们有没有对你有评价？

韦：有，他这样（竖个大拇指），那的人看见了，就又买了。

李：那你们带团 30 人，他们都是绣马尾绣的？

韦：就我一个人。

李：只您一个人？那围着的观众应该挺多的吧？好多人都看您绣？

韦：是好多人看，他们有卖银饰啊！蜡染啊！

李：哦，这些都有，那咱在那，给咱一个场地表演呢？还是？

韦：两个人 9 米，在一起，桌子他都摆好。

李：除了咱们国家在那，其他那些国家跟咱一起表演吗？

韦：人家都是卖饰品，不卖我们这些手工，卖吃的啊，衣服啊，其他商品啊，就是外国人没有绣。

李：没有手工展示的？

韦：是，没有手工展示的。

李：那你们那次去意大利，是叫个什么活动呢？

韦：叫什么……就是他们带队的，我不太注意这个（柜台里的儿子说："意大利世界手工艺博览会"）我带个牌子来到家，没想到你们问，我都没注意（笑着说）。

李：那咱们国家除了咱们贵州省，其他省也有吧？还是说你们是代表中国去的？

韦：只有贵州省，其他没有。

李：其他省没有去？

韦：那我不认识。

李：那既然是中国的，您还能不认识吗？

韦：那我，只有贵州省领导，我们团队，其他不知道了，如果在我们中国不都说我们这边话。

李：那您绣完后，他们看了，会有什么样的评价？

韦：就说很好，他那边没有手工艺。

李：那当时，意大利领导也会参观吧？

韦：来参观过，电视台都有拍摄。

李：那您知道是意大利哪个领导吗？

韦：那我不知道。

李：是不是挺多的？

韦：是。

李：那这些领导是怎么评价的呢？

韦：他们也说很好。

李：他们有没有问你什么问题？

韦：问了，那翻译没跟我说，我也听不懂。他就是过来参观。

李：你们是在一个广场展示吗？

韦：是在一个城市，有一个房子，什么地方，我也不知道，是室内的。

李：那你们在意大利半个月，每天都展演吗？

韦：就是抽两天的时间，分成两组去串一下，比如我第一组，今天去一天就回来，再让第二组去，里面展位要留人卖东西，是不能空的，反正里面两个人，你在我要去，你去我要在。

李：每天都有当地人参观吗？很多吗？

韦：对，很多人，最后那一天卖得很好（哈哈……）

李：那您有没有算，您在意大利的半个月时间，卖了多少件马尾绣？

韦：那我也带不了好多，他也不给超重，又要带衣服的。

李：那基本上带过去的都卖了，还不够，是不是？

韦：一样带一点，不能带多，一个箱子就满了。

李：那您带过去的都卖光了？

韦：嗯，都卖了。

李：在您看来，您去意大利这次，总体还是挺满意的？

韦：嗯，挺满意的。北京电视台、凤凰卫视、十频道、四频道都有来这里，来宣传的。（儿子记录了母亲的出访时间，电视台采访，获奖情况等，为我们详解了他们公司的宣传册、展示的工艺品）

李：那总体来说，这次对外交流活动还是挺成功的？

韦：嗯，挺成功的。

李：那有没有觉得有些不是那么完善的地方？

韦：我就是想更扩大一点，就是缺经济。我们这里小的是几十元，大的是几千元。那这个手工，绣这个大的就得一两个月，全部手工。那这个钱就是压货，人家要绣，你要拿钱给人家，绣这个又慢。

李：那这些有些不是你绣的？

韦：有些是，有些是女工绣的，那要培养她们。

李：那您总体对你去意大利那次做个评价。

韦：那我回来，比以前都好，比前几年都好，卖得比前几年都好。

李：去法国那次，怎么样？

韦：去法国也好，反正人家都是看你绣，要看绣，他才会买。

李：那您在意大利把东西卖完了，去法国还有的卖吗？

韦：我去哪，反正就是一个箱子，不能多带，还得有展示的东西，不能把摊位空了。

李：那您去法国那次，人家是怎么接待您的呀？

韦：都是跟那个米兰那边一样啦。

李：那法国人很喜欢您这个马尾绣吧？

韦：也喜欢。

李：就是像意大利一样，在一个展厅展示？

韦：是，一个展厅，还要带一些银饰。

李：那你们交流的话，也是那样比划吗？

韦：都是比划。

李：那法国人也问你很多问题吧？

韦：也问了，还是这样比划。要绣给他看，现场表演。有人了也要绣，没有人来也要绣，人家见你绣了，他就进来看。

李：您在法国，当地的官员也去看吗？

韦：也去，他们说这个很复杂。（哈哈……）

李：那您去法国这次，也觉得挺满意的，有没有觉得不好的？

韦：挺满意吧，没有，都挺好的，人家都安排好了。

李：各方面都挺满意的？那吃的方面呢？

韦：吃的就去"贵州馆"。

李：还是吃家乡的东西？

韦：味道是有点外国的，有时我们去逛，也吃当地的，吃一两天还行。

李：那您对这两次对外交流做一个总体评价吧？

韦：去了意大利，人家才认识我们马尾绣。不去，外国人都不知道，从那边过来，北京电视台来，全国各地才知道我们的马尾绣，原来有的贵州的都不知道，现在人家认识多一些，现在很好。

李：以后还有机会，您还是要出去的？

韦：是啊！要出去宣传，还希望北京电视台再来一次，多宣传一下。

李：您觉得除了宣传之外，怎样进一步让大家了解这个东西呢？

韦：要出去的，别人光听说，没有见过，不知道什么是马尾绣。他见了这个东西，也不一定了解，以为是画画的。我去每个地方，都带马尾，线，现场绣。

李：那您对咱们这个马尾绣，还有什么想法？

韦：要带动，不去做农活了，全部做这些。儿子、媳妇都来这里。还要带动村妇，教他们绣，没有那个接班的，那就没有了。每个乡镇，培训他们。前几年，都没有人绣的，从 2005 年，从乡下来到三都，开了一个门市。2006 年，出去比赛，得个特等奖，个个都说我去外面了，去三都了，做工作的也没有得过特等奖。我设计图，拿去乡镇、寨子，拿去给他们。

李：政府给您支持帮助吗？

韦：乡政府帮扩大门面，扩大场地，教那些农妇。她们有好多人会绣，不会配线，好多人愿意跟我学，有 2000 多人，愿意跟我学。

（致谢）

十 黎平县访谈纪要

访谈一：访黎平县非遗保护中心办公室主任

访谈对象	吴再峰
访谈对象身份	贵州省黎平县非遗保护中心主任
访谈时间	2013 年 11 月 28 日上午 10：00
访谈地点	黎平县文体广电局非遗保护中心办公室
访谈主题	黎平县非遗项目对外交流状况
本人是否参加过对外交流	有
访谈者	白金花（研究生）
记录者	李晨（研究生）

背景：这个非遗中心是我们目前所见唯一一个在文体广电局内部办公的。吴主任人比较健谈，随和，配合度很高，就是比较忙，时不时有人来找他。本人也几次离开办公室，访谈也因此中断数次。

白：先请您介绍一下咱们县非遗这方面开发与保护的基本情况？

吴：黎平可以说是非遗大县，我们有世界级非物质文化遗产侗族大歌，国家级的有 6 项，省级的有 19 项，州级的好像有 23 项吧。

白：县级的就更多了吧？

吴：县级更多，有 50 多项吧。目前还有 400 多条非遗线索需要去普查，完成的话就可以报成县级的。

白：传承人这方面呢？

吴：国家级的有五位，其中有一位已经去世了。

白：具体是哪些项目的呢？

吴：有侗族大歌，1 个国家级，琵琶歌有 2 个，1 个已经去世了，侗戏有 2 个，也是国家级的，省级传承人有 12 个。县级有 167 个，第二批我们报了 300 多人，政府还在审核，还没下文。

白：咱们这个开发与保护平时就是普查，调查吗？

吴：嗯，主要是普查，调查。像侗族大歌这些不是有保护经费嘛，我们就可以用这个保护经费去组建那些老歌队，开展工作的时候，就可以用这个钱补助传承人。

白：主要是民间自发的，然后咱们再给予他们资金补助？

吴：嗯，主要就是给他们一些补助。

白：就您掌握的情况，有没有开展过国外的这种交流？

吴：我做这工作以来，我自己组团去过比利时、芬兰、瑞士、卢森堡，都是我自己组团过去的。

白：这是哪一年的，是同一年去的还是分开去的呢？

吴：分两年吧，2009 年去的比利时、芬兰和卢森堡，瑞士是单独去的，日本也去过。

白：您也参与演出吗？

吴：嗯，每次都参演的，唱大歌，9 个人演 90 分钟，有能耐啊。

白：那你们去是受邀去的还是自己去的？

吴：我们的团队都是民间组织的，我们自己过去的，没有麻烦政府。

白：那您是受邀过去的？

吴：基本上是受当地政府的邀请，主要是去做展演的，公益性质的。我们去过的地方很多：浙江，上海，山东都去过，也得了很多奖。侗族大歌在国内拿到过山花奖，这是中国民间文艺最高奖项。

白：那出去演出有得奖吗？

吴：不多，主要是做展演，展示一下的。

白：咱们过去，对方是如何接待的？

吴：接待很正常啊，什么礼节就什么礼节，国外的观众也很尊重人的，表演的时候底下是没有声音的，静静地听。结束了大家都站起来给你鼓掌，很热闹。接待都是住酒店，吃西餐，只有一次有人请我们去大使馆吃饭，吃了一顿中餐。平时都是吃西餐，很不习惯。

白：那其他国家是如何接待的？

吴：日本方面是国学院接待，一个大学接待的。在他那边，就是睡觉很不习惯，太低了，不舒服。

白：日本去了多久？

吴：一个星期吧，总共演两场。日本连着去了三年，都是他们接待的。

白：那您去瑞士那次是谁接待的？

吴：那次是"欧罗巴利亚中国艺术节"，习近平也去了，他在那边做演讲，我们在这边表演。

白：在那边待了多久？

吴：七八天左右吧，一趟走完的，演了六场，这三个国家各演两场。

白：这些国家如何接待？

吴：这个说不清楚……

白：总体的接待感受如何？

吴：虽然觉得语言不通，但觉得很圆满，很尊重人。在那边，人家也不会盯着你看，觉得大家都一样。

白：你们过去也有翻译吧？

吴：有的，文化部派的，外联工作都由他们负责，我们不管的。

白：有没有遇到困难？

吴：没有，不过有个有意思的事，那天翻译有事外出了。我想喝酒，但欧洲那边没有白酒，只有啤酒。我就和另一个同事一起去买，结果，买回来一喝竟然是饮料！（哈哈笑）还有一回，去买下酒的东西，结果去了狗粮区。我同事说"这个，这个漂亮，这是狗肉"，我拿出来看看，觉得不对劲，怎么这么多狗呢，结果才发现是狗粮……买人粮去了狗粮区（哈哈笑）。在日本就不存在这个问题，大街上都是些变形的中文。

白：对外交流中，感受最深的是什么？

吴：我就觉得，日本人学东西比中国人认真，我们到国学院去，在那儿遇到一个博士，他是日本人，会说岩洞话，而且还比较流利。他就是过年的时候来这边学了五天，专业是人类语言学，在这边录了音，回国后又学了半年，就这样学。我们到那边，他就跟我们说侗话。

他们跟我们不一样，他们那边的文化保留得好。他们的博物馆有我们黔东南的刺绣，铜鼓，他那边都有的。中国要再不把这些东西保留得好，可能以后都要向他们要。还有就是，他们做事很舍得花钱的，日本人出资40万元建鼓楼，从开始伐木就一直在摄像，全程录像。

白：除了对日本人做事认真之外，还有其他印象深刻的吗？

吴：没有其他的吧，在我们这边就是听侗歌，看侗寨；在他们那里就是看教堂，逛教堂，也有旅游环节，体现的是一种文化差异性。

白：那您演出的时候，演出结束后会有交流吗？

吴：有的，他们会问"大歌在哪儿学啊"、"有没有谱子啊"这类问题。这些国家的人都这么问。在瑞士，遇到一个云南女子，她是嫁到那边的。她听了我们的演出当场就哭了，说我是云南的，我们那边我怎么没发现有这么一个文化，还说我下次回去，一定要到贵州，要到黎平去。

白：有没有听到观众对演出的评价？

吴：在瑞士的时候，他们说，你们这个大歌，就像瑞士表一样，肯定会世界出名的。他们不喜欢过度包装的，更喜欢原生态的多一些，我们那次去，还有昆曲的，他们运用现代的声光电什么的，做了舞台的包装，他们就不是很喜欢，从酒会上就能看得出来。

白：您觉得对外交流成功的地方是什么？

吴：我觉得，还是提高了民族的知名度，侗族的知名度，我们出去了他们才知道，有这么一个民族，文化是未受污染的，是纯天然的。也认识了几个朋友，过节会寄东西过来，关系很不错。

白：在维也纳展演是在哪种场地啊？

吴：金色大厅啊，没几个人去过的。

白：在瑞士、芬兰是哪种场地？

吴：在瑞士是在瑞士大厦，芬兰是在芬兰大厦。

白：在对外交流方面，觉得遗憾的是什么？

吴：总体觉得，没有好好学英语，不太方便。作为一个演员，因为倒时差，有些累，上台表演的时候起音有些低了，不过绝活基本发挥出来了，没有失误。

白：对今后走出去有何设想或是建议？让更多项目走出去。

吴：明年四五月打算去华盛顿，做一个整场演出，像大歌啊，斗牛啊，各个歌种，生活习俗什么的都想搬上舞台。希望以后在有经费的情况下，尽量在各个村寨组建更多的传承队伍，给他们补助什么的，把面铺开、铺宽一点。

白：您对非遗对外交流的总体评价是什么？

吴：非遗这块是看不见的，是无形的资产。但我们也必须要出去，要走出去，做一个传承，我们也会主动找平台，让他们展示，给他们一些劳务费，去国外每人400元一天，这样也能激发积极性，让它更好传下去。

白：那您觉得有没有需要改进的地方？

吴：原生态就好，是怎样就怎样，包装会破坏圆满性，改编的不见得受欢迎。

访谈到此结束，致谢，离开。

访谈二：访国家级侗戏传承人

访谈对象	吴胜华
访谈对象身份	国家级侗戏传承人
访谈时间	2013年11月28日下午14：20
访谈地点	黎平县茅贡乡地们村村委会二楼
访谈主题	黎平县非遗项目侗戏对外交流状况
本人是否参加过对外交流	有
访谈者	白金花（研究生）
记录者	李晨（研究生）

背景：下了班车之后又走了10里山路才来到寨子里，吴师傅好像还是村委会主任，在访谈的时候还有两位工作人员在我们旁边办公。

白：您参与的对外交流有哪些？

吴：2009年去的港澳地区，2011年去了瑞士。

白：您去瑞士那次，对方是如何接待的？

吴：我们那次是代表中国西部侗族去演出的。

白：谁组织的呢？

吴：文化部组织的，参加中瑞建交60周年庆典演出。

白：去了多少人啊？

吴：一共去了12个人，表演侗戏的，演出的时间不长，就半个小时，待了三天，演了一场。

白：是在什么场所演出的呢？

吴：是在瑞士苏黎世的一个剧场里。

白：对方是什么性质的机构接待了咱们啊？

吴：接待？也就是一个文化论坛的组委会。

白：住酒店，吃西餐吗？

吴：嗯，住酒店，吃西餐。

白：还习惯吗，对这些？

吴：开始觉得不习惯，第一天，是因为时差问题。

白：您对接待的总体感受是什么？

吴：往返的机票都是订好的，没人送，到时候上机就可以了。我们那次去了一个剧团，作为侗族，我们觉得很荣幸，表演一结束就让我们参加了他们的酒会。

白：您演出时，发挥得怎么样？

吴：尽自己最大努力吧。

白：那有没有遇到什么困难？

吴：基本没有，很自然就发挥出来了，因为我们之前也有彩排的，场场爆满。

白：表演过程中，现场反响怎么样？

吴：反正，我们出场，进场都有热烈的掌声。

白：那结束后，观众有没有问一些问题啊？

吴：有啊，跟我们合影，一般没人问问题。

白：参加酒会，具体流程是什么？

吴：外国酒会与中国不同，就是以喝酒为主，我们参加酒会就是为了给他们唱敬酒歌，语言不通，很少有交流，我们主要是以歌敬酒。

白：在酒会上，有没有听到一些评价？

吴：评价还是比较高的，对侗族文化这一块。

白：那有没有其他方面的评价？

吴：他们觉得我们的服饰很有特色。

白：去瑞士这次，哪个地方令您非常满意，很舒服？

吴：这个我也谈不好（呵呵笑），感觉比较富有，文明。

白：有没有感到遗憾的地方？

吴：遗憾就是东西太贵，本来是要带东西回来的，最遗憾就是这个。

白：对以后的对外交流有何打算或设想？

吴：主要就是把民族文化尽量地传播出去。

白：有没有更好的建议？

吴：针对民族文化传承这一块，在农村还是比较难得，市场经济冲击到了文化。现在年轻人都出去打工，找票子。在农村，年轻人要是不出去，既没有事做，也没有钱花。我们现在做一个演出，人数不好凑，这是实实在在的难处。资金这块也有困难。

白：总的来说，您是支持民族文化走出去的？

吴：嗯，对。希望有更多这样的机会。

白：您有没有想过以后侗戏的传承找到一条既保护传统文化，同时又带动经济发展这么一条路呢？

吴：想过，但这个不是单方面的问题，要靠全社会来做。一个是国家把侗戏列入议事日程或有专项资金，那我们底下的工作就好做了。

白：这是去瑞士的情况。那您去香港地区那次，接待情况是怎么的？

吴：那边成立了一个"西部文化工作室"，他们邀请我们参加在澳门特区举办的"世界国际音乐节"。

白：这次是有谁组织的？

吴：香港（地区）明德创意集团组织的。

白：这次是坐飞机去的吗？

吴：没有，从广州坐火车去的。

白：去了多少人？多久？

吴：12个人，一星期。

白：去港澳地区这次，有什么感受？

吴：社会秩序比较好，卫生这一块，我们远远比不上。去的那几天，都不用擦皮鞋。比较文明，人让车，不是车让人，人家的素质比我们要好得多。

白：您对今后对外交流，有什么愿景？

吴：尽自己最大的努力，把自己的民族文化宣传出去，困难主要是资金方面。资金一到位，其他都好解决。

访谈到此结束，致谢，离开。

十一　凯里市访谈纪要

访谈一：访侗医药保护单位代表

（一）访谈背景

侗医药是中国医学宝库中一颗璀璨的明珠。世世代代生活在山区的侗族人民在与自然和各种疾病进行斗争中，积累了治疗各种疾病的经验，形成了独具特色的侗医药学体系。由于侗医药在治疗疾病过程中简便实用，在侗族人民中有着广泛的根基。侗医早期以巫医为主，其医学发展经历了原始医学、侗傩医学（即巫医侗医药学）、经验医学、理论医学等阶段。其核心是天、地、气、水、人五位一体思想，主要强调气和水在维持人体功能活动中的重要性。疾病分为冷病和热病。

侗医药作为传统医药被列为第二批国家级非物质文化遗产名录，当时的申报项目为"过路黄"药制作工艺，项目的申报、保护责任单位是贵州省黔东南苗族侗族自治州民族医药研究院。

（二）访谈对象简况

访谈对象	袁涛忠
访谈对象身份	黔东南苗族侗族自治州民族医药研究院科室主任、副主任医师、苗族侗族医药资深研究人员（已退休 10 余年，如今为返聘医师）
访谈时间	2013 年 11 月 22 日上午
访谈地点	贵州省黔东南苗族侗族自治州民族医药研究院
访谈主题	侗医药对外交流情况
是否参加过对外交流活动	该项目参加过（本人未直接参与）

续表

访谈对象	袁涛忠
访谈人	师国华、高晓静
备注	1. 访谈期间，贵州省黔东南苗族侗族自治州民族医药研究院龙冬艳副院长、医生周曦曦、州非物质文化遗产保护中心干部王桂珍及医院其他工作人员全程参与。 2. 拍摄有部分照片，并向袁涛忠主任索要了有关照片及文字材料。

（三）访谈要点

1. 研究院的基本情况

我们这个研究院是专门研究苗族侗族民族医药的，现在也设立有附属医院，关于苗医药和侗医药都有专门的展厅，也分别有相应的工作人员，新招录的周曦曦等医学专业的研究生确定为从事侗医药非物质文化遗产保护。我们这个项目是 2008 年被批准为国家级非物质文化遗产项目的，主要是以"过路黄"药制作工艺作为代表申报的（简单介绍了侗医药这个项目的有关情况，此略）。

2. 对外交流情况

我们接待国内外友人参观、考察多次，对外交流近年只有一次。2013年 8 月，由贵州省文化厅组织，我们侗医药这个项目在香港地区参加过交流。好像名称是"根与魂"这样的贵州非物质文化遗产方面的推介交流活动，主要是对苗药、侗药通过药材标本、文字和图片等进行展示，研究院相关人员以及两个侗药传承人都没有参加，研究院只是按要求准备和提供有关展览资料。参与的大都是省里的，州里去的人也是其他非遗项目的，据说是省政府控制出访人数。据我了解，企业和民间团体目前也没有组织过对外交流，来我们这里看的比较多一些。

3. 作为一个研究机构，研究院在侗医药的推广、推介方面有无愿望？

不是有愿望，我们现在正在做，比如下面有一些民间医生经过考试、考核后可以在我们医院上班，这个就有意识地把侗医药推介推广出来；州里面拟定了一个保护发展苗族医药侗族医药的条例，从地区执法这个概念上明确，我们主要的任务除了传承、创新以外，还要让它走向现代化，再走向国际化，我们正在做这个事，包括国外像美国的、加拿大的、越南的，日本、韩国等10多个国家和地区对这个还是比较感兴趣的，前来参观考察，特别是韩国也有个民族医药研究院。他们来我们这儿看过，就认为我们研究院比他们搞得好。我们很希望接待、接受国外的病例，很希望和国外进行交流。

4. 侗医药作为一个民族医药在向国外推广中有没有什么障碍？

在推广上的障碍主要是我们国家政策性问题，比如一个民族医生的行医资格，这个问题到现在还没有落实下来，现在我们正在解决这个问题，通过考试进行认定，至少是州一级的认定。还有就是相当部分的侗药并没有进入国家药典，这也是一个非常重要的因素。侗医药药物制剂的使用同样也受国家医药法规的限制。严格地讲，侗医药的推广、传播，在有些方面属于违法。民族医药的效果，现代医学是认可的。但现代医学说不出道理，有效但说不清道理，目前就处于这种比较尴尬的境地。侗医药向外推广目前主要在于政策性问题，符合省里和州里的政策，与国家现行的医药法规有冲突。尤其是三个法规的影响：行医资格，药材的使用，药物制剂的使用，这三方面因素在某种程度上影响整个民族医药的发展。不能说国家法规的不好，国家出台这些法规也是为了安全。我们属于民族自治地区，目前省里、州里也很重视，目前正在争取在法理上要有所突破。

5. 在推广侗药方面有无其他更好的形式？

最好的形式可能就是与企业结合，建立完整的产业链，但这个产业链的建立在我们这里受到几个方面的影响。比如经费制约，如果有经费可以不受这几个法规条文的限制。比如侗药的制剂，如果要想推广使用就得获得国家医药方面的批准文号，而要完成这些申报，就需要大量的前期投入和经费支持，如果获得国家药品批准文号，这样推广起来就更容易。但我们黔东南有资源没有钱，州委、州政府也在强调产业链的建设，但说起来容易，因为需要的投资大，实际做起来有困难。

（四）体验性情况简述

访谈结束后，我们在龙冬艳副院长、袁涛忠主任、周曦曦医生等相关人员陪同下参观了该院的侗药、苗药展厅，该研究院设立有比较规范的侗药、苗药展厅，收集有大量较为完整的关于侗医药和苗医药的文字、图片及实物资料、研究成果，袁涛忠医生多年从事民族医药的研究，对侗医药研究颇有建树。展厅里还保留有一些国外同行来参观、考察的题词。参观期间又进行了随意性的询问，当我们感觉到展厅布置得很规范时，龙冬艳副院长、袁涛忠主任再次强调了侗医药推广存在经费缺乏的困难，目前国家并没有给这个非遗项目下达保护经费，现有的展厅建设都是研究院自筹资金完成的。（我们对展厅拍摄了部分照片）

访谈二：访侗医药传承人代表

（一）访谈背景

侗医药这个国家级非遗保护项目目前仅有两个州级传承人：一个在从江县，一个在凯里市，均在行医。通过黔东南苗族侗族自治州民族医药研究院了解到，两个传承人都没有参与过该项目对外交流活动，便选择一个代表作为访谈对象。

（二）访谈对象简况

访谈对象	张有碧
访谈对象身份	侗医药州级传承人、民间医生
访谈时间	2013 年 11 月 22 日下午
访谈地点	黔东南苗族侗族自治州凯里市老街张有碧诊所
访谈主题	关于侗医药的对外交流
是否参加过对外交流活动	没有参加过侗医药对外交流活动
访谈人	师国华、高晓静、史翠仙
备注	1. 贵州省黔东南苗族侗族自治州民族医药研究院医生周曦曦、小邓及张有碧医生的妻子，参与了访谈过程。 2. 拍摄有访谈工作照

（三）访谈要点

1. 基本情况：张老先生从小爱好侗医药，从 9 岁开始就跟随父亲上山采药，立志从事医药职业，将侗医药发扬光大，至今已有 58 年的临床工作经验，并在 2012 年 9 月正式被确定为黔东南自治州侗医药的传承人，成为家族第九代医术继承者。为了将祖传医药传承下来，目前已收有 7 个徒弟，他们也在各地行医。

2. 对外交流情况：张老先生于 2007 年在国内参加了《世界针灸学会联合会成立 20 周年暨世界针灸学术大会》，并在会上与外国友人进行了医术上的交流，对方向老先生竖起了称赞的大拇指。在 2013 年 8 月贵州省文化厅组织的赴香港对外交流文化活动中，作为侗医药的代表，老先生的祖传医药"过路黄"就被展出过。虽然老先生本人没有参加，但也算迈出了对外交流的第一步。在采访中，老先生认为侗医药对外交流并无障碍，困难还在于机会和经费。他表示坚决不参与非正规渠道组织的对外交流活动，不能把祖先遗传的东西随便泄露。同时，他表达了对侗医药对外交流的期待和愿望，他强烈希望通过政府部门组织的相关活动，把侗医药介绍给外界，让更多的人、更多的国家了解侗医药。

3. 体验性情况简述

张有碧医生身体康健，热情而不乏仔细。虽然我们有州民族医药研究院两个医生陪同，他和妻子还是翻阅了相关政府部门给我们出具的函件。采访过程中，他谈兴甚浓，专门为我们熬制了侗药类的茶饮料（类同于王老吉、加多宝一类，他说胜过那类饮料），不但为我们讲述了侗药的一些起源和药理，还拿出了轻易不示人的一些祖传的治病辅助道具，给我们演示。据黔东南州民族医药研究院的周曦曦医生讲，以前她来访谈时，老先生都没展示其中的有些"宝贝"。整个采访在讲述与演示交叉进行的过程中完成。张老先生一直处于兴奋状态。

高晓静同学还亲身参加了张老先生通过穴位与拔火罐、放血缓解颈椎疲劳病症的治疗体验。据我们观察，虽然由于时间关系，过程并不复杂，张老先生的治疗方法确实更显示出民间医生的特点，治疗也很娴熟。

十二 雷山县访谈纪要

访谈一：访雷山县非物质文化遗产主管部门领导

（一）访谈背景

苗族飞歌、苗寨吊脚楼营造技艺、苗族鼓藏节等三个随机抽样项目所在地均在雷山县，除了这三个抽样项目是否参加对外交流外，也有必要了解雷山县非物质文化遗产项目对外交流的整体情况。

（二）访谈对象简况

访谈对象	王康
访谈对象身份	黔东南苗族侗族自治州雷山县遗产文物管理局局长
访谈时间	2013 年 11 月 23 日下午
访谈地点	访谈人王康的办公室
访谈主题	雷山县非物质文化遗产情况及对外交流情况
是否参加过对外交流	有项目参与过对外交流
访谈人	师国华 高晓静 史翠仙
备注	1. 提供有关雷山县有关非物质文化遗产的电子版材料。 2. 提供鼓藏节及银饰制造技艺光碟各一张。

（三）访谈要点

1. 雷山县非物质文化遗产基本情况：全县共有国家级非物质文化遗产名录 13 项，省级非物质文化遗产名录 17 项。国家级项目在黔东南苗族侗族自治州属最多，也可以说是在全国都最多。雷山非物质文化遗产大体可分为以下三类：一是民俗节日类，包括苗年、鼓藏节、招龙节、吃新节、扫寨、三月坡等；二是传统技艺类，包括苗绣、苗寨吊脚楼营造技艺、苗族银饰锻制技艺、苗族芦笙制作技艺、传统苗族医药、苗族织锦等；三是传统音乐与舞蹈类，包括苗族铜鼓舞、苗族芦笙舞、苗族飞歌、苗族酒礼歌、苗族嘎百福等。此外，还有民间文学，如贾理和仰阿莎等。目前有国家级传承人两名，分别为苗族银饰锻制技艺传承人、苗族芦笙制作技艺传承人，其余都是省、州、县一级非遗传承人。

2. 对外交流情况

部分非遗项目参与了对外交流，主要是传统技艺类和传统音乐与舞蹈类的项目，包括苗族银饰锻制技艺、苗族芦笙制作技艺、苗绣、苗族飞歌、苗族芦笙舞。先后去过法国、英国、比利时、荷兰、新加坡等国家及港台地区。其中，苗族银饰锻制技艺、苗族芦笙制作技艺、苗绣、苗族芦笙舞去过法国、比利时、荷兰等国家及港台地区。苗族飞歌去过法国、英国、比利时、新加坡等国家。

这些项目对外交流都是国家文化部或省文化厅安排、县上组织参加的，一般都是抽调传承人参加或者是参与非遗展示的相关人员随团交流，县上非物质文化遗产工作主管部门的领导随同交流的机会很少。除此之外，也有县上经贸、旅游等部门组织的宣传推介活动，直接邀请非遗传承人参与并展示，经费也是由相关的具体部门提供，这一类的对外交流我们只是从侧面渠道了解，人家也不会给我们汇报。

雷山县非物质文化遗产资源丰富，我们当然愿意我们的非遗项目有更多的机会参加对外交流，扩大我们民族文化的影响。同时，我们是国家级贫困县，对外交流目前主要受经费的制约，还有就是民族文化对外交流的形式也需要研究探索。

访谈二：访新增项目苗族银饰锻制技艺传承人代表

（一）访谈背景

根据雷山文体局王康局长的强烈推荐，我们第二课题小组临时增加了苗族银饰锻制技艺这一项目，并对苗族银饰锻制技艺的国家级传承人杨光宾进行访谈。到达约定地点已经是下午四点钟，我们三人匆匆在附近吃了午饭，来到了杨光宾在县城租住的地方。

（二）访谈对象简况

访谈对象	杨光宾
访谈对象身份	贵州省黔东南苗族侗族自治州雷山县西江镇控拜村村民；苗族银饰锻制技艺国家级传承人
访谈时间	2013 年 11 月 23 日下午
访谈地点	杨光宾在县城租用的住处
访谈主题	关于苗族银饰锻制技艺的对外交流
是否参加过对外交流活动	参加过苗族银饰锻制技艺对外交流活动
访谈人	师国华、高晓静、史翠仙
备注	拍摄有访谈工作照

（三）访谈要点

1. 基本情况：杨光宾 1963 年出生，13 岁就开始跟随父亲学艺，从事苗族银饰锻制技艺已经有三十七八年，2007 年被评为首批国家级非物质文化遗产传承人。曾多次参加国内组织的各种交流活动，并先后四次参加对外交流活动。

2. 对外交流情况：我一共参加了四次对外交流活动，第一次是 2010 年 1 月 24 日至 2 月 1 日在香港（地区）知专设计学院参加"苗族文化周活动"；2010 年 2 月 2 日至 3 月 19 日又出访了法国、比利时、荷兰等国家；2011 年 10 月 4—22 日，在香港（地区）参加了"根与魂——中国非物质文化遗产展演活动"；2013 年 2 月 11 日至 22 日在台湾省参加了"第三届海峡两岸春节民俗庙会活动"。这几次活动都是由省文化厅组织的，银饰锻制方面目前是我一个人去。

这几次交流活动都很成功，外国人很感兴趣，说"苗族人很了不起"，感受自己国家的文化提高了很多。其实苗族的东西很好，外国人更需要传统，越老越好，创新的他们反而不喜欢。这几次活动印象最深刻的一次是在香港地区的展演，记得一个 65 岁的老人拿出放大镜看，他也是做珠宝首饰的。他很佩服地说："我做这个 20 多年了，但从来没有看见过手工这么细的。"也有失败的地方，比如在法国的那次，时间短，观看对象少，考察学习的多。交流基本上没有困难，就是说话听不懂，需要翻译。

今后打算多到几个国家去宣传、展示，让他们了解我们苗族的东西，把苗族银饰的锻制技艺推广到更多的地方。

访谈三：访苗族飞歌代表

（一）访谈背景

苗族飞歌是苗族歌曲的一种，音调高亢嘹亮，多用在喜庆、迎送等大众场合，歌词内容以颂扬、感谢、鼓动一类为主。苗族飞歌很早就进行了对外交流活动，龙世忠、李成富、李芳作为当时苗族飞歌对外交流活动的组织者和参与者对此有很深的感想。

（二）访谈对象简况

访谈对象	龙世忠（主访）；李成富；李芳
访谈对象身份	龙世忠：现任文化馆馆长兼图书馆馆长，职称副研究馆员 李成富：原任文工团团长，现已退休，被返聘 李芳：原文工团演员，现已退休，被返聘
访谈时间	2013 年 11 月 24 日
访谈地点	黔东南州雷山县文体局会议室
访谈主题	苗族飞歌对外交流情况
是否参加过对外交流活动	是
访谈人	师国华、高晓静、史翠仙
备注	索要了光盘资料

（三）访谈要点

1. 对外交流情况

龙世忠、李成富作为组织者，李芳作为文工团的演员曾先后参加对外交流活动。1991 年去香港地区参加了第一届中国少数民族艺术节；1992 年曾参加由中国民族博物馆组织的对外交流活动，出访了法国、比利时、英国、荷兰、波兰、俄国等国家。这两次活动都是文化厅和中央文化部组织的；2010 年 8—9 月，参加了由中国民族博物馆组织的对法文化交流活动。这次活动规模较大，其中飞歌代表就有 8—10 人。

2. 对外交流中对方的接待怎么样？

关于这几次对外交流活动，特别是香港地区、荷兰、比利时的对外交流，他们在那里受到了很好的接待。当他们唱敬酒歌时，外国人流露出了由衷的赞叹。

3. 演出中，外国人能否看懂，反响如何？

龙世忠觉得这几次对外交流都非常成功，反响都很好。外国人很喜欢，不存在交流上的障碍。李成富也表示在表演斗鸡舞时，外国观众十分喜欢。

4. 对外交流成功的原因是什么？

谈到成功的原因，龙世忠认为有两点比较重要：其一是因为苗族飞歌有它自己的民族特色，具有神秘色彩；其二是因为外国人以及港澳台（地区）的同胞对苗族飞歌接触较少，不是很了解，充满了好奇。

5. 对外交流活动中有没有什么遗憾？

龙世忠觉得这一交流活动中存在一点遗憾，那就是高排芦笙因为乘坐飞机而无法带回国内。

6. 关于苗族飞歌进行对外交流活动有什么建议？

问到关于苗族飞歌的对外交流活动有什么设想和建议时，龙世忠说希望在外国人喜欢的前提下，通过政府、企业等途径多进行几次对外交流活动；李芳补充说如果有机会将飞歌传出去，希望能将一些形式上的唱法进行创新，让更多人听懂和喜欢飞歌，避免原生态飞歌唱法的单调。

访谈四：访吊脚楼传承人

（一）访谈背景

吊脚楼是中国的苗族、壮族、布依族、侗族、水族、土家族等居住在南方山区的少数民族的传统民居，多依山而建，分为上中下三层，上层放粮食等杂物，中层住人，下层用来养牲畜。蒋正光是西江千户苗寨人，吊脚楼的州级传承人，很多苗寨的吊脚楼都是蒋正光设计建造的。

（二）访谈对象简况

访谈对象	蒋政光
访谈对象身份	雷山县西江镇 12 组村民州县传承人
访谈时间	2013 年 11 月 24 日晚
访谈地点	黔东南州雷山县西江镇千户苗寨鼓藏头家
访谈主题	吊脚楼营造技艺对外交流情况
是否参加过对外交流活动	否
访谈人	师国华、高晓静、史翠仙
备注	拍摄有部分照片

（三）访谈要点

1. 访谈者基本情况

蒋政光先生 1956 年出生，1977 年开始吊脚楼营造，已有近 40 年的从业经历。提起吊脚楼营造技术，整个西江镇无人不知无人不晓。目前有五六个徒弟，分别在各地从事吊脚楼营造技艺。

2. 是否参与对外交流活动

他并没有参加过对外交流活动，但他有强烈的对外交流愿望。他表示如果政府部门组织此类活动，他会非常乐意参加。

3. 如何将吊脚楼营造技艺进行对外交流活动

他说可以通过展示吊脚楼模型和语言解说的方式，表现吊脚楼的营造技艺。并且他希望通过这样的对外交流活动，展示苗族的吊脚楼营造技艺，同时学习别人的技术，各取所长。

访谈五：访鼓藏节鼓藏头

（一）访谈背景

鼓藏节是黔东南苗族最隆重的祭祖仪式，由鼓藏头组织，一般 13 年才会组织一次，多在初春和秋后农闲季节，代表着民族文化的传承。唐守成是世袭下来的鼓藏头，是西江苗族协会理事，对于鼓藏节文化有比较全面的了解。

（二）访谈对象简况

访谈对象	唐守成
访谈对象身份	西江民族小学教师 西江千户苗寨鼓藏头
访谈时间	2013 年 11 月 24 日晚
访谈地点	黔东南州雷山县西江镇千户苗寨鼓藏头家
访谈主题	苗族鼓藏节对外交流情况
是否参加过对外交流活动	是（传承人直接参与）
访谈人	师国华、高晓静、史翠仙
备注	

（三）访谈要点

1. 鼓藏节的基本情况

鼓藏节是黔东南苗族最隆重的祭祖仪式，由鼓藏头组织，一般 13 年才会组织一次，多在初春和秋后农闲季节，代表着民族文化的传承。

2. 对外交流情况

在 2013 年 1 月唐守成作为苗族协会理事，西江千户苗寨鼓藏头就曾出访台湾省，参加了"中华民族三祖祭奠大胜"。这次活动是由台湾省邀请、政府严格审批的。关于这次活动，唐守成有深刻的感想。他说台湾省在接待方面的工作非常好，并且有台湾省的副领导人亲自参加，表现了极大的重视。在祭奠上，他讲解了蚩尤的地位、苗族部分祭祖的内容并且双方互送了东西。当然，此次活动中他也有遗憾，他表示如果下次再去的话，要将当地的祭品类东西带过去，并将具体地演示祭祖过程。

3. 关于对外交流活动的愿望

当问到以后是否还有意愿进行对外交流时，他表示出了极大的兴趣，愿意去学习别人的祭祖方式，真正做到追根溯源。

4. 关于对外交流活动的建议和想法

在问到关于对外交流的一些想法和建议时，他提出了三点意见。其一，要有统一的着装，不能太随便，也不能太华丽；其二，要去几个能说会唱的苗族姑娘，更好地体现苗族的祭奠；其三，要有几个能写的人，做好记录工作。

十三 施秉县访谈纪要

访谈一：访施秉县非物质文化遗产工作主管部门领导

（一）访谈背景

刻道作为国家级非物质文化遗产项目目前还没有进行过对外交流活动，所以有必要对施秉县非物质文化遗产项目对外交流的整体情况做一了解，以便找出该县非物质文化遗产项目没有参与对外交流活动的原因。

（二）访谈对象简况

访谈对象	吴光祥
访谈对象身份	施秉县文物管理所所长
访谈时间	2013 年 11 月 27 日
访谈地点	黔东南州台江县反排村
访谈主题	施秉县非物质文化遗产对外交流情况
访谈人	师国华、高晓静、史翠仙
备注	照片记录、文字资料

（三）访谈要点

1. 施秉县非物质文化遗产保护现状。

施秉县的非物质文化遗产保护主要是由非遗保护中心负责，目前有县级项目 121 个，省级项目 7 个，州级项目 7 个，国家级项目 1 个。

2. 施秉县非物质文化遗产对外交流情况。

目前施秉县的非物质文化遗产没有进行对外交流，如刻道就是用苗语演唱的，不会苗语的人是听不懂的。施秉县目前主要是进行非物质文化遗产的保护工作，还没有考虑到对外交流层面。另外，经费也是非物质文化遗产没有进行对外交流的重要原因。

3. 是否有对外交流的愿望？

吴所长说如果有机会的话，他们非常希望能够将刻道等非物质文化遗产带出去，走向更广阔的世界，让更多的人知道和了解。

4. 施秉县进行对外交流的优势是什么？

关于这点，吴所长说施秉县具有自己的歌队，这无疑是进行对外交流的一大优势，而且刻道是上过中央电视台《民歌中国》节目的，已经具有很高的知名度。

5. 关于刻道进行对外交流的建议有哪些？

吴所长提出了两点：其一是要带上大的歌棒去展示，它是国内保存得最好的活态展示；其二是要现场演唱，让别人亲身感受，更深刻地了解刻道歌。

访谈二：访刻道省级传承人

（一）访谈背景

刻道文化是施秉苗族酒歌的一种，因为它的主要内容是刻在木头上，苗民们持棒而歌，又称为刻木、苗族开亲歌。它目前主要流传于黔东南施秉县的杨柳塘一带。吴通贤是刻道第三批省级传承人，热衷于刻道的传承工作。

（二）访谈对象简况

访谈对象	吴通贤
访谈对象身份	农民，刻道第三批省级传承人
访谈时间	2013 年 11 月 25 日
访谈地点	黔东南州施秉县杨柳唐镇屯上村 2 组吴通贤家
访谈主题	刻道对外交流情况
是否参加过对外交流活动	否
访谈人	师国华、高晓静、史翠仙
备注	照片记录

（三）访谈要点

1. 访谈对象基本情况。

吴通贤是刻道第三批省级传承人，1953 年出生，十五六岁跟随父亲学习刻道，18 岁就能单独演唱刻道，成为歌师。在各项比赛中他屡屡获奖，而且在 2008 年北京奥运会上进行过演出。他热衷于刻道的传承工作，目前，直接或间接收徒已有 1000 多人。

2. 是否参与对外交流活动？

虽然老先生没有参加过刻道的对外交流活动，但他表示了强烈的愿望。他说刻道已经传承了 4000 多年，希望能够越传越远，让更多的人知道。虽然像侗族大歌、苗族飞歌之类的都有对外交流，但是他不担心刻道的传播，因为每个民族都有自己的特色。

3. 刻道进行对外交流是否有障碍？

他认为不会存在交流方面的障碍，听不懂会有翻译。但是，目前还是没有经费和机会出去表演。

4. 关于刻道进行对外交流活动有什么建议？

关于刻道的对外交流，他建议一定要抬上最大的歌棒进行展示，并现场演唱。

访谈三：访刻道国家级传承人

（一）访谈背景

刻道文化是施秉苗族酒歌的一种，因为它的主要内容是刻在木头上，苗民们持棒而歌，又称为刻木，苗族开亲歌。它目前主要流传于黔东南施秉县的杨柳塘一带。吴治光老先生是施秉县人，是刻道文化的第一批国家级传承人。

（二）访谈对象简况

访谈对象	吴治光
访谈对象身份	农民，刻道第一批国家级传承人
访谈时间	2013 年 11 月 25 日下午
访谈地点	黔东南州施秉县城关镇平邻村 3 组吴治光家

续表

访谈对象	吴治光
访谈主题	刻道对外交流情况
是否参加过对外交流活动	否
访谈人	师国华、高晓静、史翠仙
备注	

（三）访谈要点

1. 访谈对象的基本情况。

吴治光 1946 年出生，现已 67 岁，是刻道首批国家级传承人，目前主要的生活就是刻道演唱或者教徒弟。

2. 对外交流情况。

目前刻道并没有进行对外交流活动，多是一些国内的演出。

3. 是否有参加对外交流活动的愿望？

他说考虑到自己的年龄大了，而且文化程度不高，担心讲话讲不好，记性不行，就不太想去进行对外交流了。他表示他会做好刻道的传承工作，教好下一代的人，但他希望会唱刻道的年轻人出去进行对外交流。

4. 刻道是否有进行对外交流的困难？

关于刻道进行对外交流是否有困难的问题，他说不会，刻道可以唱出来的。

访谈四：访刻道文化爱好者

（一）访谈背景

刻道文化是施秉苗族酒歌的一种，因为它的主要内容是刻在木头上，苗民们持棒而歌，又称为刻木、苗族开亲歌。它目前主要流传于黔东南施秉县的杨柳塘一带。潘家相老先生曾任施秉县副县长、人大副主任，现已退休。但退休后的他并没有赋闲在家，而是忙于对刻道文化的保护和推介工作。他现任施秉县苗学会会长，将自己的家贡献出来，改造成了刻道博览馆，体现了一个老者对民族文化的热忱。

（二）访谈对象简况

访谈对象	潘家相
访谈对象身份	施秉县苗学会会长，曾任施秉县副县长、人大副主任，已退休
访谈时间	2013 年 11 月 25 日下午
访谈地点	黔东南州施秉县城刻道博物馆
访谈主题	刻道对外交流情况
是否参加过对外交流活动	否
访谈人	师国华、高晓静、史翠仙
备注	拍摄有部分照片，并向潘家相索要了有关照片及文字材料

（三）访谈要点

1. 刻道能否进行对外交流？

潘家相老先生肯定地说"当然可以"，理由是：其一，刻道是具备出国交流条件的，只是目前没有机会、没有经费，刻道是可以出去表演的；其二，年轻人也在学习和传承。

2. 刻道对外交流的方式是怎样的？

他认为要组织一个团队，这样方便表演，而且气势上比较宏大。

3. 刻道对外交流有没有困难与障碍？

潘家相认为刻道进行对外交流不存在任何的困难，因为语言虽然不同，但是音律是相通的，而且还有翻译，更何况，刻道在形式上也可以有所变化，让更多的人接受和喜欢。

4. 关于刻道进行对外交流的愿望和建议。

他说，刻道是施秉和黄平仅有的，是民族文化与自信的重要标志。但是，在市场经济、西洋文化的强烈冲击下，苗族文化也受到了一些影响，刻道也需要像侗族大歌那样走出去展示，而且，他希望国家能够给予支持，让刻道走得更远。

十四　台江县访谈纪要

访谈一：访新增项目反排木鼓舞国家级传承人（对外交流活动的组织者）

（一）访谈背景

到达台江时，恰好赶上黔东南州 16 县非物质文化遗产相关领导及代表在台江开会，因此我们在该县非遗中心主任龙金平的带领下到达了现场，亲身体验并对有关人员做了访谈。巧合的是，反排木鼓舞的国家级传承人万政文也是木鼓舞对外交流的组织者，省级传承人唐洼报也是对外交流活动的参与者，因此我们小组对此二人的访谈在内容上进行了合并。

（二）访谈对象简况

访谈对象	万政文
访谈对象身份	农民，第二批国家级传承人
访谈时间	2013 年 11 月 27 日
访谈地点	黔东南州台江县反排村万政文家
访谈主题	反排木鼓舞对外交流情况
是否参加过对外交流活动	是（万政文既是活动的组织者，又是反排木鼓舞的国家级继承人）
访谈人	师国华、高晓静、史翠仙
备注	照片记录

（三）访谈要点

1. 基本情况

万政文 1951 年出生，从 9 岁就开始学木鼓舞，跟着大人一起跳，12

岁的时候他就开始打鼓了。

2. 对外交流情况

1988 年他参加了由黔东南州文化处组织的赴香港地区的对外交流活动，1989 年 9 月他曾到美国参加由省文物处组织的"四国艺术节"（中苏美日），这次共去了 8 个人，反排村 2 人，雷山 2 人，毕节 2 人，黄平 2 人。关于这两次的接待，他认为对方都很热情，而且帮他们指路，并带他们吃饭。他认为这两次的对外交流活动办得都很成功，而且没有交流的障碍和困难，场面非常热闹，外国人很喜欢，美国还报道过，称他为"世界舞王"。关于对外交流活动的遗憾，他觉得有的不是我们寨子里的人，是雷山和黄平那边的。因而他期望，如果有机会再出去的话，要组织一批跳得最好的，动作要齐整和到位，要统一一点。

访谈二：访新增项目反排木鼓舞省级传承人

（一）访谈背景

唐涯报是国家级非遗保护项目反排木鼓舞的省级传承人，多次参加过对外交流活动。我们在现场见到唐涯报，她正在给来自黔东南 16 州县的代表表演木鼓舞，我们也有幸观看了她的表演。因下一个节目她还要表演，因此我们只能对其进行一个简单的访谈。

（二）访谈对象简况

访谈对象	唐涯报（女）
访谈对象身份	农民，省级传承人
访谈时间	2013 年 11 月 27 日
访谈地点	黔东南州台江县反排村
访谈主题	反排木鼓舞对外交流情况
是否参加过对外交流活动	是
访谈人	师国华、高晓静、史翠仙
备注	照片记录

（三）访谈要点

1. 基本情况

唐涯报，女，反排木鼓舞省级传承人，对外交流活动的参与者。她今年45岁，是万政文的徒弟，曾跟随师父一起到国内外进行木鼓舞表演，她说师父到哪儿她就去哪儿。

2. 对外交流情况

1988年她参加了由黔东南州文化处组织的赴香港地区的对外交流活动，1989年9月又到美国参加由省文物处组织的"四国艺术节"（中苏美日）。她觉得这次接待挺好的，车接车送的，当地的少数民族还邀请他们去吃饭、唱歌，一起跳舞和交流，并且舍不得他们离开，有的都哭了。问到对方能否看懂反排木鼓舞，她说他们都很喜欢，有翻译都能看懂。她说以后要有机会再出去的话，应该排练，跳得更好一点，人多一点，效果肯定会更好。上次雷山和黄平的主要是唱歌，他们不会跳舞，主要是我和我师傅（万政文）两个人跳。当问到对以后的对外交流活动有什么好的想法时，她说要整齐一点，要再加点东西。

访谈三：访台江县非物质文化遗产工作主管部门领导

（一）访谈背景

反排木鼓舞是苗族节日庆典以及出访他国的代表性舞蹈，流行于黔东南，有"东方迪斯科"之称。因此在黔东南自治州非遗中心主任推荐下，增加了反排木鼓舞作为案例研究项目。要进一步了解反排木鼓舞所在地台江县非物质文化遗产保护基本情况以及反排木鼓舞对外交流基本情况，有必要对相关领导做一访谈。

（二）访谈对象简况

访谈对象	龙金平
访谈对象身份	台江县非遗中心主任
访谈时间	2013年11月27日
访谈地点	黔东南州台江县反排村
访谈主题	台江县非物质文化遗产对外交流情况
访谈人	师国华、高晓静、史翠仙
备注	照片记录文字资料

（三）访谈要点

1. 台江县非物质文化遗产保护工作的总体情况

国家级非遗保护项目有九项，第一批是苗族古歌，苗族服饰和苗族刺绣；第二批有木鼓舞，苗族银饰锻制和苗族独木龙舟；第三批有多声部情歌，姊妹节。省级有四项。我们采取的保护措施，目前是以传承人来带动这个项目的保护，每一年每一个不同的季节不同时间，我们都要有一定人员和经费下到各个培训基地（我们的每一个国家级项目都有一个培训基地），叫传承人带动和培训年轻人，特别是木鼓舞，是让国家级传承人万政文和唐涯报两人把木鼓舞带到学校教那群小孩儿，而且我一再要求他们教原来舞蹈的舞姿，不能用现代舞台的东西去反串，我们到时候可以参照有关文件对他们考核，对于不符合规定的甚至会扣除一部分国家发放的传承经费。木鼓舞的培训基地一个在反排村，一个在方召村。我们县国家级传承人一共有6位，其中有两位唱古歌的老人已经去世。省级的目前有8人，县级的就多了，第一批398个，第二批82个。

2. 台江县非物质文化遗产对外交流基本情况

近三年：在2012年有两项到了台湾省，刺绣和银饰锻造技艺，由省非遗处带他们去台湾省进行参展，去了两次，1992年还有一次，受到很高的评价。2013年刺绣两次去香港地区进行对外交流，而且他们所带的东西在现场被抢购一空，有的被当地博物馆收藏了。木鼓舞最早走出国门的是万政文和唐涯报，后来又陆续去了法国、澳大利亚、新西兰、新加坡等国家，多是受其他团体邀请。在我的记忆里，木鼓舞走出国门有8次以上。

3. 出访缘由

最早走出国门的是由省文物处组织（1989年到美国），后来又有县民委，还有州里组织的，他们分别都是接到不同的邀请，走出去时基本都是以反排木鼓舞作为代表，作为压轴节目进行展演。

4. 台江县在对外交流方面的优势和困难

我们的优势还是挺大的，但有时候好的东西不能闭门造车，而是要把我们的东西宣传出去，让外面的人接受，就会受到更多的邀请可以出去展现。在交流时基本不存在困难，因为歌和舞它是世界性的，像舞蹈它就是一种肢体语言，可以看懂，而且在每个环节都有翻译，都有描述。资金方面问题不大，国家级非遗项目国家有专门的保护资金，而且一般都是受对方邀请出国，除了往返机票和路费由我们承担，其他接待都是对方承担。

5. 设想和建议

不仅是我们搞非遗工作这个群体，因为这个群体范围毕竟很小，需要更多的人来参与；可以用书面的，音像的，或者做成电影的形式，甚至用电视连续剧的形式推介出去，让更多的人来了解。

十五　黔东南苗族侗族自治州访谈纪要

访谈一：访黔东南苗族侗族自治州非物质文化遗产保护中心主任

（一）访谈对象简况表

访谈对象	粟周榕
访谈对象身份	贵州省黔东南苗族侗族自治州非物质文化遗产保护中心主任
访谈时间	2013 年 11 月 22 上午
访谈地点	贵州省黔东南州文化体育和广播电视局会议室
访谈主题	黔东南苗族侗族自治州非物质文化遗产保护及对外交流情况
是否参加过对外交流活动	有项目参与过对外交流
访谈人	李晨、高晓静
备注	1. 提供有黔东南苗族侗族自治州有关非物质文化遗产的纸质材料两份；2. 提供有黔东南苗族侗族自治州有关非物质文化遗产的书籍两本：《黔东南州非物质文化遗产集锦》（二）。

（二）访谈要点

1. 请您给我们介绍一下黔东南州在非物质文化遗产保护与开发方面的基本情况？

我们现在国家的项目是比较多的，从 2005 年启动了"民族民间文化保护工程"。从那时候开始正式做非物质文化遗产方面的普查，这几年普查下来大约 4000 多项。第一批有 70 多个作为重点申报的对象，现在国家级的（非遗项目）总共有 52 项，有 68 个保护点。措施方面，黔东南州从很早（80 年代）就开始了"民族文化进课堂"，在这一块我们有几个县做得特别好，一个就是黎平县，它的侗族大歌很早就走进了课堂，很多县都有自编的乡土教材。我们黔东南州做得比较早的是在普查上，刚开始做的时候，是由一些办公室、部门临时抽调人员组成了普查组。后来觉得不便于具体开展工作，州里在 2007 年成立了非物质文化遗产保护中心（全额拨款的正科级事业单位），并要求各县也成立非遗保护中心。后来因为项目越来越多，2012 年又被国家批准为国家级的文化生态实验保护区，感到工作量越来越大，最早的时候是我一个人在做（从 2004 年开始）。2007 年中心成立后，各县也相继成立，当时都是附在各个文体广电局里。到 2012 年我们中心升格为副处级，要求各县必须成立独立核算的副科级的保护中心（凯里市是正科级），全州只有一个县（榕江县）没有。编制不等，有的两个，有的三个，最多的是剑河县有 12 个编制，要求配合国家（非物质文化遗产）名录进行管理。从 2006 年开始，黎平县最早公布了一批民间工匠（县级）400 多人，现在咱们全州国家级传承人 26 个，省级传承人 114 个，州里 194 个，县里有 1795 个（县里的名录是 1119）。州里对传承人的保护从 2008 年就开始，出台制定了《民族民间优秀传承人的管理认定办法》（当时不叫非物质文化遗产代表性传承人），每三年评定一次，一次 100 人，经费都列入当年的财政预算。

2. 咱们州在非物质文化遗产保护与开发工作方面开展的怎么样？

具体工作开展得还不错，黔东南被称作"百节之乡"，有很多的节日，大约 300 多个，几乎每天都有，特别是春节期间（一至三月），或秋收以后特别多，像芦笙会，爬坡节，吃新节等等。通过一个节日展现它所有的民族文化，所以我们采取"政府引导，民间办节"，鼓励民间办节，鼓励他们举办各种比赛，像蜡染比赛、刺绣比赛，各县也有自己的办法，比如雷山银饰刺绣一条街，把所有传承人集中到一起，三年免租或直接优惠卖给他们，一幢楼 70 万元。由政府投入，政府还建立了银饰刺绣博物馆，我建议你们都去雷山看看。

3. 非物质文化遗产在对外文化交流方面开展得怎么样？

对外文化交流方面一般没有经过我们，由文化部或省文化厅直接组织。像我们从江的小黄侗族大歌，2007 年时和温总理一起出去（指出国）也没有通过咱们。反正渠道挺多，出国的也挺多，像我们的传统手工技艺，很多传承人到了很多的国家。这些信息我们有一些掌握，有一些他们没有给我们报，比如旅游局出去他们就没有必要跟我们报，所以有些信息我们不知道。组织过的很多，像去年有一个去台湾省的春节期间的庙会，是我们黔东南代表贵州去的，去年在香港地区有一个"根与魂"为主题的非物质文化遗产展也是我们黔东南代表贵州去。我们常说"多彩贵州"，其实就是因为黔东南多彩了，贵州才多彩。我们的非物质文化遗产特别丰富，国家公布的十大类我们都有。我们非遗中心没有组织过此类活动，我去了一次，也是由文化部外联部组织的，就是参加去年台湾省举办的春节庙会。

4. 能谈谈你们出访的缘由吗？

各个部门去的目的不一样，但主要是为了展示，推介，宣传我们的非物质文化遗产。

5. 去了哪些国家（或地区），对方接待如何？感受如何？

去的地方很多，艺术科这边掌握的可能多一些。不一定是咱们的传承人去，也可能是当地的艺术团体去，像我们的州歌舞团。我主要是参与了2012年在台湾省举行的春节庙会，是专门针对非物质文化遗产方面的。当时台北市长也来了，对方接待很简单，不像我们兴师动众的。当时地点是在台北的一个酒厂里面，负责整个庙会的就是四五个人，好像是一个公司操作的。

6. 这次对外交流给您留下最深刻的印象是什么？

我的印象就是我们有很多很宝贵很丰富的东西，很想让全世界来了解，但对外宣传不够，不够的原因有很多，但最主要的是资金问题。

7. 除了宣传方面，您认为在对外交流方面还有哪些不足？

对外交流活动我们也有许多的探索。我认为保护文化遗产最根本的东西就是要保护传统，黎平侗族大歌出访很多国家，岩洞镇有一支歌队，侗族大歌能用四种语言来唱。但很多专家就提出异议了，用别的语言唱侗歌你能听出什么味道？民族的东西离开传统就不是民族的，侗族大歌是世界级非物质文化遗产项目，它是用一种声音，一种旋律与不同语言的人进行交流。

贵州省黔东南州文化体育和广播电视局艺术科科长李涛涛补充说："我认为是包装的问题，如何把我们的东西融入对方的文化中，包装不好，就只看热闹，与民族的东西融合不进去，不能真正看懂和理解，如何包装自己的东西让别人看懂，如用京剧表演《堂吉诃德》，用京剧的形式展示西班牙的文化，就像吃的东西一样，要吸收当地元素融合进去。"

8. 在您看来，这些交流活动成功的地方在哪里？

黔东南能够走出去，有一个重要的原因就是咱们的资源好，时任总理温家宝出去怎么就带了咱们的侗歌呢？因为它就是一种好的东西，所以全世界才认可。不管是贵州省出去也好，还是代表国家出去也好，我们苗侗的文化几乎每次都有。现在我们也在进一步探索保护的模式，比如传统手工技艺，文化部有一种保护方式叫"生产性保护"。我们有一处国家生产性保护基地，就是丹寨县石桥村的古法造纸作坊。我们省里也有三处生产性保护基地，州里也公布了五处。还有比较成功的做法是我们这几年建了很多项目的传袭所和示范基地，比如蜡染技艺的传袭所，刺绣示范基地（现已有五家），做得比较好的还与企业合作（企业＋基地），也要求各县建立传袭所和基地。形成了不是"我要出去"，而是"别人要我出去"这样一个概念。像雷山的银饰锻制技艺传承人杨光宾每次出国都会卖到很多钱，尝到了甜头。他说时尚的元素站不住脚，还是咱们传统的东西能卖钱。

李涛涛补充说："因为是原生态的东西保存的比较好，从另外一个角度来说，经济不发达也好，能保存我们本民族自己的东西。现在由于经济的发展很多东西都消失了，但我们就保存得比较好。"

9. 我们初步了解到咱们州进行对外交流的项目有 39 项，刚才您也提到每年对外交流有四五次，其中非遗方面能占多大比例？（李锐教授提问）

像歌舞、传统手工技艺、苗侗医药，其实都是以展示非遗项目为中心的。

10. 据您掌握的情况，除了由政府组织以外，由民间团体、社会组织或企业组织出去的占多少？（李锐教授提问）

企业出去的都是传统手工技艺，一般歌舞出去的有传承人，也有艺术团体。

11. 近三年，由政府部门（文化部、文化厅）组织的对外交流有多少次？（师国华补充）

李涛涛说："大规模（20 人以上）的对外交流活动应该有 10 次以上。一般是由文化部，省文化厅带队出去。2011 年我们州歌舞团去了两次，一次去捷克，一次去英国，都是参加艺术节。一般我们出去不是搞旅游推介就是参加艺术节，就是这两种，一般出去都是拿金奖。"

十六　宁夏回族自治区访谈纪要（银川市）

访谈一：访宁夏回族自治区文化馆馆长，非物质文化遗产保护中心主任

访谈对象	靳宗伟
访谈对象身份	宁夏回族自治区文化馆馆长，非遗保护中心主任
访谈时间	2013 年 12 月 9 日 9：00—11：00
访谈地点	宁夏文化馆
访谈主题	宁夏非遗对外交流状况
本人是否参与对外交流	有
访谈者	李康燕（陕西师范大学讲师） 李锐（陕西理工学院 教授）
记录者	李特（陕西师范大学研究生）

李康燕：您好，靳馆长，我是来自陕西师范大学的教师，李康燕。这是这次课题组组长李锐教授以及我的学生李特。关于这次宁夏非物质文化遗产，我们的抽样结果是宁夏的皮影戏、回族器乐，能不能请您介绍一下宁夏回族自治区相关的非遗对外交流的开展情况。

靳：你好，我想先广泛的介绍一下宁夏各种文化走出国门的情况。目前来看走出国门最困难的就是我们当地的医药，这是因为国外对此有质疑。还有我们最本质的习俗在走出国门的道路上也是困难重重，主要是因为我们不可能把自己的习俗强加于别国的习俗之上，但有一些各民族之间共享的习俗容易被大家接受，如：日用品、工艺品等。

我们这么多年也在不停地进行非遗对外的一些交流。从 2006 年到现在，国内的交流和国外的交流加起来大约有十几次。国外大概有五六次，国内十几次，经过这么多次的交流我发现基本上"民族特质"和"文化意味"不是太本质的容易被人接受，如果太本质的大家往往接受不了。因为太本质的文化需要对方对我们的文化有一定了解。

这么多年来我们去过埃及、土耳其、毛里求斯、迪拜等国进行文化交流。我发现我们的口弦，它是一个世界性的乐器，别的民族也有类似的乐器。还有我们的剪纸也是世界性的技艺，这些各民族都涉及的文化容易被大家接受。

接下来我想谈一谈文化传承的问题。前年我接受了凤凰卫视的访问，题目是您怎样看待传承人的传承义务。我觉得我们国家给予这些传承人资金上的支持是认定了这种文化的存在，而没有权利要求传承人做什么或者不做什么。我觉得政府应该做的是对传承人的疏导、引导和提示。例如授予传承人一个称谓，传承人会认为这是一种荣誉，或者政府组织传承人积极参加对外交流的活动。这样能提高传承人在当地的社会地位，这样一来就可以起到激励传承人把文化传续下去，而不是政府每年给传承人一定的资金支持，所以我认为对外文化交流是迅速提高传承人积极性最好的方式。

在这几年对我们宁夏当地的文化研究中我也发现了一些问题：因为我们当地的一些独特的技艺基本上都是一家一户向下存续的，这种存续状况就导致了传承人本身所处的文化环境、认知环境比较弱。这样的状态是一把双刃剑，一方面有利于文化的存续，但另一方面就导致了文化与时代的跟进脱节。我印象最深的是 2008 年我带了一个团队去北京参加奥运会展示我们宁夏的文化，其中就有一个我们宁夏的乐器"泥哇呜"。当时有外国人问我们这位传承人，这个乐器的声音是怎么形成的，因为我们的传承人不了解与其相关的"音律学"、"流体学"等等，所以无法解释这样的问题。还有就是我们的"泥哇呜"只有少量自己的曲牌，而且是当代曲牌不是古曲牌，在文化交流中主要是吹奏其他乐器的作品，所以这样不利于文化的传续。再一个就是我们的民间艺人觉得自己的乐器能演奏就行，对乐器的内外包装不重视，对内包装就是在自己的乐器上雕刻、绘画一些图案，对外包装就是外壳包装。

（靳馆长为我们展示他收藏的各个形状的"泥哇呜"）

李康燕：请问靳馆长"泥哇呜"是几声乐器？

靳馆长：我现在展示的是五声乐器，但我们现在经过研究开发已经研制出了十二平均律的"泥哇呜"，音域可以达到两个半八度。虽然"泥哇呜"已经到达两个半八度，但与其他乐器的音域相比还是差距明显。

李锐：靳馆长您好，请问 2011—2013 年宁夏非遗对外交流的活动有哪些？

靳馆长：2011 年我们去了迪拜、阿联酋、土耳其，2012 年我们去了毛里求斯、塞舌尔，2013 年我们去的是日本。

李锐：这样的对外文化交流活动是政府组织还是民间组织？

靳：我们主动的对外文化交流很少，主要是文化部组织的对外文化交流活动，我们作为文化交流的一部分。

李康燕：主动的对外交流较少的原因是经费问题吗？

靳：不完全是，还有就是地方政府不重视，因为在地方政府看来 GDP 才是第一位的。

李锐：有没有港澳台地区邀请的文化交流活动？

靳：有，2011 年的时候我们去了台湾省。

李锐：文化交流活中的费用都是由对方负责吗？

靳：不是的，对方只是负责我们到达后的相关费用。

李锐：有没有国外城市与宁夏建立友好城市关系，并进行文化交流？

靳：有，前段时间我们就把宁夏回族自治区的"穆斯林婚礼"排成一套完整的剧目，出访了非洲等国家。

李锐："穆斯林婚礼"是经过咱们整理、加工最后搬上舞台的吗？

靳：是的。

李锐：那"穆斯林婚礼"就不是严格意义上说的非遗项目了？

靳：是的，不是严格意义上原始的非遗。

李锐：原来由于西方文化的强势渗透我们的文化没有被重视，但现在随着中国国力的提升和全球化的发展，我们的文化也在一步步地走出国门被国外接受，有没有一种文化发展可能就是分层发展方式，一方面就像保护非遗一样保护最原始的文化，另一方面将文化市场化？

靳：我们做过这方面的尝试，我们宁夏最出名的文化就是宁夏的"山花儿"。我们找了国内一流的作曲家为我们的宁夏"山花儿"创作一系列的作品，为的就是想提高宁夏"山花儿"的传唱度。

现在文化的传播越来越多元化，传承人的技艺也一般是自娱自乐，这样的方式完全不适合市场化，如果放任这样下去我们的民族文化只能被逼上绝路，所以我们准备建立一个"宁夏非物质文化遗产保护性开发孵化基地"，目的是提高传承人的技能、审美，提供一些市场化信息。我们还聘请了各领域的专家，有民俗学的、美学的、结构学的、造型的、包装的、市场营销的专家，给艺人提供全方位的帮助，但最终由于合作方的问题项目搁浅。

还有一个文化发展的阻碍就是在中国文化只有形成所谓的有模有样，或者是形成一台完整的节目才容易走出国门。宁夏举办了四届"中华博览会"邀请了一些国外的民族艺人来表演，都是非常随意的表演，与我们的表演形式差别较大。

我们国家这几年对非遗保护的资金支持非常大，但到了地方上不见得用到了非遗保护上，即使使用到了非遗保护上也不见得用到了点上。

李锐：有没有想把非遗与旅游相结合？

靳：我们在这个方面做了一些努力，宁夏是我国大漠旅游的大省，我们有很好的旅游资源，我们和景点也做过一些尝试，像泥哇呜、宁夏皮影、剪纸等都进入了景区。

李锐：您觉得现在制约我国文化走出国门最大的问题在哪？

靳：没有长效机制，地方政府没有规划每年必须在文化交流方面做什么或者不做什么，没有文化交流的理念引导长效机制的形成。再一个就是资金的问题，因为非遗经费都是专项基金，宁夏每年有限，所以主要是用到对非遗的保护上，出国交流肯定要限制。

访谈二：访回族口弦传承人

访谈对象	安宇歌
访谈对象身份	回族口弦传承人
访谈时间	2013 年 12 月 10 日 9：00—10：00
访谈地点	宁夏文化馆
访谈主题	宁夏非遗对外交流状况
是否参加过对外交流	有
访谈者	李康燕（陕西师范大学讲师） 李锐（陕西理工学院教授）
记录者	李特（陕西师范大学研究生）

李康燕：老师您好，请问您是什么技艺的传承人？

安：我是宁夏回族口弦的传人。

李康燕：老师您是在哪工作？

安：我是在宁夏文化馆工作。

李康燕：我们这次来主要是想了解一下宁夏口弦对外文化交流的一些基本情况，请您给我们介绍一下。

安：我把口弦第一次带出宁夏是在 1988 年。当时我是受邀参加中央电视台的一个节目《西部之声 西部之舞 西部之乐》，因为宁夏的花儿和口弦有密不可分的关系，在民间老百姓唱花儿时经常会使用口弦作为引子，当时我在节目中演奏的是《尕妹子弹的是口弦子》。1991 年中央电视台的春节晚会叫《神州流韵》那次是真正在中央电视台面向观众，后来陆续在中央电视台做了一系列的节目。2005 年后国家更重视非遗文化，我们出去的机会就越来越多了。

李锐：您的口弦是自己制作的吗？

安：是的，而且我自己也在努力创新。

李康燕：最近几年你们的出访机会多吗？都去了什么地方？

安：我们去过非洲，我还跟着国家宗教局和国家伊斯兰协会去过欧洲，2013 年 11 月 23 日我们去日本，这次活动是文化厅组织的文化交流活动。

李康燕：这次去日本的费用是政府支持吗？

安：到了日本的费用是对方负责，国内的费用是地方负责一半，文化部负责一半。

李康燕：在这些国家的演出效果如何？

安：非常好。

李康燕：是因为当地人比较熟悉吗？

安：当地人不熟悉，就是因为不熟悉所以才会比较感兴趣。

（安宇歌为我们现场演奏口弦）

李康燕：口弦有自己独有的乐曲吗？

安：没有，因为口弦一般被当作伴奏乐器。

李康燕：演出结束后和观众的交流中观众主要问一些什么样的问题？

安：因为口弦的体积比较小，演出时观众很难看清楚口弦的样子，他们非常好奇是什么样的东西才能发出这样有特点的声音。

李康燕：口弦一般和什么乐器配合演出？

安：一般情况下是制作好的伴奏，在最早期的时候口弦通常和泥哇呜配合演奏。因为在民间口弦代表女性，泥哇呜代表男性，在产生感情的时候互相演奏自己的乐器。

李康燕：您对非遗的对外交流还有什么样的建议？

安：我觉得在宣传上要加大力度，因为很多观众喜欢口弦都是出于好奇，没有更深层次的了解文化。

李康燕：您今后对口弦的发展有什么设想？

安：我希望更多的人能了解口弦深含的意义，否则按现在的状况口弦会消失得非常快。有的民间的东西为什么不被大多数人接受，就是因为它离我们的生活太远。我之所以能坚持到现在是因为我从小就接触到口弦，口弦是我的兴趣所在。现在的人都从来没有见过口弦，他怎么能产生兴趣呢？所以我希望民间的文化能走入学校。

李康燕：现在和您学习口弦的学生多吗？

安：很少。

李康燕：您的子女有没有和您学习口弦技艺？

安：有。

李锐：您对非遗的艺术创新有什么见解？

安：我是主张传承、保护、发展不矛盾，我创新的原则是不去破坏最原始的状态。为了能让原始文化能够生存的更久，我们要一般保护原生态的东西，一边做一些接近现代的创新。

李锐：口弦进校园用什么样的方式？如果进校园进哪一级的学校？

安：我觉得是越早越好，因为我接触口弦是三岁，到五岁的时候口弦已经弹得很好了，因为越小的孩子越能接受原生态的东西。

李康燕：安老师是否参与了"回族婚俗"的演出？

安：在银川市有一个回乡文化园，我在里面建立了一个回族婚俗传承基地，利用园区里的资源如：场地、演出团体，我把回族婚俗搬上了舞台，回族婚俗最大的特点就是有很完整的音乐体系，婚礼的每一个阶段都有相应的音乐。

访谈三：访回族泥哇呜传承人

访谈对象	杨达吾德
访谈对象身份	回族泥哇呜传承人
访谈时间	2013 年 12 月 10 日 10：00—11：00
访谈地点	宁夏文化馆
访谈主题	宁夏非遗对外交流状况
本人是否参加过对外交流	有
访谈者	李康燕（陕西师范大学讲师） 李 锐（陕西理工学院 教授）
记录者	李 特（陕西师范大学研究生）

李康燕：近几年您出访了哪些国家？

杨：毛里求斯、迪拜。

李康燕：具体是什么时间去的？

杨：2011 去的迪拜，2012 年去的毛里求斯

李康燕：你们去这些国家都是参与什么样的活动？

杨：主要是文化交流，对外宣传我们宁夏的文化，因为泥哇呜制作较为方便，所以在当地我除了演奏泥哇呜也进行现场泥哇呜制作。

李康燕：这些交流活动都是政府组织的吗？

杨：是的。

李康燕：您使用的乐器都是您亲手制作的吗？

杨：是的。

李康燕：您在演出的时候当地人的反响如何？

杨：我去迪拜的时候当地的学校组织学生来观看这次文化交流，因为当地的手工业不是很发达，所以很多小朋友都没有见过亲手制作乐器。因为制作泥哇呜的时间比较短，小朋友们看到一块泥巴在一两分钟的时间里就变成一个能吹的乐器也非常惊讶。另外我们演奏时一般使用当地的乐曲，观众非常熟悉也容易听懂。

李康燕：用泥哇呜演奏当地的乐曲是否有困难？

杨：我们会选择适合泥哇呜音域、音色的曲子来演奏。

李康燕：泥哇呜会分出不同的调性吗？

杨：会的，不同的泥哇呜可以吹不同的调性，和我们国家的竹笛类似。

李康燕：最原始的泥哇呜有调性吗？

杨：最原始的泥哇呜谈不上调性。

李康燕：现在的泥哇呜能吹多少个音？能吹什么调？

杨：能吹 14 个音，十二平均律的任何一个调都有。

李康燕：现在的泥哇呜变化很大，它的声音和原始的泥哇呜有区别吗？

杨：没有区别，因为材质没有变。

李康燕：我发现您对你传承的这门乐器非常用心，您的动力来自哪里？是作为传承人肩上的责任吗？

杨：不完全是，主要还是因为兴趣，我从小就接触泥哇呜，对泥哇呜有深厚的感情。

李康燕：我们平时听到的泥哇呜的声音都比较低沉，它可不可吹一些比较欢快的曲子？

杨：有一首给小孩吹的曲子名叫"炮蹶子"非常典型。

李康燕：外国人主要喜欢泥哇呜的什么特质？

杨：音色、形状、发声原理。

李康燕：国外观众在观看完节目后最喜欢问你什么问题？

杨：主要是问这个乐器是拿什么材质制作的。

李康燕：今后您对泥哇呜的发展和对外的演出有什么设想？

杨：我研究了这么多年的泥哇呜，到目前来说也没有找到一个愿意和我学习演奏、制作泥哇呜的学生。我希望能在学校里推广我的泥哇呜。

李康燕：泥哇呜的演奏技巧多不多？

杨：十年前我去山东拜访刘凤山老师，他教会了我很多技巧，我发现这些技巧与我们国家的笛子、箫、埙的演奏技巧非常相似。

李康燕：泥哇呜有民族代表作吗？

杨：苏武牧羊。

李康燕：《苏武牧羊》是专门给泥哇呜创作的吗？

杨：不是的，泥哇呜经过改良后音域达到要求才开始演奏《苏武牧羊》。我们文化馆目前也意识到了民间乐器缺乏代表作的问题，正在组织创作一批有民族特色的作品。

李康燕：您对对外交流活动还有什么建议？

杨：我参加了很多对外交流活动，很多情况下演出的曲目是上级指定要求的，很多演奏的曲目都是当地的乐曲，所以我希望对外交流活动中增加演奏本民族音乐作品的比例。另外我希望增加资金的支持力度，因为现在宁夏当地的传承人想靠自己的技艺谋生是非常困难的，所以就导致很多传承人不能全身心地投入到非遗的传承与保护工作上。

李锐：最原始的泥哇呜、制作成旅游商品的泥哇呜、您自己出国演出使用的泥哇呜分别都有几个孔？

杨：最原始的有三个孔，旅游商品一般有四个、七个、九个、十个孔的，出国演出一般使用十孔以上的。

李锐：您在国外现场制作并出售的泥哇呜是几个孔？

杨：是最原始的三孔泥哇呜。

访谈四：访宁夏贺兰皮影戏传承人张进绪的儿子张中华

访谈对象	张中华
访谈对象身份	贺兰皮影戏传承人张进绪之子
访谈时间	2013 年 12 月 11 日 10：00—11：00
访谈地点	宁夏文化馆
访谈主题	宁夏非遗对外交流状况
本人是否参加过对外交流	无
访谈者	李康燕（陕西师范大学讲师） 李锐（陕西理工学院 教授）
记录者	李特（陕西师范大学研究生）

背景：关于宁夏贺兰皮影戏和盐池皮影戏，我们做了检索。吴忠官方网站记者粟振国和沈晓丽于 2012 年 8 月曾寻访过盐池最后一个皮影戏艺人王列，但王列在 2008 年去世。王列的儿子王永财已经 50 岁了，他告诉记者，"我不太喜欢这个。现在电视里想看啥有啥，没有人再看皮影戏

了，即使我学了也没有观众。"所以，自从 2008 年父亲王列去世后，皮影戏的手艺在盐池县已彻底失传。在宁夏非物质文化遗产保护中心我们获悉，贺兰县皮影传承人张进绪也已经去世。为了了解宁夏皮影的现状，我们在宁夏非物质文化遗产保护中心的帮助下，联系上了张进绪先生的儿子张中华，了解一些贺兰县皮影的现状。

李康燕：您好！您父亲去世后，贺兰县皮影戏还演出没有？

张中华：我父亲去世后，我继承了父亲的皮影戏的技艺。父亲活着的时候，教过我。现在还演，但只是过年时在当地农村演几天。平时靠种庄稼谋生。

李康燕：除了在当地农村演出，到国外或者港澳台去演过皮影戏没有？

张中华：没有。

李康燕：对于传承和发展贺兰县的皮影戏，你现在有什么想法没有？

张中华：想好好发展，但是缺钱。希望上面能拨一点资金扶持一下。

李锐：谢谢您的支持和配合，今天我们就问到这里吧。

后　记

2013 年 10 月 7 日，我接到陕西省文化厅对外文化处刘爱莉同志打来的电话，告知我牵头申报的"西部非物质文化遗产对外交流的问题和对策研究"课题，已经通过文化部外联局组织的专家评审会，获准作为"文化部外联局 2013 年度地方厅局重点对外文化调研课题"立项，同时要求在 5 个月内提交研究报告。

接受任务后，我用了将近一个月的时间，来思考如何做好这个课题。尽管我于 2004 年主持并完成了国家发展改革委的课题《"十一五"中国西部农村"教育反贫困"战略研究报告》（ZBKT056），2005 年受国家发展改革委之托主持并完成了《西部贫困地区人力资源开发对策研究报告》（JCY2004D58）。2012 年主持并完成国家社科基金项目《农村教育问题的社会学研究》（06XSH002）。但此课题非彼课题，此时的我也非彼时的我，研究客体和主体都有了新的变化。如何使得研究更具有学理性，如何在方法上有突破，是我思考的焦点，也是整个研究工作的瓶颈。

柳暗花明的是在 2013 年 10 月底，找到了美国学者罗伯特·K. 殷所写的《案例研究：设计与方法》（第 3 版）一书。罗伯特·K. 殷讲到："多案例研究所遵从的复制法则，与多元实验（multiple experiments）中的复制法则相类似（Hersen & Barlow，1976）。例如，通过某次实验取得某项重大发现后，学者将会重复进行第二次、第三次甚至更多次相同的实验对之进行验证、检验。有些重复实验可能要一模一样地复制前次实验的所有条件，而另一些重复实验可能会有意改变某些非关键条件，来考察是否能够得到同样的实验结果。只有通过了这种复制性实验（检验），原有的实验结果才能被认为是真实的、有说服力的，因而才有继续进行研究和解释的价值。"受此启发，我想如果采用多案例研究的方式，采用"要么能够产生相同的结果（逐项复制），要么是由于可预知的原因产生与前一研究不同的结果（差别复制）"的方法，不是就能精准地发现西部非物质文化遗产对外交流中的问题么？同时，这也能使得社会学界长期以来个案研究中难以突破的"个别性与一般性"的逻辑推论能够具体化为"特殊性与普遍性"的要素分析。

随着研究的瓶颈被突破，我于 2013 年 11 月 9 日拟定好"西部非物质文化遗产对外交流中的问题与对策研究调研方案"，并在陕西理工学院文学院文艺学学科办公室召集了课题组第一次研讨会。课题组成员讨论了我拟定的调研方案和访谈提纲，采取随机抽样方法，抽取了贵州和宁夏两个样本省区，依据国务院公布的《非物质文化遗产名录》，抽取了 14 个非物质文化遗产样本项目。同时还根据调研工作需要，将课题组成员分为四个调研小组。第一组人员为王琼波、李晨和白金花，任务为贵州省丹寨县（黔东南州）、从江县（黔东南州）和三都县（黔南州）的非遗项目对外交流调研与访谈。由于王琼波同志工作任务太多，请不准调研假，未能成行，本组调研任务由李晨和白金花二人完成。第二组人员为师国华、高晓静和史翠仙，任务为贵州省黔东南州（凯里）、雷山县和施秉县的非遗项目对外交流调研与访谈。第三小组人员为李锐、周晓蕾和万惠辰，任务为贵州省毕节市的赫章县和铜仁市的石阡县非遗项目对外交流调研与访谈。第四小组人员为李康燕、李特和李锐，任务为宁夏回族自治区银川市和盐池县的非遗项目对外交流调研与访谈。

会议结束后，各小组即按照我的要求分赴贵州省和宁夏回族自治区展开调研活动，并在调研活动结束后整理出《访谈纪要》。2013 年 12 月下旬，课题组在陕西理工学院文学院文艺学学科办公室召集了第二次研讨会。我依据课题研究的总体构思，拟定好写作大纲，给课题组成员下达了写作任务。写作内容及分工具体如下：

导论和第一部分西部非物质文化遗产对外交流中的问题与对策研究报告由李锐执笔。

在第二部分专题研究中，撰稿人分别是：王琼波（西部非物质文化遗产对外交流的特点），李康燕、师国华（西部非遗项目对外交流经费支持的路径扩展），万惠辰（西部非遗项目对外交流中的运行机制问题研究），白金花（西部生产性非遗项目对外交流中的合理利用问题研究），高晓静（西部传统医药类非遗项目对外交流中的路径问题研究），周晓蕾（西部传统舞蹈类非遗项目对外交流中的路径研究），李晨（西部民俗类非遗项目对外交流中的路径问题研究），李康燕（银川回族器乐对外交流中的艺术形式合理利用问题），史翠仙（可持续："滚山珠"和侗族大歌对外交流的经验）。

各撰稿人的研究文稿初成后，由课题组长李锐细读，并进行修改、加工和润色，最后按照全书整体架构进行编排。

至此，《西部非物质文化遗产对外交流研究》书稿，经过一年多的紧张劳作，终于完成。

在即将交中国社会科学出版社付梓出版之时，我恰逢进入花甲之年，由此也就想到了很多事情。1988 年 8 月，我在导师畅广元教授引领下，做《主体论文艺学》研究，是交中国社会科学出版社出版的；2014 年做国家发展改革委课题《中国西部农村"教育反贫困"战略报告》，是交中国社会科学出版社出版的；2012 年完成国家社会科学基金项目《农村教育问题的社会学研究》，亦是交中国社会科学出版社出版的；此次《西部非物质文化遗产对外交流研究》我依然选定交中国社会科学出版社出版。从这一条出版线索中，我也看到了自己学术成长的轨迹。

其一，我的学术生涯经历了由纯精神现象研究到实证性研究的转变。

其二，我涉足的学科区间经历了由文艺学到社会学再到文艺社会学的转变。

其三，在转变过程中，一直得到了我的导师畅广元教授的鼓励和支持，也得到了中国社会科学院白烨先生、中国社会科学出版社张红女士的大力扶持。他们是我的良师，是我的益友。用这样的话语表述，在我看来比浅薄的"谢谢"，似乎更贴切。

学术修炼也是人生修炼。借《西部非物质文化遗产对外交流研究》出版机会，向支持本课题研究的陕西省文化厅刘爱莉女士、崔天民先生，贵州省文化厅王娟女士，宁夏文化馆靳宗伟先生，贵州省铜仁市文化局、石阡县文化界的朋友们，凯里市文化局和从事非遗保护的朋友们，都匀市文化局和从事非遗保护的朋友们、毕节市文物局和从事非遗保护的朋友们，向在我学术生涯中，关心过我，支持过我，帮助过我的所有朋友们，深深地鞠躬致谢！

李锐

2014 年 11 月 15 日于陕西理工学院